Individual, Situation, Relationship

Human Psychology

개인, 상황, 관계를 중심으로 한 **인간심리**

(주)백산출판사

머리말

본 책은 인간의 사회적 본질을 이해하고 타인과의 상호작용 속에서의 인간의 사회적 행위를 설명하는 데 초점을 둔다. 구체적으로 인간의 생각, 감정, 행동이 실제나 상상 속 타인에 의해 어떻게 영향받는지에 대하여 이해할 수 있고, 인간이 타인과의 관계 속에서 어떻게 그 행동과 사고와 감정 등을 형성하는지를 설명할 수 있다.

한마디로 말하자면, 인간은 혼자 살지 않기에, 함께 부대끼고 살아가며 생기는 갖가지 일에 대하여 인간의 행동을 묘사하고 설명하는 데 도움을 줄 수 있다. 즉 사회적 존재로서의 인간을 이해할 수 있고, 사회적 그룹과 상황에서 인간의 상호작용을 확인할 수 있다.

본 책인 "개인, 상황, 관계를 중심으로 한 인간심리"의 내용은 총 4부 10장으로 구성하여 심도 있게 다루었다.

제1부는 사회변화와 인간심리의 이해에 관한 내용으로 사회변화와 인간심리의 핵심개념과 역사, 연구방법, 연구윤리에 관하여 고찰하였다.

제2부는 개인과 타인의 이해에 관한 내용으로 자기(self)에 대하여 설명하고, 대인지각, 사회인지, 태도와 태도변화에 관하여 다루었다.

제3부는 관계를 이해하는 것으로 대인관계, 동조 · 복종 · 순응, 공격성에 대하여 설명하였다.

제4부는 집단을 이해하는 것으로 갈등과 친사회적 행동, 집단 간 관계를 다루었다.

본 책을 접하는 독자들은 누구나 인간관계 속 자신의 모습, 요구되는 역할 등에 대해 한 번쯤 고민해 본 적이 있을 것이다. 사회 속에서 타인과 관계를 맺고 규제를 받으며 살아가는 인간을 사회적 조건과 관련하여 이해할 수 있길 바라며, 사회 속에서 자신이 취하는 모습에 대한 고민의 해답을 찾길 원한다.

본 책의 가치는 독자들의 지속적인 사랑으로부터 창출된다는 것을 항상 인식하고 있다. 인간심리에 관한 새로운 이해와 풍부한 사례 정보가 새롭게 수록될 수 있는 책을 만들 수 있도록 지속적인 노력을 기울이겠다.

끝으로 이 책이 나오기까지 여러분들이 도움을 주셨는데 우선 무리한 일정에도 기꺼이 출판을 허락해주신 (주)백산출판사 진욱상 대표님과 책을 만드느라 애써주신 편집부 및 마케팅부 여러분께도 진심을 담아 감사의 마음을 전해드린다.

2020년 2월
새로운 시작, 그 설렘과 기대 앞에서…
서 여 주

차례

인 · 간 · 심 · 리

제 1 부

사회변화와 인간심리의 이해

인간심리

제 1 장

HUMAN PSYCHOLOGY

사회변화와 인간심리의 특징

1. 사회변화와 인간심리의 핵심개념

사회변화와 인간심리, 즉 사회심리학은 여러 사회적 맥락에서 관찰할 수 있는 개인의 행동을 과학적으로 탐구하는 기초 심리학의 한 분야다. 사회심리학은 개인이 특정 상황에서 어떻게 생각하고 느끼고 행동하는지 그리고 왜 그런지를 체계적으로 연구하는 학문이다. 일찍이 Allport(1924)는 사회심리학을 '실제적이든 가상적이든 타인의 존재에 의해 개인의 행위가 영향을 받는 과정, 이와 관련된 사고, 행위 그리고 상호작용에 대한 과학적 연구'라고 정의한 바 있다. 즉 사회심리학은 사회생활 속의 개인이 무엇을 하며, 무엇에 의해 영향을 받는지에 의문을 품고 사회의 제도와 가치의 작용방식에 대한 답을 희구한다.

인간이 보이는 사회적 행위를 연구하는 학문은 다양하며, 사회과학의 모든 분야가 이에 해당한다. 사회학자와 인류학자는 물론 경제학자는 경제적 행위를, 정치학자는 정치적 행위를, 경영학자는 조직 내의 행위나 소비자 대중의 행위를 다룬다는 면에서 이들이 다루는 관심사는 모두 사회과학의 적절한 영역들이다. 그렇다면 사회심리학의 영역과 관심의 독특한 점은 무엇인가? 이를 이해하기 위해서는 인접학문과 비교하는 것이 도움이 된다.

사회심리학의 모태라고 볼 수 있는 것은 사회학과 심리학이다. 이 두 가지 상이한 학문의 줄다리기 속에서 사회심리학은 각 학문의 특성을 아우르면서 나름의 독특한 영역을 구축하게 되었다. 우선 사회학적 영향은 Comte[1)]와 Durkheim[2)]으로부터 발견된다. 이들은 사회 현상이 개인의 연구로 모두 파악될 수 없다고 보았다. 즉 집단적인 실체는 성원 개개인의 의식으로부터 기원한 것일 수도 있지만, 개개인의 의식을 규제하는 독립된 실체로서 개인적 접근으로 환원될 수 없는 특성을 지니고 있다는 것이다(Graumann, 1988). 사회학은 이러한 관점에서 인간 개개인보다는 사회단위, 조직, 계층, 집단, 국가 등과 같은 단위를 연구 대상으로 삼는다. 관찰되는 규범, 양상, 집합적 행위와 같은 사회적 행위는 역사, 정치, 경제, 문화적 요인들로 설명된다. 심리학은 사회학과 달리 분석의 궁극적 단위를 통상 사회구성원 각자에게 둔다. 개인의 행위, 사고에 대하여 개인의 성장과정, 태도, 사회성, 성격, 동기, 인식, 신념 등 개인 내적 과정에 의하여 설명을 하는 접근이다.

사회심리학은 심리학적 접근과 사회학적 접근을 모두 포용하고 있다. 즉 인간의 행위에 대한 영향요인으로서 개인의 심리적 과정-학습, 동기, 성격 등을 인정하고 아울러 개인이 처한 사회적 환경과 조건이 개인의 행동에 미치는 영향을 인정한다. 이들 두 가지 영향력과 그 과정에 대한

1) Auguste Comte(1798-1857), 프랑스 대혁명 이후의 혼란기에 삶을 산 콩트는 수학과 자연과학을 전공하였으며, 사회현상에 대한 분석에 자연과학의 방법을 적용시킬 것을 적극 옹호하여, 사회물리학과 같은 과학적이고 법칙적인 분석이 가능하다고 보았다. 그는 심리학을 생리학의 한 분야로 보았으며, 사회를 집합적 유기체로 보아 구성원인 개인과 구분되는 대상으로 보았다. 그는 사회물리학을 대체하는 사회학이란 용어를 만들었다고 여겨진다(Jahoda, 2007).

2) Emil Durkheim(1858-1917), 프랑스의 사회학자, 경험적 조사와 사회학적 이론을 결합하는 시도를 하여 경험적 사회학의 기초자로 알려지게 되었다.

탐구가 사회심리학의 연구과제다.

개인을 둘러싸고 있는 사회적 환경은 실로 다양하다. 좁게는 개인의 일차적인 가족 상황, 어울리는 사람들의 특성에서부터 넓게는 개인이 속한 사회 계층, 계급 및 문화가 모두 개인의 행위에 영향을 미치는 힘을 지니고 있다. 이 가운데 특히 사회심리학자들의 관심을 끌고 있는 것은 개인을 둘러싼 즉각적인 상황조건이 미치는 영향력에 있다. 이 같은 관심은 사회심리학자들이 사회구조나 제도와 같은 체제의 골간을 이루는 요인들이 중요하지 않다고 여겨서가 아니라, 이러한 거시적인 요인과 주요 분석단위인 개인의 행위 간에는 너무나 많은 과정이 개재하여 직접적인 영향과정을 규명하기가 어렵다고 보기 때문이다. 또한 사회심리학자들도 일반 심리학자들처럼 실험실에서 조작할 수 있고, 그 조작효과를 관찰할 수 있는 실험적 연구방법을 선호하다 보니, 실험적 조작이 불가능한 거시적 요인보다는 실험적 접근이 가능한 즉각적 상황요인에 관심을 지니게 되었다.

따라서 사회심리학의 핵심개념은 사람들은 자신의 동기나 성격과 같은 내적인 특성 때문에 어떤 행동을 할 수도 있고, 자신이 처한 사회적 상황 때문에 그런 행동을 할 수도 있다. 사회심리학은 이러한 행동을 그 행위자의 내적 요인과 그가 직면한 상황적 특성 간 지속적인 상호작용의 산물로 본다.

1) 사람

사회심리학의 핵심개념 중 하나가 사람이다. 때로 우리는 다른 사람의 행동을 그들의 개인적 특성으로 설명하고자 한다. 어떤 사람을 다른 사람과 구별해 주는 개인적 요인은 유전적이고 생물학적 특성에 기초하기도 하고, 오랫동안 학습되거나 일시적인 상황 때문에 나타나는 심리적 특성에 기초하기도 한다. 사람들은 저마다의 목표나 동기와 더불어 기억이나 신념과 같이 자신의 경험에 기초한 지식체계를 가지고 있다. 또한 우리는 특정 사람, 사물 혹은 사건에 대하여 긍정적이거나 부정적인 태도나 감정을 가질 수 있고 일시적인 상황에 따라 기분이 변할 수도 있다. 한 개인을 구성하는 이와 같은 동기, 지식, 태도, 감정 그리고 기분의 역동적인 결합이 특정 상황에서 다양한 사회적 행동을 만들어 낸다.

이때 사회심리학에서는 앞서 언급한 개인의 여러 내적 요인도 사회적 환경과 맥락 속에서 만들어지는 것으로 보며 동시에 그와 같은 특성을 가진 개인 역시 자신의 사회적 환경과 맥락을 적극적으로 구성하는 존재로 본다(Taylor, Peplau, & Sears, 2003). 사회심리학에서 보는 사회적 존재로서의 사람은 특정 집단의 구성원이거나 그 집단의 문화를 전수받은 사람, 사회적 환경에서 개인의 경험을 적극적으로 구성하는 사회적 지각자, 그리고 다양한 사회적 상황에서 일관성을 추구하는 존재다.

2) 사회적 상황

사회심리학의 또 다른 핵심개념인 사회적 상황은 개인의 사고와 행동에 영향을 줄 수 있는 외부적 사건을 의미한다. 좁게는 가족과 지인 혹은 지금 직면한 상황에서부터, 넓게는 개인이 속한 사회계층, 계급 또는 문화가 모두 여기에 해당한다. 또한 사회적 상황에는 실재하는 대상이나 사건뿐만 아니라 자신이 상상한 타인의 기대나 관계적 사건도 포함된다. 이때 우리가 가장 직접적으로 직면하는 사회적 상황은 사람을 수반한다. 여기에는 친밀한 가족에서부터 길에서 우연히 마주치는 사람까지 다양한 사람이 포함된다. 이때 표면적으로 덜 중요해 보이는 사회적 만남도 개인의 행동에 큰 영향력을 행사할 수 있다.

우리는 가끔 혼자 있을 때와 주변에 다른 사람이 있을 때 달리 행동한다. 두세 명이 있을 때와 수많은 군중이 있을 때 우리가 느끼는 사회적 압력은 다르다. 또한 어떤 사람은 우리로 하여금 특정한 행동을 하게끔 그 계기를 제공할 수 있다. 상황이 주는 이런 기회나 위협을 행동유도성(affordance)이라고 한다(Baron & Boudreau, 1987). 게다가 다른 사람의 행동은 정보적 영향과 규범적 영향을 행사할 수 있다(Deutsch & Gerard, 1955). 우리는 상황이 모호할 때 다른 사람의 생각이나 행동을 고려해서 판단한다. 왜냐하면 그들을 세상에 대한 가장 훌륭한 정보의 원천으로 생각하기 때문이다. 또한 다수의 의견이나 행동은 규범적인 힘을 가지기 때문에 사람들은 다수의 의견과 불일치하는 상황을 피하고자 한다.

어떤 상황은 때로 우리가 어떻게 행동해야 하는지에 대한 정해진 규범이나 규칙을 가지고 있다. 예를 들면, 종교 의식이나 취업 면접과 같은 상황에서 허용되는 행동과 그렇지 않은 행동은 일종의 법칙으로 존재한다. 이러한 법칙은 특정 상황에서 어떤 행동을 어떤 순서로 해야 하는지와 같은 형태, 즉 각본(script)의 형태를 취할 수도 있다. 이처럼 특정 상황에 대한 각본은 우리의 행동과 타인의 행동을 조정할 뿐 아니라 규범에 맞지 않은 행동을 피할 수 있도록 한다(Abelson, 1981).

전통적으로 사회심리학자들은 개인에게 영향력을 행사하는 다양한 상황 중에서도 특히 그 개인을 둘러싼 즉각적인 상황에 주목해 왔다. 그들은 행동에 대한 사회적 기대, 타인이나 준거집단의 행동, 상황적 규범, 개인의 역할을 주로 고려해 왔다. 좀 더 최근에는 행동에 영향을 미치는 거시적인 요인으로서 문화에 대한 연구가 활발히 이루어지고 있다. 서로 다른 문화권에 속한 사람들의 행동이나 심리적인 특성을 비교함으로써 문화가 인간의 사고, 느낌 그리고 행동에 미치는 영향을 규명하려는 시도가 일어나고 있다.

3) 사람-상황 상호작용

사회적 행동에 영향을 미치는 행위자와 상황 두 요인은 독립적으로 작용하기보다는 상호작용한다. 그래서 일정한 특성을 가진 사람도 그가 처한 상황에 따라 매우 다양하게 행동할 수 있다. 이러한 사람-상황 상호작용은 여러 형태가 있을 수 있다(Kenrick, Neuberg, & Cialdini, 2005). 같은 상황에서도 서로 다른 부분에 주목하거나 상황의 의미를 다르게 해석할 수 있기 때문이다.

예를 들어 기업이 수많은 지원자들 중에서 일부만을 선발하는 것처럼 상황이 특정 사람을 선택할 수도 있다. 이것은 원하는 상황을 모두가 경험할 수 없다는 단적인 예다. 이와는 반대로 연말 휴가를 집에서 쉬거나 여행을 떠나거나, 친구들과 시끄러운 클럽에 가는 것을 선택할 수 있는데, 이처럼 사람은 특정 상황을 선택할 수 있다.

다른 형태의 상호작용으로 다양한 상황은 한 개인 내에서 서로 다른 목표나 신념 혹은 느낌을 점화하기도 하고, 사람들이 상황을 변화시킬 수도 있다. 그들은 자신의 목표를 달성하기 위해 의도적으로 상황을 변화시키기도 하고 우연히 상황에 영향을 줄 수도 있다. 또한 개인이 속한 상황, 집단 혹은 문화에 따라 그 사람의 취향이나 태도가 달라질 수도 있다. 이것의 전형적인 사례가 사회화(socialization)다. 이것은 사회구성원에게 문화적 신념, 관습, 습관, 언어 등을 가르치는 과정으로 특정 문화가 장기간에 걸쳐 사람을 변화시키는 과정이다.

상황과 상호작용하는 사람의 사회적 행동을 이해, 예측 및 통제하기 위해서는 행위자가 상황에 부여하는 주관적 의미, 즉 주관성을 이해할 필요가 있다. 행위자가 어떤 상황적 자극에 반응하는지, 그 반응은 그들의 과거 경험, 목표와 기대, 그리고 세계관과 어떻게 연관되는지, 그리고 그 반응을 행위자는 어떻게 해석하고 어떤 의미를 부여하는지 등을 파악할 필요가 있다. 이와 같은 주관적 해석의 과정을 이해하기 위해서는 그가 상황을 어떻게 정의하는지를 먼저 이해할 수 있어야 한다.

2. 사회변화와 인간심리학의 역사

1) 서구의 사회변화와 인간심리학

현대 사회변화와 인간심리학, 즉 사회심리학의 근원은 19세기 유럽과 미국에서 찾아볼 수 있다. 19세기 유럽에서는 산업혁명 이후 시민사회의 발전과 자연과학의 발달에 힘입어 인간과 사회를 경험적이고 객관적으로 연구하려는 사회과학이 출현했다. 이때 사회심리학은 실증주의를 주창한 Comte, 집단과 군중의 심리를 다룬 프랑스의 LeBon, Durkeim, Tarde, 그리고 인간 정신의 역사적·국가적·문화적 특성을 강조하면 '민족심리학'을 제시한 독일의 Wundt의 영향을 받았다. 이 시기 미국에서는 James 등(1890)이 '심리학의 원리'에서 여러 유형의 자기(自己)를 제시하였다. 또한 Baldwin(1897)은 사회적 산물인 개인의 심리를 이해하기 위해서는 그 사회와의 관계를 고려해야 한다고 보았다.

20세기 초반의 사회심리학은 심리학적 입장과 사회학적 입장을 모두 반영하고 있었다. 그래서 1908년에 출판된 두 권의 '사회심리학'은 전혀 다른 입장을 취하고 있었다. 당시 유럽 사회학자들의 영향을 받은 Ross(1908)는 사람들 사이의 정신적 상호작용을 개인의 마음을 넘어서는 사회적 산물로 보았다. 반면, Darwin의 진화심리학적 관점을 따르는 McDougall(1908)은 개인의 본능을 사회행동의 결정요소로 보았다. 그 후 Allport(1924)는 사회심리학을 환경과 상호작용하는 개인을 연구하는 심리학의 한 영역으로 보고, 집단 현상을 개인적 용어로 연구할 필요가 있다고 주장하였다. 이러한 주장에 큰 영향을 받은 당시의 사회심리학자들은 사회심리학을 개인에 대한 연구로 환원했다.

또한 이 시기에 사회심리학의 발전에 큰 영향을 미친 학자가 Lewin[3]이다. 그는 장이론(field theory)[4]을 제안하면서 인간의 사회적 행동을 개인의 내부와 외부에 존재하는 힘의 작용에 따른 것으로 보았다. 또한 그는 과학적 학문으로서 실험의 중요성을 강조하였는데, 이후 Festinger, Schachter, Kelly, Thibaut 등 그의 제자와 동료들은 보다 정교한 실험적 통제에 초점을 둔 연구를 발전시켰다. 이로써 개인의 일반적 경향성과 그를 둘러싼 직접적인 상황 요인에 초점을 두는 실험적 연구방법이 사회심리학의 주요 방법으로 자리잡았다.

현대 사회심리학의 발전에는 두 차례의 세계대전이 큰 영향을 미쳤다. 전쟁 중에는 많은 심리학자가 전쟁 관련 현안에 직간접적으로 관여하면서 다양한 연구를 수행하였다. Hovland는 미군의 사기를 높이는 홍보영화의 제작과 그 효과의 평가에 관여하였다. Likert는 전쟁 시 물자관리 차원에서 음식의 생산과 사용 및 도덕성에 대한 조사방법을 발전시켰다. Murray는 군인들에게 특정 서비스를 제공하기 위해 그들의 성격을 평가하는 도구를 개발했으며, Stouffer는 군복무자들을 연구하여 상대적 박탈감 개념을 제시하였다.

전쟁이 끝난 직후에 사회심리학계에서는 독일인들이 어떻게 나치즘과 같은 권위주의적 통치방식을 수용하고 비도덕적 지시를 따랐는지에 대한 의문이 생겼다. 그에 대한 대답으로 Adorno 등(1950)의 권위주의적

3) Kurt Lewin(1890-1947), 사회심리학의 선구자인 동시에 조직 및 응용심리학의 창시자로 알려져 있다. 인간의 행동에 대한 그의 장이론은 개인적 요인과 함께 그 개인이 처한 삶의 공간에서 작동하는 여러 사회적 영향 요인을 함께 다루고 있다.

4) 인간의 행동을 개인과 환경 간의 함수로 설명하는 이론, 학습을 개인이 지각하는 외부의 장과 개인의 내적 · 개인적 영역의 심리적 장의 관계에서 일어나는 인지구조의 성립 또는 변화로 설명한다.

성격, Asch(1955)의 동조, Milgram(1963)의 복종에 관한 연구 등이 이어졌다. Lewin과 그의 동료들(1939)은 권위적 유형과 민주적 유형의 리더십을 연구했다. 한편 제2차 세계대전이 끝난 후 미국을 포함한 서구사회는 정신건강을 비롯한 여러 사회문제를 다룰 수 있는 전문가를 더 많이 필요로 했다. 이것을 계기로 사회심리학에 대한 정부의 지원이 크게 증가했고 다수의 대학에 사회심리학과가 신설되었다.

학문영역으로서 사회심리학의 발전은 주요 역사적 사건에 영향을 받았을 뿐 아니라 심리학의 학문적 흐름과도 그 궤를 같이했다([그림 1-1] 참조). 1900년대 조반은 행동주의가 심리학을 지배하던 시기로, 전쟁의 과정을 이해하기 위한 집단 역동과 태도에 대한 연구도 행동주의적 관점을 취한 경우가 많았다. 그러나 1960년대 후반 인지혁명이 시작되면서 사회심리학자들도 인지심리학의 주의, 부호화, 저장과 같은 개념과 점화, 인지적 부하, 반응시간과 같은 연구방법을 이용하기 시작했고 이것이 사회인지에 대한 관심으로 이어졌다.

20세기 후반에는 컴퓨터와 생리적 측정기술이 지속적으로 발전했다. 이에 신경과학의 최신 기술과 방법을 사회인지 분야의 지식과 결합한 사회인지신경과학이 큰 흐름으로 발전하고 있다. 또한 1990년대 초 급속한 세계화와 함께 중국, 일본, 한국 등 여러 아시아 국가가 성장하면서 사회심리학자들은 문화가 사회적 행동에 미치는 영향에 크게 주목하기 시작했고 이것이 문화심리학 영역에 대한 그들의 관심을 높였다. 최근에는 사회심리학적 현상을 진화론적인 입장에서 설명하는 진화심리학이 주목받고 있다.

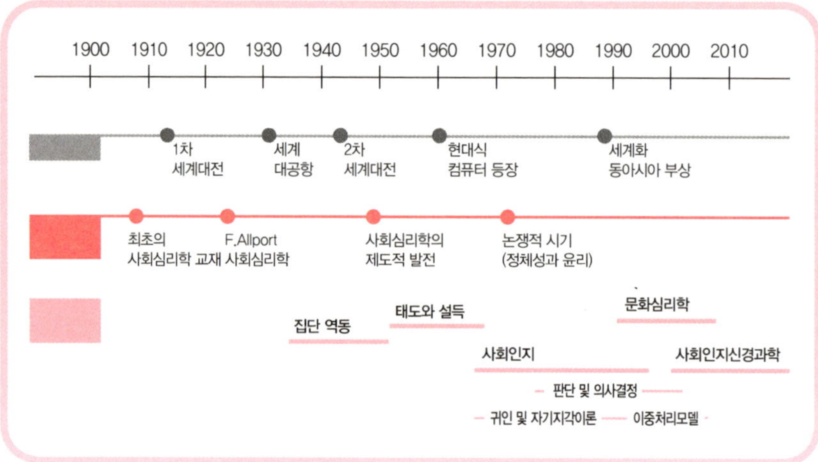

그림 1-1 서구 사회심리학의 역사

2) 한국의 사회변화와 인간심리학

해방 이후 1960년대 말까지 한국의 사회심리학은 제대로 된 하나의 전공 분야로 인정받지는 못했다. 최초의 사회심리학 논문으로 보이는 이진숙(1959)의 '팔도인의 성격에 대한 선입관념'은 지역 간 고정관념에 관한 연구다. 그 다음해 김성태(1960)가 '4 · 19 학생 봉기의 동인'이라는 논문을 출판하였다. 정양은 교수가 1962년부터 서울대 사회심리학 교수회를 운영하면서 한국의 사회심리학이 본격적으로 전개되었다. 그는 1963년에 미국 스탠퍼드 대학교에서 체류하고 와서 Festinger의 이론을 소개하고, 동조현상의 연구를 위해 실험실 접근을 도입하였다. 이는 국내 사회심리학계에 실험법을 본격적으로 도입하는 계기가 되었다. 이 시기의 주요 연구주제는 대인지각 및 기억, 태도, 공격 그리고 그 이론을 응용한 것이었다.

1975년 사회심리학회가 한국심리학회의 분과학회로 결성되었으며, 1982년 최초의 사회심리학 학술지가 창간되면서 사회심리학이 한국에

정착하게 되었다. 이 시기에는 대인지각 영역에서 태도, 정보처리, 균형 이론 등을 다루기 시작했고, 공격성이나 청소년 비행에 관한 연구도 선보였다. 또한 한국인의 가치관이나 인정과 같은 한국 문화의 특성을 분석한 연구도 나타났다. 이후 국내 연구논문도 그 양과 질에서 급속한 성장을 이루었다. 특히 1990년대에는 사회인지와 문화에 대한 연구가 괄목할 만한 증가를 보였는데, 이러한 추세는 이 시기 서구 사회심리학의 경향과 유사하다.

또한 이 시기의 국내 연구에는 학문적 발견을 사회적 현실에 적용하려는 시도도 들어 있다. 그후 1980년대 후반 시위상정에 대한 심리학적 연구를 계기로 1993년에는 사회문제연구학회가 결성되었고, 그 다음해에는 사회문제심리 학술지가 창간되었다(차재호, 염태호, 한규석 1996). 여성, 정치, 환경 등에 대한 높은 관심과 함께 삶의 질, 교통, 청소년, 교육, 편견, 연구조의와 같은 주제를 활발히 연구하였다. 2000년대에는 탈북자나 외국인 이주민의 적응과 다문화에 대한 한국 사람들의 태도를 다루는 연구가 상당수 이루어졌다.

1990~2000년대 초까지 한국인의 사회심리를 다룬 연구가 급증했다. 미국 문화와 한국 문화를 비교하는 연구가 다수 있었고, 한국인의 심리를 토착적 맥락에서 이해하려는 논의가 활발히 이루어졌다. 특히 1990년 한국심리학회와 국제비교문화심리학회가 공동으로 주최한 '개인주의-집단주의: 동서양 심리학의 만남'이라는 주제의 국제학술대회를 통해 한국의 사회심리학자들은 문화의 중요성을 제고할 수 있었다. 1996년에 사회심리학회라는 명칭이 사회 및 성격심리학회로 변경되었다.

2000년대 이후 또 하나의 두드러진 점은 범죄심리학에 대한 관심의 증가다. 범죄심리학과 관련된 세미나와 심포지엄이 한국심리학회 차원에서 여러 차례 이루어졌다. 또한 2001년부터는 사회심리학회에서 공인 범죄심리사 자격증 제도를 운영하고 있다. 이는 범죄 수사 및 교정 분야에서 활동하는 심리학 전문가를 양성하기 위한 자격제도다. 최근에는 서구에서 부흥하고 있는 긍정심리학의 흐름과 맞물려 국내에서도 주관적 안녕감이나 행복에 관한 연구들이 상당수 이루어지고 있다. 한국인의 행복 경험을 구성하는 요인을 살펴보는 한편, 한국인의 행복을 측정하는 도구나 지수를 개발하기 위한 연구가 다수 이루어졌다. 또한 행복이나 주관적 안녕감이 기존의 다른 심리학적 변인 및 사회적 변인과 갖는 관계성을 다루는 연구도 활발하게 진행되고 있다.

3. 사회변화와 인간심리학의 연구방법

1) 사회변화와 인간심리학의 연구 특징

물리현상을 탐구하든지 사회현상을 탐구하든지, 과학자들은 과학적 연구방법을 적용한다. 비록 탐구의 대상은 달라도 과학적 방법은 몇 가지 공통된 특징을 지닌다. 우선 과학적 연구는 신뢰할 수 있는 관찰대상을 정한다. 둘째, 검증하고자 하는 이론의 적용영역과 한계를 명시함으로써 이론이 적용되지 못하는 경우를 분명히 한다. 정신분석 이론을 과학적 이론으로 여기지 않는 것은 그 이론이 적용되지 않는 선이 그어지지 않기 때문이다. 즉 과학적 연구는 절대 진리를 인정하지 않는다. 셋째, 연구 절차의 객관성이다. 이는 연구 절차를 명시하여 다른 연구자들이 연구를 복제할 수 있도록 하고, 이렇게 나온 결과들에 의해 이론의 수정 가능성을 항상 열어놓는다는 것이다.

사회심리학자들이 탐구하는 주제 중에는 친구의 우정, 연인 간의 사랑, 인간의 폭력성, 대인갈등 등이 포함된다. 사람들은 이러한 주제를 누구나 경험하고 있고, 경우에 따라서는 현상을 설명하는 나름의 이론을 지니고 있을 수도 있다. 사회에는 이들 현상을 이해하는 데 도움이 되는 격언이나 속담, 경구 같은 것들이 있어 지혜의 빛을 던져주기도 한다. 사실 어느 사회에나 인간사를 이해하는 데 필수적인 상식이 있으며 이들을 활용하여야 사회생활이 유지된다. 이러한 측면에서 사회심리학은 사회생활의 상식을 다루는 학문이라고 정의될 수도 있다.

사회심리학 연구는 크게 다음의 네 가지 중 하나를 목표로 한다(Taylor, Peplau, & Sears, 2002). 첫 번째 목표는 현상의 기술이다. 사회심리학자들은 사회적 행동에 대한 제세적이고 심도 있는 기술을 통해 다양한 사회적 맥락에서 사람들이 어떻게 행동하는지를 일반화하고자 한다. 둘째로 사회심리학 연구의 상당수는 사회적 행동의 인과관계를 밝히고자 한다. 세 번째 목표는 이론을 정립해서 사람들이 특정 방식으로 행동하는 이유를 이해하는 데 도움을 주고자 하는 것이다. 이론은 사회적 행동을 체계적으로 이해할 수 있게 하고 미래에 대한 예측도 가능하게 한다. 사회심리학 연구가 추구하는 마지막 네 번째 목표는 적용이다. 사회심리학적 지식은 우리가 직면하는 개인적, 관계적, 조직적 그리고 사회적 차원의 문제를 해결하는 데 도움을 제공한다.

이렇게 주제가 친숙한 만큼 연구자들의 관심은 자신의 사적인 관심이나 연구자가 처한 사회가 던져주는 현실적 문제에서 출발하는 경우가 많다. 그러나 출발점이 어떠하건 그 연구가 사회심리학적이기 위해서는 과학적인 방법으로서 추구되어야 한다.

과학적 방법은 첫 단계에서 현상의 관찰이나 기존의 이론으로부터 논리적 도출에 의해서 잠정적인 이론을 성립시킨다. 둘째 단계에서는 이 이론으로부터 그 타당성을 검증해 볼 수 있는 구체적 가설을 도출하고 이를 검증하는 자료를 편파성 없이 체계적으로 수집한다. 마지막 단계에서 수집된 자료가 이론을 지지한다면 새로운 가설을 도출해서 다시 그 이론을 새로운 영역에서 검증할 것이고, 수집된 자료가 이론을 지지하지 못한다면 이론에 수정을 가하게 된다.

사회심리학에서 어떤 문제를 연구할 때 가장 적합한 방법을 선택하는 것은 좋은 연구를 수행하기 위한 중요한 과정이다.

(1) 질적 연구와 양적 연구

질적 연구와 양적 연구의 차이는 수치 자료의 사용 여부다. 어떤 사람을 지적인 사람이라고 평가하는 것은 질적인 평가이지만 그의 지능지수가 130이라는 평가는 양적 평가다. 사회적 현상이나 행동에 대한 관찰 및 경험은 본질적으로 질적이지만 이것을 다양한 방식으로 수치화할 수 있다. 연인 간의 관계 만족도를 둘이 만나는 횟수로 수량화할 수 있고, 서로에게 느끼는 감정의 강도를 가장 약한 1점부터 가장 강한 5점 중의 숫자로 측정할 수 있다.

질적 연구(qualitative research)는 개인의 주관적 요소가 행위의 주요 결정요인이라는 가정에 기초한다. 그래서 질적 연구의 목표는 그 개인이 주어진 맥락에서 특정 현상을 어떻게 해석하고 평가하는지를 파악하는 것이다. 이 접근을 통해 연구자는 자신이 다루고자 하는 사회현상에 가능한 한 직접적으로 접근해서 그 현상을 깊이 있게 이해하고자 한다. 그래서 질적 연구는 현상에 대한 풍부한 의미와 해석을 포함할 수 있고 연구자는 그 현상에 대한 포괄적인 시각을 가질 수 있다. 다루고자 하는 현상의 특징이나 연구의 목적에 따라 다양한 방법으로 질적 자료를 수집하는 것이 가능하다. 자연적인 상황에서 사람들의 행동을 관찰하는 자연관찰, 개인의 경험과 주관적 이해를 기술하는 데 초점을 두는 심층면담, 별개의 목적으로 작성된 기사나 일기, 광고 혹은 공공기록을 분석하는 문헌분석이 있다.

질적 연구는 수량화할 수 없는 현상을 연구하거나 양적으로 파악하기 힘든 태도와 행위의 미묘한 특징을 탐구하는 데 적합하다. 또한 연구하고자 하는 현상에 대한 지식이 많지 않거나 기존의 지식이 그 현상을 제대로 설명하지 못하는 상황에서 현상을 체계적으로 기술하거나 이해하는 데도 유용하다. 현상에 대한 새로운 개념을 도출하거나 그 현상 관련 사람들의 행동에 대한 새로운 가설을 생성하는 데도 유용하다. 그래서 질적 연구는 양적 연구 결과에 대한 해석을 보완하거나 양적 연구 전에 시행하는 예비 조사로 자주 쓰인다. 적은 수의 표본으로도 의미있는 결과를 산출할 수 있기 때문에, 겉으로 잘 드러나지 않거나 특이한 집단이나 현상을 다룰 때 특히 유용하다.

한편, 질적인 현상을 수량화하기 위해서는 그 현상을 명확히 개념화할 필요가 있다. 그 현상을 측정하는 데 어떤 내용을 포함하고 어떤 것은 배제할 것인지 미리 정해야 한다. 그렇기 때문에 아무리 정교한 양적 측정도 그에 상응하는 질적 기술에 비해 의미가 덜할 수밖에 없다. 그럼에도 양적 연구(quantitative research)는 현상을 이해하는 데 매우 유용하다. 종종 수량화는 우리가 관찰하는 현상을 분명하게 해 줄 수 있다.

질적 접근과 양적 접근은 모두 사회심리학 연구에서 유용하고 타당하다. 어떤 연구 상황이나 주제는 질적인 탐구에 적합한 반면, 또 다른 주제는 양적인 조사에 적합하다. 이 두 접근방법은 서로 다른 역량과 절차를 필요로 하지만, 연구자들은 이 두 접근의 유용성과 한계점을 잘 알고 있을 필요가 있다. 한 주제를 완전히 이해하기 위해서는 종종 두 가지 기법이 모두 필요하기 때문이다.

(2) 조사 연구와 실험 연구

조사 연구(survey research)는 설문지를 이용하여 연구 대상자에게 일련의 행동, 신념 및 의견에 대한 질문을 통해 자료를 얻는 방법이다. 특히 심리측정은 직접적으로 관측할 수 없는 심리학적 구성개념을 측정하는 방법이다. 이것은 사람들의 능력, 인지, 동기, 행동 성격 등의 개인차를 평가하기 위한 도구로 그 대표적인 사례가 직업적성검사나 인성검사다. 어느 경우든 설문조사를 통해 자료를 수집할 때에는 사회적 바람직성 때문에 거짓으로 답변할 수 있다는 점을 고려해야 한다. 또한 연구하고자 하는 현상을 대표할 수 있는 표본을 확보하는 것이 중요하다.

조사연구를 통해 얻은 자료는 보통 상관을 이용하여 분석한다. 상관분석은 체계적으로 측정한 두 변인 간의 관계를 보여준다. 이때 정적 상관은 한 변인이 증가할 때 다른 하나의 변인도 증가하는 것을 의미하고, 부적 상관은 한 변인이 증가할 때 다른 변인은 감소하는 것을 뜻한다. 사회심리학 연구에서는 이러한 상관의 원리로부터 발달한 여러 분석 방법도 사용한다. 그러나 상관분석은 두 변인 간의 관련성만을 알려줄 뿐 원인과 결과라는 인과관계를 밝혀주지는 못한다.

조사 연구와 달리 변인들 간의 인과관계를 알 수 있는 방법은 실험 연구(experimental research)이다. 실험 연구에서 연구자는 특정 변인(독립 변인)을 체계적으로 조작해서 그것이 다른 변인(종속 변인)에 미치는 영향을 알아보고자 한다. 가령 수면의 박탈기간이 기억력에 영향을 미치는지를 알아보기 위해서 참가자들을 서로 다른 기간의 수면박탈 조건에 할당한 다음 그들의 기억력을 측정하는 실험을 할 수 있다. 실험 연구의 가장 큰 강점은 독립 변인과 종속 변인 간의 인과관계를 밝힐 수 있다는 점이다. 이를 위해서는 추상적 개념의 변인을 실험에서 측정하거나 조작할 수 있도록 정의내릴 필요가 있다. 또한 참가자들을 각 조건에 무선 할당

(random assignment)할 필요가 있다. 이때 무선 할당이란 실험 참가자가 각 실험 조건에 속할 확률을 동일하게 만들어 독립 변인 이외에 종속 변인에 영향을 주는 외적 변수의 영향을 최소화하고자 하는 것이다.

실험 연구에서는 실험자의 행동이나 참가자의 느낌에 따른 편향(bias)이 발생할 수 있다. 참가자들이 특정 방식으로 반응하면 좋겠다는 의식적 혹은 암묵적 기대를 실험자가 가지고 있을 때, 참가자들은 실험자의 그러한 기대에 부응하려는 경향을 보일 수 있다. 이것을 실험자 편향이라고 한다. 또한 실험의 목적이나 실험자의 기대를 참가자에게 알려주는 단서가 있을 수 있는데 이것을 요구 특성(demand characteristics)이라고 한다. 이와 같은 요구 특성은 참가자의 행동에 영향을 주어 궁극적으로 실험 결과에 영향을 미칠 수 있다.

(3) 실험실 연구와 현장 연구

실험실 연구는 말 그대로 실험을 위하여 인위적으로 만든 환경에서 연구를 수행하는 것이다. 참가자들은 자신이 평소에 생활하는 익숙한 곳이 아니라 실험을 위해 장비가 갖추어진 실험실에서 연구자의 통제를 받으며 실험에 참가한다. 실험실 연구의 가장 큰 장점은 상황을 통제할 수 있다는 점이다. 참가자를 무선 할당하고 실험실을 적절하게 통제한다면, 연구자는 외생 변수(exogenous variable)[5]의 효과를 최소화하면서 보다 분명한 인과관계를 확인할 수 있다. 그래서 실험실 연구는 실험의 내적 타당도(internal validity)[6]를 높이는 데 기여한다. 내적 타당도는 종속 변

5) 외생 변수란 연구 대상이 되는 현상과 관련된 실험 변수와 결과 변수 이외의 기타 변수들로서, 결과 변수에 영향을 미칠 수 있는 변수들을 말한다. 외생 변수가 결과 변수에 미치는 영향을 제거하지 못하면 실험 변수와 결과 변수 사이의 인과관계를 정확히 파악하는 데 문제가 생기게 된다.

6) 실험에서 종속변인에서 관찰된 결과가 조작된 독립 변인에 의한 것이라는 근거가 확실한 정도를 말한다.

인에서 관찰한 효과가 실제로 연구자가 실험에서 조작한 독립 변인에 기인한 것이라는 근거가 확실할수록 더 높아진다.

그러나 실세계와는 다를 수 있는 실험실의 한계를 극복하기 위해서는 사회심리학자들은 준실험 설계(quasi-experimental design)를 포함한 현장 연구를 발전시켜 왔다. 현장 연구에서는 참가자들의 무선할당, 독립 변인의 순수한 조작 혹은 종속 변인의 순수한 측정이 어렵다. 그래서 연구자는 조건 간 구체적 차이를 제공하는 환경을 찾거나 만들어야 한다. 그럼에도 불구하고 현장 연구는 보다 더 현실적이기 때문에 그 연구로부터 나온 결과를 실제 삶에 바로 일반화할 수 있다. 즉 현장 연구는 외적 타당도(external validity)[7]가 높다는 장점이 있다. 또한 현장 연구는 실험실 연구에서 다루지 못하는 매우 강력한 변인이나 상황을 다룰 수 있다.

〈표 1-1〉 실험실 연구와 현장연구의 비교

	연구 환경	통제 가능성	소요 시간	사례 수	실행 편의성	비용	내적 타당도	외적 타당도
실험실 연구	인위적	고	장	소	고	저	고	저
현장연구	실제적	저	단	대	저	고	저	고

4. 사회변화와 인간심리학의 연구윤리

제2차 세계대전 당시 전쟁포로나 민간을 대상으로 수용소에서 참자가의 생사를 좌우할 수 있는 의학연구를 다수 수행한 것이 알려졌다. 이는 뉘른베르크 국제군사재판(Nuremberg International Military Tribunal)에서 의학연구의 윤리강령을 채택하게 만들었다. 의학연구와 달리 사회심리

7) 실험 결과가 실험실 밖의 다른 상황에서도 일반화될 수 있는 정도를 말한다.

학의 연구가 참가자에게 신체적인 손상을 가져오지는 않지만 경우에 따라서는 불유쾌한 정서나, 피하고 싶은 경험을 하게 만드는 일이 없지 않다. 과학적 연구를 한다는 미명하에 참가자를 속이는 것이 어쩔 수 없다고 할지라도 그 한계가 있을 것이다.

이러한 문제를 해결하기 위해 미국심리학회(American Psychological Association: APA)를 포함한 많은 학회가 심리학 연구에서 지켜야 할 연구윤리를 제시하고 있다. 한국심리학회도 그러한 연구윤리를 학회 정관에 포함하고 있다. 참가자의 존엄과 자기결정권 존중의 차원에서 대부분의 학회가 연구 참가자에게 사전동의(informed consent)를 받을 것을 권장하고 있다.

한편 대학과 같이 심리학 연구를 수행하는 모든 기관은 연구윤리위원회(International Review Board: IRB)를 운영하도록 권장하고 있으며, 최근에는 국내에서도 이러한 제도가 점차 확산되고 있는 추세다. 위원회는 사람을 대상으로 해당 기관에서 이루어지는 모든 연구의 계획서를 검토하여 그 연구가 윤리 지침에 위배되지 않는지 평가하는 역할을 한다.

연구자가 지켜야 할 연구윤리의 핵심사항을 보다 자세하게 살펴보도록 하자(Sears et al., 1991).

1) 사전동의

연구자는 참가자들에게 연구에 참여하는 것이 참가자 자신에게 무슨 결과를 가져올 수 있는지에 대하여 알려 주고, 이러한 정보를 알고서도 자발적으로 연구에 참여하는 사람만을 대상으로 연구를 수행한다. 참가자는 사전에 연구절차나 참여 결과로 나타날 수 있는 위험 및 혜택에 대하여 알고 있어야 하며, 그들이 연구에 참여하기를 거부할 권한이 있음을 설명 받아야 한다. 연구자들은 가능한 한 진실을 이야기하고, 위장을 하는 경우는 그것이 초래할 위험에 대하여 충분한 고려를 하고 이를 최소화할 것이며, 신뢰를 바탕으로 참가에 동의한 사람을 대상으로 연구를 수행하도록 해야 한다.

연구가 종료된 시점에서 연구자들은 항상 참가자에게 연구의 참 목적에 대하여 납득이 가도록 설명하고 그들이 지닌 의문을 풀어 주어야 할 의무를 지닌다. 이 과정을 사후설명(debriefing)이라 하는데 이는 인간을 대상으로 하는 연구의 필수적인 부분이다. 성공적인 사후설명은 참가자가 느꼈을 수 있는 불쾌감이나 흥분, 분노를 가라앉힐 수 있고 그들에게 새로운 경험, 지식을 갖게 되었다는 긍정적인 기분을 조성할 수 있다. 이 과정에서 실험자도 참가자의 경험을 들음으로 해서 연구절차에 대하여 새로운 사실을 깨달을 수 있고 추후 연구에 반영할 수 있다. 연구가 참가자들의 관심을 불러일으킨 경우에는 보충적인 참고자료를 제시하고, 연구결과에 대하여 추후 알려주는 것도 사후설명 과정에서 필요하다.

2) 최소한의 위험부담

이는 연구에 참여함으로써 참가자가 겪는 부담이 일상 생활에서 통상 겪는 위험부담에 비해 심한 것이 아니어야 한다는 것이다. 사회심리학의 연구참여가 줄 수 있는 위험부담은 통상 사생활의 침해문제와 참여 스트레스다. 사생활 침해와 관련해서 참가자가 밝히고 싶지 않은 것이지만 실험에 참여함으로써 노출되는 일신상의 정보는 비밀이 보장되도록 조치해야 한다. 참가자가 겪는 스트레는 여러 가지이며 그 정도는 개인마다 차이가 많이 난다. 대부분의 참가자가 별스럽지 않게 여기는 연구일지라도 몇몇 사람들은 상당한 스트레스를 호소하는 경우가 있다. 이러한 개인차를 연구자가 사전에 모두 예측할 수는 없지만 그러한 스트레스를 최소화하여 참가자가 참여를 마치고 돌아갈 때에 참여 전과 비슷한 심리 상태가 되도록 배려해야 할 것이다.

상기한 모든 과정을 홀로 계획하고, 참가자의 반응을 판단하고, 위험 부담을 최소화하는 것은 일이 많을 뿐만 아니라 그 객관성에 문제가 있다. 따라서 이러한 연구윤리를 다루는 윤리위원회(IRB)를 두어 이의 평가를 받는 것이 도움이 될 것이다. 연구라는 미명하에 무시해서는 안 될 것이며, 사회심리학의 실험들이 아무리 그 충격이 적은 것이라고 여겨지더라도 이 같은 연구윤리를 준수하는 것이 연구자의 사회적 책임을 수행하는 데 도움이 된다.

HUMAN PSYCHOLOGY

인 · 간 · 심 · 리

제 2 부

개인과 타인을 이해하기

인간심리

제 1 장

HUMAN PSYCHOLOGY

자기

1. 자기의 발달

사람들은 사회생활을 하는 자신을 움직이는 내부의 '신짜 나(眞我)'가 있다는 생각을 한다. 비록 내가 보이는 행위가 상황마다 다르고, 감정이 시시각각 바뀌어도 그런 것들에 의해 영향을 받지 않으면서 지속적으로 나의 행위에 영향을 미치는 '참된 나'가 있으리라는 것이다.

이렇듯 자기(self)[8)]는 한 개인의 전체로서 매우 폭넓게 사용되고 있다. 자기에 대한 인식은 태어날 때부터 주어지는 것이 아니다. 외부의 대상에 대한 인식이 거의 대부분 발달적 과정을 거치는 것처럼, 자기도 역동적인 과정을 통해서 만들어진다.

1) 반영평가

사람은 태어나면서부터 다른 사람들과 상호작용을 시작한다. 유아

8) 자아(ego)는 자기(self) 중에서도 특히 의식적인 부분을 의미하며, 또한 자기와 관련되어 있으면서 개인의 태도, 가치, 관심사를 구성하는 모든 심리적 현상과 그 과정을 의미한다.

는 양육을 주로 담당하는 부모와 상호작용하고 그 속에서 정서적 유대감을 형성한다. 그 후 발달하면서 유아의 상호작용은 또래와 낯선 사람으로 넓어지고 그 내용도 깊어진다. 이와 같은 대인관계를 통해 우리는 자기에 대한 정보를 획득한다. 구체적인 상황에서 나의 행동에 대한 상대방의 피드백은 나 자신에 대한 많은 정보를 제공해 준다. 가령 한 친구가 내게 내향적으로 보인다고 말하면, 그 정보는 내가 나 자신을 이해하는 데 영향을 줄 수 있다.

상징적 상호작용 이론(Mead, 1934)은 자기지식(self-knowledge)의 사회적 근원을 설명한 이론이다. 이 이론에 따르면, 자기가 발달하기 위해서는 반드시 사회적 공간이 필요하고 그 속에서 이루어지는 한 개인의 행동은 다른 사람과의 상호작용 속에서만 이해할 수 있다. 이때 사회는 다양한 개인들의 조직적이고 유형화된 상호작용의 결과를 의미한다. 또한 사회는 다른 여러 사람들의 단순한 존재가 아니라 서로 다른 역할을 떠맡은 구성원들 간의 역동적 상호작용을 의미한다. 이러한 상호작용을 통해 이루어지는 사회화는 자신에게 의미 있고 중요한 타인의 태도를 따르는 것으로 시작해서 전체 구성원의 일반적인 태도를 따르는 것으로 나아간다.

이때 사람들은 다른 사람들로부터 자기를 배우게 된다. 반영평가는 다른 사람이 나를 어떻게 생각하고 있는지 그것에 대한 나의 생각이다. 우리는 자신의 삶에서 중요한 타인들이 우리를 어떻게 보는지를 파악함으로써 우리 스스로를 이해하고 평가한다. Cooley의 거울 속에 비친 자기(looking glass self)개념은 한 개인에게 중요한 타인들은 그 개인이 어떤 사람인지를 행동을 통해 마치 거울처럼 반사해 준다는 의미이다. 사람들은 자신의 성격이나 행동을 평가하기 위해 반영평가를 사용한다.

상징적 상호작용 이론의 타당성은 한 개인에 대한 자기평가와 타인에 의한 평가의 일치 정도로 검증할 수 있다. 일찍이 Shrauger와 Schoeneman(1979)은 다수의 문헌을 검토하여 이 이론이 타당하다는 증거를 제시했다. 이후의 연구(Baumeister, 1999)들도 이 둘 사이에는 정적 상관이 있다는 것을 확인하였다. 특히 Kenny(1994)는 여러 사람들이 한 개인에 대하여 서로 비슷한 평가를 내리는 경우에 한해서 자기평가와 타인에 의한 평가의 관련성을 알아보았는데, 상당히 높은 관련성을 보였다. 그러나 자기평가는 다른 사람이 나를 어떻게 볼 것이라는 나의 믿음, 즉 반영평가와는 거의 동일한 정도로 매우 유사했다. 이러한 결과는 나의 반영평가가 나에 대한 타인평가와는 일정 수준 차이가 있다는 것을 보여준다.

이처럼 반영평가가 타인의 실제 평가와 다른 데에는 몇 가지 원인이 있다. 그 하나로 사람들은 타인에 대한 자신의 인상을 있는 그대로 드러내지 않을 수 있다. 사람들은 다른 사람들에게 좋은 인상을 주고 싶은 욕구를 가지고 있기 때문에(Goffman, 1959; Leary & Kowalski, 1990), 타인에 대한 부정적인 인상도 조금 완화해서 표현하거나 긍정적인 인상을 과장할 수도 있다.

또한 사람들은 타인의 피드백을 왜곡하거나 일부의 정보만을 선택적으로 취할 수 있다. 이와 같은 경향성은 어릴 때부터 나타난다. 아동들은 긍정적인 피드백을 제공하는 자극에 더 우선적으로 반응함으로써 자기를 긍정적으로 구성하는 전략을 선택하는데 이것을 긍정지향성(positive tropism)이라고 한다(Harter, 1998).

이와 같은 동기적 원인 외에도 사람들은 나에 대한 타인의 생각을 정확히 파악하는 데 인지적인 어려움을 겪는다. [그림 2-1]에서 보듯이 우리는 타인이 어떤 행동을 어떤 이유로 할지에 대해 자신의 현재 상황으로부터 때로는 부정확하게 추론할 수밖에 없다. 우리는 어떤 상황이든 타인의 행동이나 그 이유를 자신의 생각으로부터 추론해서 해석할 수밖에 없다. 우리가 직접 타인이 되어 보지 않는 한 이러한 추론은 틀릴 가능성이 있을 수밖에 없다.

반영평가 이외에도 사람들은 자신의 행동을 관찰함으로써 자기를 알 수 있다. 그들은 어떤 대상이나 쟁점에 대해서는 명확한 태도가 없을 수도 있고 맥락이나 행동과 관련하여 자신의 성격특성을 모를 수도 있다. 이와 같은 경우 자기지각이론(self perception theory)에 따르면 사람들은 때로 자신의 행동을 보고 자신이 어떤 사람인지를 결정한다. 예를 들면, 첫 산행에서 좋은 기분을 경험한 사람은 자신이 산을 좋아한다고 생각한다.

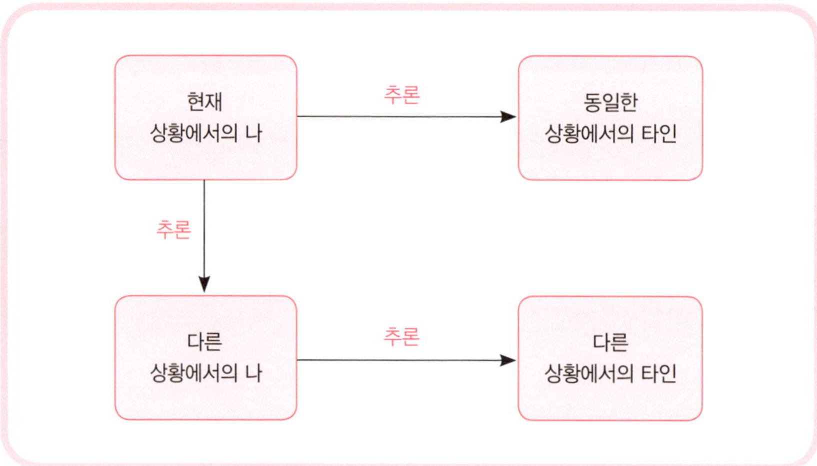

그림 2-1 자신과 타인의 행동에 대한 이해

2) 사회비교

한 개인이 자신을 어떻게 보는가 하는 것은 남들이 그 개인을 어떻게 보는가와 밀접하게 엮여있다. 자기에 대한 평가는 홀로 이루어지는 것이 아니고 다른 사람들과 관계하는 맥락 속에서 이루어진다. 가령 중간고사에서의 성적 80점이 높은 점수인지 아닌지는 다른 학생들의 점수에 따라 달라진다. 이러한 점에서 자기는 절대적인 실체가 아니라 사회적으로 중요한 기준과 비교해서 지각 · 구성 · 평가 되는 존재다(Klein, 1997).

사회비교이론(Festinger, 1954)에 따르면, 사람들은 자신의 의견과 능력을 평가하려는 동기를 가지고 있고 그러나 동기는 비교를 통해 충족된다. 우리는 자기평가를 위한 객관적인 비교 기준이 있을 때 그것을 이용하지만 그 기준이 모호할 경우 다른 사람의 의견이나 능력과 같은 주관적 평가기준을 사용한다. 이때 사회비교의 종류에는 비교의 방향에 따라 상향비교, 하향비교 그리고 유사비교로 구분할 수 있다.

상향비교(upward social comparison)는 비교의 대상을 자신보다 나은 사람으로 선택하는 것이다. 상향비교는 자신의 능력이나 노력에 대한 정보적 가치를 제공한다(Taylor & Lobel, 1989). 그래서 자기향상 욕구가 강한 사람은 상향비교를 통해 자신에게 도움이 되는 정보를 얻고자 한다(Feldman & Ruble, 1981). 그들은 자신의 능력이 좀 더 우수한 사람에 비해 어느 정도인지, 혹은 자신이 투자한 노력이 어느 정도 효과가 있었는지를 확인하고자 한다. 이때 그들은 상향비교를 통해 이러한 정보를 확보할 수 있고 때로 비교의 결과는 이후의 노력을 촉진하는 자극제의 역할도 한다. 그뿐만 아니라 사람들은 상향비교를 통해 자신보다 우월한 사람과 동일시하면서 자기개념을 좀 더 긍정적으로 이끌 수 있다(Collins, 1996). 이것을 동화 효과(assimilation effect)라고 한다. 반대로 비교대상이 월등히 우월한 경우 상향비교는 자기에 대한 부정적 평가를 초래할 수도 있다. 이것을 대비 효과(contrast effect)라고 한다.

때로 사람들은 자신보다 못한 사람과 비교하는 하향비교(downward social comparison)를 선호한다. 즉 하향비교는 타인과의 비교에서 자기보다 열등한 사람을 준거 삼아 비교하는 전략이다. 하향비교는 자기개념이 위협받는 상황에서 그것을 보호하는 데 유리한 전략이다. 이 상황에서는 객관적 비교보다는 하향비교를 통해 주관적 안녕감을 유지하는 것이 더 중요한 동기다(Wheeler & Miyake, 1992). 또한 사람들은 자기를 긍정적으로 평가함으로써 좋은 기분을 느끼고자 한다. 이러한 동기가 강할 때 그들은 하향비교를 선호하는 양상을 보이고, 실제로 이를 통해 관계에 대한 높은 만족을 경험한다(Buunk, Ybema, Gibbons, & Ipenburg, 2001). 그러나 하향비교는 자신의 능력에 대하여 제공하는 정보의 양이 적고 자기고양을 위해 자신의 능력을 과장할 수도 있다(Alicke, 2000).

유사비교(lateral social comparison)는 자신과 유사한 사람과 비교하는 것이다. 이것은 자신과 유사한 상황이나 수준에 있는 대상을 준거로 삼아 자기를 비교하는 전략이다. 이러한 비교는 자신의 능력을 제대로 평가하기 위한 전략이다. Festinger(1954)에 따르면, 자기평가 동기는 유사한 대상과의 비교과정에서 커지고, 관련 특징이 비교 대상과 동등하거나 유사할 때 비교하려는 특징을 가장 정확하게 비교할 수 있다. 한 연구(Kulik & Mahler, 1989)에서 병원에 입원한 환자들은 가능하면 자신과 비슷한 처지의 사람들과 같은 방을 쓰고자 했다. 그들은 자신의 상황에 대한 불안과 불확실성 속에서 타인의 신념과 행동 및 태도를 파악한 후 자신의 행동이나 태도를 결정하고자 했다.

3) 문화

자기(self)는 주어진 맥락에서 다른 사람과의 상호작용을 통해 발달한다. 이러한 맥락 중에서 가장 포괄적인 것이 문화다. 한 문화의 구성원들은 주어진 물질적 조건하에서 가치, 신념 그리고 세상에 대한 의미체계를 공유하고 그것을 사회적으로 수용되는 행동으로 드러낸다(Kottak & Colson, 1994). 문화의 이러한 측면은 다음 세대로 계승되면서 그 안정성과 일관성을 확보한다. 또한 문화는 사회학습을 통해 다른 사람으로 획득하는 모든 종류의 정보로서 그것은 그 구성원들의 행동에 영향을 미친다(Richerson & Boyd, 2004). 그래서 동일한 문화에 속한 사람들은 유사한 제도와 관습의 영향을 받으면서 소통하고 행동한다. 이처럼 자기를 포함한 여러 대상에 대하여 사람들이 가지는 인식체계는 그들이 속한 문화의 영향 아래 있다. 문화를 분류한 가장 대표적인 차원이 집단주의와 개인주의다(Triandis, 1972). 집단주의 사람들은 자신을 개별적인 존재라기보다는 공동체의 일원으로 보는 경향이 강하다. 그래서 공동체가 부여하는 의무와 규범에 우선적으로 동기화됨으로써 개인의 목표보다 공동체의 목표를 우선시하는 경향을 보인다(Triandis, 1995). 따라서 타인에 대한 관심과 염려, 집단의 원활한 결속에 대한 깊은 관심, 상호의존성 및 집단의 통합과 조화, 건설적 대인관계, 가족의 안녕, 부모와 연장자에 대한 존경 등을 특징으로 하는 문화다. 이에 집단주의자는 집단을 단위로 사고하고 개인의 외적 요인에 반응하는 경향이 있다. 또한 내집단과 외집단에 대한 편향이 심한 것이 큰 특징인데 이러한 이유로 타문화에 대한 적응력이 낮은 편이다.

반면, 개인주의는 자신을 집단과는 어느 정도 독립된 개인으로 보는 문화에서 나타나며 개인의 선호, 필요, 권리를 집단의 그것보다 우선시하는 특징을 가진다. 따라서 개인주의 문화는 개인의 자율성, 독립심, 목표와 신념 그리고 만족을 중시하는 반면 집단의 결속에 대해서는 관심이 덜하다(Hofstede, 1992; Triandis, 1995). 그래서 이 문화권의 사람들은 개인적 의사결정에 따라 행동을 하고 따라서 행동의 원인을 개인 내부의 요인에서 찾는 경향이 강하다. 또한 그들은 개인의 필요에 의해 동기화되며 내집단과 외집단에 대한 구별이 명확하지 않다.

이와 같은 문화적 속성을 반영하여 Markus와 Kitayama(1991)는 상호의존적 자기와 독립적 자기를 제시하였다. [그림 2-2]에서 보듯이 상호의존적 자기는 집단주의 문화권의 구성원들이 보유하고 있는 자기 도식(self-schemas)[9]인데, 자기가 개인적인 요소로만 이루어진 것이 아니라,

9) 자기와 관련된 정보 처리를 가능하게 해 주는 자신에 대한 생각들, 즉 자기 자신에 관한 정보의 망조직으로, 과거 경험에 기초하여 조직한 자신에 관한 지식구조를 말한다.

중요한 타인과 공유하는 부분이 있는 것이 특징이다. 이러한 특성으로 인해 상호의존적 맥락에서 자신을 지각하고 이해하는 경향이 강하다. 반면에, 독립적 자기는 개인주의 문화권의 구성원들이 보유하고 있는 자기 도식으로, 자기를 타인과 완벽하게 분리하여 이해하는 것이 특징이다. 이로 인해 독립적 자기개념을 가진 사람들은 타인보다는 자신에게 더욱 주목하는 독립적 특성을 강조한다.

독립적 자기와 상호의존적 자기는 일관성 차원에서 두드러진 차이가 있다. 독립적 자기는 외부와의 경계가 명확하고 개인의 자율성을 강조하는 특징이 있으며 타인이나 사회적 맥락으로부터 분리되어 존재하는 경향이 강하다(Geertz, 1975). 이러한 자기의 소유자들은 자기를 전체적으로 통합적이며 안정적인 실체로 보기 때문에 타인이나 상황적 요인의 영향을 받지 않는 것을 가장 중요하게 여긴다(Shweder et al., 1998). 즉 그들은 주변적 조건이 변화하더라도 자기의 변화하지 않는 일관성을 중요시하며, 그렇게 때문에 일관성을 유지하는 것이 정신건강에도 중요한 영향을 미친다(Ryan & Deci, 2000).

반면 상호의존적 자기는 개인적 태도나 성격 혹은 선호와 같은 개인의 내적 특성을 넘어 관계나 집단에서 조화와 역할을 중시한다. 그래서 상황에 따라 자신의 관계와 집단에 적절한 서로 다른 역할을 수행해야 한다. 이러한 자기개념에는 자기일관성 보다는 융통성이 더 중요한 개념이다. 예를 들어, Bon과 Cheung(1983)의 연구에서 자기를 기술할 때, 일본인은 상황에 관계없는 자기만의 내면적 특성을 미국인 보다 덜 언급하는 경향이 있었다. 반면, 미국인에 비해 아시아인은 자기가 속한 집단이나 그 안에서 맡고 있는 역할로 자신을 설명하는 경향성이 더 강했다(Rhee et al., 1995).

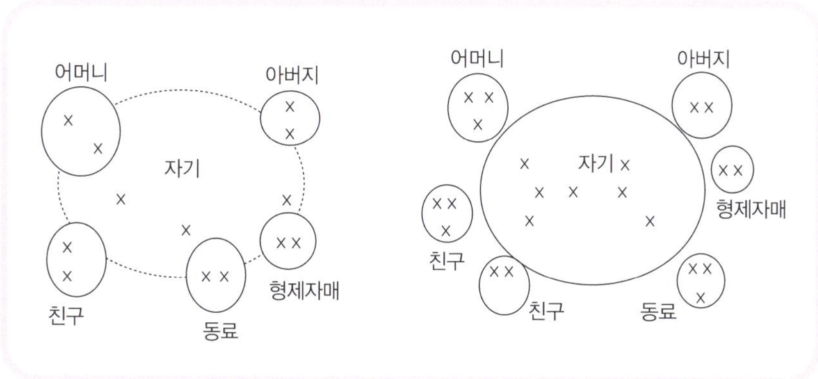

그림 2-2 상호의존적 자기(왼쪽)와 독립적 자기(오른쪽)

같은 맥락에서 상호의존적 자기를 지닌 아시아인들의 의사결정은 독립적 자기를 지닌 서구인들과는 다를 수 있다. [그림 2-3]에 등장하는 가운데의 2번 친구가 얼마나 행복해 보이는지를 물었다. 그 결과 서양인은 2번 친구가 두 그림에서 똑같이 행복해 보인다고 대답한 반면, 동양인은 왼쪽 사진 속에서는 행복해 보이지만 오른쪽 사진 속에서는 불행해 보인다고 대답했다. 이러한 결과는 독립적 자기를 지닌 사람들에 비해 상호의존적 자기를 가진 사람들은 자신이나 타인을 지각하고 평가할 때 맥락적인 요소를 더 많이 고려한다는 점을 잘 보여준다(김명진 외 2012).

그림 2-3 맥락적 효과

2. 자기에 대한 표상

1) 주체적 자기와 객체적 자기

James(1980)는 자기를 '한 개인이 자기 것이라고 말할 수 있는 모든 것'이라고 정의하면서, 주체적 자기(I-self)와 객체적 자기(Me-self)로 구분하였다. 여기서 'I'는 한 유기체에 대한 타인들의 태도에 대하여 그 유기체가 보이는 반응이며, 'Me'는 그 유기체가 가정하기에 자신에 대하여 타인들이 보이는 일련의 태도다. 즉, 유기체에 대한 타인들의 태도가 'Me'를 구성하고, 유기체는 'I'로서 거기에 반응한다. 이때 I-self는 종교심리학에서의 영성과 같은 개념으로 외적 영향을 받지 않은 순수한 개념의 자기를 의미한다. 반면에, Me-self는 사회 속에서 외부의 자극을 반영하는 의미들로 구성되기 때문에 객관적인 평가가 가능하다.

James는 객체적 자기를 세 가지 구성요소로 분석하였다. 물적 자기(material self)는 개인이 지니고 있는 것으로 자기의 신체, 의상, 가족, 집 그리고 소유물들로 구성되어 있다. 우리는 귀중한 것을 잃게 되면 스스로의 한 부분을 잃은 듯 비탄에 잠긴다.

사회적 자기(social self)는 우리와 접촉하는 타인들로부터 받게 되는 자기에 대한 인상, 평가들이다. James에 의하면 우리는 남과 단순히 어울리는 것이 아니라, 남들에게 나를 내 보이고 싶어 하고, 좋게 인정받으려는 욕구가 있다.

영적 자기(spiritual self)는 개인이 지닌 내면의 주관적인 것으로 성격, 취향, 정서 등의 심리적 속성들이다. 아울러 영적 자기는 생의 의미를 생각하고, 만물의 원리를 모색하는 등 사색적인 면모를 지니고 있으며 자기관조의 능력을 지니고 있다. James에 의하면 세 구성 요소 중에 가장 중요한 부분은 영적 자기다. 왜냐하면 "우리는 자기의 어느 다른 면모보다도 스스로의 도덕성과 양심, 고고한 의지로 사유하는 자기 모습을 볼 때 보다 순수한 자기 만족감을 느끼기" 때문이다.

2) 현실자기와 가능자기

사람들이 자기개념에는 현재의 모습에 근거한 자기와 미래에 실현가능한 모습으로서의 자기가 있을 수 있다. Markus와 Nurius(1986)는 이런 자기를 각각 현실자기(current or now self)와 가능자기(possible self)로 명명하였다. 현실자기는 지금 상황에서 평가하는 자기로, 여기서는 자신의 이미지를 구축한 그 근거가 중요한 역할을 한다. 대부분의 현실자기는 과거 행동으로 구성된 자기의 틀을 의미한다.

반면, 가능자기는 자신이 미래에 어떤 사람이 될 수 있고 되길 원하는 것과 같은 미래지향적 요소를 포함한다. 그래서 가능자기는 자신의 잠재력, 미래의 목표나 기대 혹은 공포와 불안을 떠올리게 한다. 또한 가능자기는 자신이 기대하는 모습을 실현하도록 유도하는 강한 동기로 작용할 수 있다.

가능자기가 모두 이상적인 형태의 자기만을 지칭하는 것은 아니다. 가능자기는 미래에 긍정적으로 기대하는 자신의 모습, 즉 이상적 자기 또는 희망하는 자기와 피하고 싶거나, 염려하는 부정적인 모습, 즉 원하지 않는 자기 또는 두려운 자기로 구분할 수 있다. 일반적으로 긍정적 자기의 속성은 과업 지향적인 측면을 반영하는 반면, 부정적 자기의 속성은 하지 말아야 할 것을 알려준다(Wurf & Markus, 1983). 그래서 보다 나은 과업수행을 위해서는 이 두 속성의 자기가 균형을 유지할 때 가능하다. 다시 말하면, 긍정적인 가능자기는 원하는 것을 성취하기 위해 무엇을 해야 하는지 앞으로 할 행동의 기틀을 잡아준다면, 부정적인 가능자기는 현재 자신의 행동 중에서 피해야 할 것을 알려준다(Ruvolo &

Markus, 1992). 따라서 가능자기는 미래의 행동에 대한 동기와 현재 행동에 대한 평가를 모두 수반한다.

3) 자기불일치이론

Higgins(1987)는 자기불일치이론에서 자기를 현실적 자기, 이상적 자기 그리고 당위적 자기로 구분하였다. 현실적 자기는 현재 자신이 가지고 있는 속성에 대한 것으로 자신의 지금 상태를 보여주는 지표다. 이상적 자기는 자신이 소망하는 속성에 대한 것으로 자신의 개인적 포부나 이상, 희망과 소망이 여기에 해당한다. 당위적 자기는 자신이 반드시 가지고 있거나 없어야 하는 속성에 관한 것으로 의무나 책임이 여기에 해당된다.

현실적 자기는 현재의 자기개념을 이루고 있는 반면, 이상적 자기와 당위적 자기는 자기 지시적 기준(self-direction standards)이나 자기지침으로서의 역할을 한다(Strauman, 1992). 말하자면, 이 두 자기는 현재의 우리가 추구해야 할 미래의 목표다. 이때 대부분의 사람들에게 현실적 자기는 이상적 자기나 당위적 자기와 차이가 존재한다. 사람들은 이러한 차이를 자신의 입장에서 평가하거나 다른 사람의 시각에서 평가할 수 있고, 그로 인해 많은 다양한 부적 정서를 경험하게 된다(Hewitt & Dyck, 1986; Higgins, 1987).

〈표 2-1〉에서 보듯이 사람들은 현실적 자기와 이상적 자기의 불일치를 자신의 입장에서 평가하면 자기성취나 효율성 부족 등과 같은 긍정적 결과의 부재로 실망, 좌절 및 우울을 경험한다. 또한 이들은 편두통, 소화불량과 같은 신체적 증상을 겪으며 정서적 각성 상태가 매우 높다(Higgins, Vookles, & Tykocinski, 1992; Strauman, 1992). 이러한 차이를 타인의 시각으로 평가하면 애정이나 존경의 상실이라는 위협으로 수치심, 당혹

감과 의기소침을 겪는다.

반면, 현실적 자기와 당위적 자기의 불일치를 자신의 입장에서 평가하면 죄책감, 자기비하, 불편감과 같은 자기 처벌적 정서를 경험하고, 타인의 시각에서 보면 의무 불이행으로 인해 처벌과 같은 부정적 결과를 연상하게 되어 두려움, 위협감, 공포 등의 정서를 경험한다(Stein & Jewett, 1986).

〈표 2-1〉 자기불일치와 관련된 심리와 경험하는 정서

불일치 유형	실제 자기-이상적 자기		실제 자기-외무적 지기	
불일치 본질	긍정적 결과의 부재		부정적 결과의 존재	
시작되는 관점	자신	타인	자신	타인
경험 정서	실망 좌절 우울	수치심 당혹감 의기소침	죄책감 자기비하 불편감	두려움 위협감 공포

자기불일치로 발생하는 부정적 감정을 감소하는 방법이 있을 수 있다. 먼저 이 불일치 상황에서 현실적 자기에 더 많은 비중을 두면 부족한 현재의 상태에 더 초점을 둠으로써 부적 정서가 더 크게 발생하지만, 이상적 자기나 당위적 자기에 더 큰 비중을 두면 긍정적으로 기대할 수 있는 미래에 초점을 둠으로써 긍정적 정서가 나타날 수도 있다. 또한 마음 챙김 훈련도 부적 정서를 완화하는 하나의 전략이 될 수 있다. 마음 챙김 훈련이란 자신의 마음속에 남아 있는 부정적 정서를 조절하기 위한 훈련의 한 방식이다.

4) 개인적, 관계적 그리고 집단적 자기

자기에 대한 표상을 개인적 자기, 관계적 자기 그리고 집단적 자기 등

세 가지로 설명할 수 있다(Brewer & Gardner, 1996).

개인적 자기(individual self)는 자신을 타인과 구별하는 중요한 기준이라는 점에서 타인과의 비교과정이 중요하게 관여한다. 또한 개인적 자기는 자기를 보호하거나 개선하려는 동기와도 밀접하게 관련되어 있다(Sedikides & Brewer, 2001). 기억 역시 개인적 자기에 중요한 요인이다. Klein(2001)에 따르면 일관적 자기라는 인식은 개인적 경험에 대한 기억에 근거할 때 가능하다. 또한 현재 자기의 개념에서 벗어난 과거 기억들은 점점 사라지기 때문에 자기와 기억은 상호의존적인 관계에 있다. 여러 기억 중에서도 절차기억이나 의미기억보다 일화기억이 자기와 더 밀접하게 관련된다. 왜냐하면, 일화기억은 경험을 그대로 유지하는 편이지만, 절차기억이나 의미기억은 과거의 경험을 추상적으로 재구성하기 때문이다.

관계적 자기(relational self)는 친밀감이 높은 대상과 맺는 중요한 관계로 자기를 표상한 것이다. 수많은 주변 사람과 관련해서 자신이 차지하는 위치와 맡은 역할이 바로 관계적 자신을 규정하기 때문에 그들이 나를 어떻게 생각하는지 그것에 대한 반영평가가 중요하다. 또한 관계적 자기는 중요한 타인을 보호하거나 발전시키고 관계를 유지하려는 동기와도 밀접하게 연결되어 있다.

집단적 자기(collective self)는 거대한 사회적 집단 속에서 내집단구성원과 외집단구성원 간의 비교를 통해 자기를 표상하는 개념이다. 집단은 사회적 생활에 대한 규범적 틀을 제공한다는 점에서 자기를 구성하는 매우 강력한 요인이다. 그래서 외집단의 사람들에 비해 내집단구성원들은 지각, 태도 및 행동에서 서로 더 유사하고 내집단을 더 긍정적으로 지각하는 편향을 보인다(Hogg, 2001).

그렇다면, 집단적 자기의 주된 기능은 무엇일까? 자신을 특정 집단과 구분할 수 있는 근거를 마련해 주는 범주화 기능을 말한다. 범주화를 통해 자신이 속하거나 속하지 않은 집단을 규정함으로써 자신의 소속집단을 결정하고, 그 집단에 기초하여 자신의 사회정체성을 형성한다. 이 과정에서 탈개인화가 일어나는데 이 개념은 집단의 태도를 자신의 태도로 수용하는 것을 의미한다.

3. 자기의 개인차

1) 자의식

우리의 사고와 행위는 개인 내적인 맥락과 관계적 맥락에 걸쳐 이루어진다. 남들과 공유할 수 없는 자신만의 사고나 감정, 이미지와 같은 내면세계의 존재에 대한 깨달음 그리고 다른 사람들이 나와 다른 관점을 가지고 있다는 인식이 우리의 사고와 행동에 영향을 미친다. 이때 자의식(self-awareness)이란 사고, 욕구, 소망, 정서 등 자신이 누구인지에 대한 지식이나 자신에 대한 주의집중을 의미한다.

Duval과 Wicklund(1973)는 자의식을 주관적 자의식과 객관적 자의식으로 구분하였다. 주관적 자의식은 자신에 대한 직접적 관찰과 경험으로부터 생기는 자의식으로 지각과 행동의 원천이 된다. 반면에, 객관적 자의식은 자신을 타인의 행동, 태도 및 성격특성과 비교하거나 옳고 그름에 대한 사회적 기준과 비교함으로써 생기는 자의식이다. 그래서 객관적 자의식은 주관적 자의식에 비해 외적인 요인에 주의를 더 기울인다.

이런 자의식에는 하나의 성격특질로서 개인차가 있을 수 있다(Buss, 1980; Fenisgstein et al., 1975). 자신의 내부에 지속적으로 관심을 두는 사적 자기의식이 높은 사람은 사적인 특성, 사고, 감정, 가치 등 자신의 내적 측면들에 주목하는 경향이 강하다. 이처럼 사적 자아(private self)가 중심이 되는 자기의식은 내적이고, 자기중심적인 요구를 반영하는 동기가 활성화됨으로써 자신의 신념이나 주관적 규범이 자신의 태도나 행동에 보다 더 큰 영향을 미친다. 따라서 사적 자기의식이 높은 사람은 상대적으로 태도나 행동의 높은 일관성을 유지하는 경향이 있다.

반면에, 공적 자기(public self)가 중심이 되는 공적 자기의식은 다른 사람이 나를 인식하는 데 더 많은 주의를 기울인다. 공적 자기의식이 높은 사람은 사회적 존재로서의 자기, 즉 외모, 행동, 정서, 자기표현 등을 타인의 기준으로 평가하는 데 초점을 두고 있다(Fenisgstein, 1979). 가령 "내가 타인에게 어떻게 보일지 걱정이다.", "내가 집을 나서기 전에 최종적으로 하는 일은 거울을 보는 것이다."와 같이 다른 사람에게 보이는 자신에게 주의를 집중한다. 이처럼 공적 자기의식은 사적 자기의식과 달리 개인의 사고와 행동에서 그 자신의 내적 상태가 그다지 중요하지 않다는 점이다. 그래서 공적 자기의식이 높은 사람의 행동은 상황에 따라 변함으로써 상대적으로 일관성이 낮다.

자기의식이 지나치게 높으면 자기의식과잉(excessive self-consciousness)으로 인해 심리적 장애를 겪을 수도 있다. 지나친 자기의식은 강박증, 대인민감성, 우울 및 불안을 야기할 수 있고, 특히 지나치게 높은 공적 자기의식은 공포증과 정신증에도 영향을 미칠 수 있다.

2) 자기검색

성공적인 사회생활을 위해 사람들은 타인의 기대에 부응함으로써 그들의 인정을 받고, 그들에게 좋은 인상을 주고자 노력한다. 사람들의 이러한 심리적 특성을 설명하기 위해 Snyder(1974)는 자기검색이라는 개념을 제시하였다. 자기검색은 자신의 행동이 사회적으로 적절한 것으로 평가받도록 하기 위해 의식적으로 자기관찰, 자기통제 및 자기관리를 하는 전략이다. 구체적인 행동에 대한 자기검색은 타인이 수용할 만큼 자신을 얼마나 적절하게 표현하는가의 문제로, 다양한 상황적 조건에 따라 적합한 행동을 잘 수행할 수 있는가를 평가할 수 있다(Zuckerman, Gioioso, & Telini, 1988). 따라서 자기검색은 사회적 상황에서 자신의 표현과 타인의 표현을 조화시키기 위해 여러 상황적 단서에 맞추어 자신의 행동을 조절하고 관리할 수 있는 능력이라고 할 수 있다.

자기검색 수준이 높은 사람은 자신이 접하는 사건, 대인관계, 일과 같은 상황에서 자기를 적절히 표현하는 데 필요한 기술을 가지고 있다. 또한 그들은 자신과 관련된 사회적 정보를 능동적으로 찾고자 하며, 자신의 표현이나 자기과시가 타인에게 어떻게 보일지 그런 점에서 민감하게 반응하여 상황단서를 자기 방어적 수단으로 사용하기도 한다. 반면, 자기검색 수준이 낮은 사람은 행동을 내적 기준을 통해 결정하며 자기에 대하여 타인이 가지고 있는 정보에는 큰 관심이 없다. 그래서 환경의 변화에도 적응적으로 행동하지 못하는 면이 있고, 비효율적 대처전략을 고수할 가능성도 높다.

그러나 자기검색을 많이 하는 사람이 늘 긍정적인 것만은 아니다. 자기검색이 지나치게 높은 사람은 내적 자의식이 결핍되어 장기적 목표를 지향하는 데 어려움을 겪을 수 있고(Metcalfe & Mischel, 1999), 자기통제력이 저하되어 즉각적인 보상에만 반응할 수도 있다(Hinson et al., 2003).

3) 자기복잡성

자신이 누구인지를 생각할 때 어떤 사람들은 자신의 다양한 사회적 역할, 대인관계, 활동, 성격특성, 목표 등을 고려할 수 있는 반면 다른 사람은 이 중에서 한두 가지만 고려할 수도 있다. 이처럼 자기복잡성(self complexity)은 자기개념 속에 들어 있는 개별적이고 관련이 없는 자기측면(self-aspects)들을 지칭하는 개념이다. 자기측면은 구체적인 사건과 행동에 대한 정보를 포함할 수 있고, 자신의 특정 행동이나 자기관련인식(예: 능력, 관계, 기대, 역할, 신체 등)을 포함할 수도 있다. 따라서 자기복잡성은 자기개념을 구체화하는 과정에서 드러나는 자기도식이라고 할 수 있다.

자기복잡성은 크게 두 가지 방식으로 평가할 수 있다. 그 하나는 자기개념 속에 있는 자기측면의 개수로 정의할 수 있다. 자기측면의 개수가 많을수록 자기복잡성은 증가한다. 또 다른 방식은 자기측면들의 중첩 정도로 자기복잡성을 측정할 수 있다. 중첩 정도는 다양한 자기의 모습들이 서로 얼마나 비슷한지 혹은 다른지를 나타낸다(McConnell et al., 2005).

자기측면들이 서로 많이 중첩되어 있는 경우 파급효과(spill-over effect)가 생겨 자기의 한 측면과 관련해서 발생한 반응이 다른 측면에까지 영향을 주게 된다. 따라서 자기측면들 간의 중첩정도가 낮을수록 자기복잡성은 높다고 할 수 있다.

Linville(1987)에 따르면, 자기복잡성이 높은 사람들은 자기측면의 수가 더 많고 경계가 분명하기 때문에 상대적으로 확산이 적게 일어나서 완충할 수 있다. 반면에, 자기복잡성이 낮은 사람들은 자기측면의 수가 적고, 경계가 불분명하기 때문에 상대적으로 확산이 크게 일어난다.

4. 자기와 동기

1) 행위주체로서의 동기

(1) 자기조절

자기조절(self-regulation)이란 환경의 요구에 따라 행동을 시작하고 멈추는 것에서부터 사회적이고 교육적 활동에 이르기까지 자기행동의 강도, 빈도와 지속성을 조절할 수 있는 능력을 의미한다(Kopp, 1982). 구체적으로 자기조절은 자신의 행동에 대한 지속적인 자기검색, 획득한 정보에 대한 자기평가 그리고 적절한 행동에 대한 보상으로서의 자기강화를 사용하여 자신의 행동을 통제하는 것이다. 자기조절 능력으로 인해 우리는 하고자 하는 목표나 목적을 성취하기 위한 행동을 유지할 수 있고 다른 외부적인 제한이 있더라도 비교적 안정된 행동을 수행할 수 있다.

실제 자기조절을 잘 하는 사람은 과제 수행 수준이 높고, 계획이나 문제해결과 같은 고차원적인 인지기능을 포함하는 실행기능이 뛰어나며, 학교와 직장에서 목표를 성공적으로 달성하고, 좋은 대인관계를 형성하여 인기가 많으며, 신체적으로나 정신적으로도 건강하고 만족스러운 삶을 영위한다(Tangney, Baumeister, & Boone, 2004). 반면, 자기조절의 실패는 대부분의 사람들이 경험하는 개인적 혹은 사회적 문제를 야기할 수 있다.

또한 자기조절은 정서적 반응에 대한 통제를 가능하게 함으로써 대인관계를 증진시킬 수 있다(Schmeichel & Baumeister, 2004). 우리가 사회적으로 관계를 형성하고 유지하는 것은 과업과 관계라는 두 중요한 측면에서 강력한 보상을 받을 수 있기 때문이다. 따라서 사람은 누구나 관계에 소속되어 인정받고 싶은 욕구가 있는데, 그 과정에는 현재의 욕구를 억제하고 미래를 위해 자신의 감정이나 행동을 사회적으로 더 바람직하게 조절할 필요가 있다. 특히 타인 앞에서 부정적인 감정의 표출은 때로 인간관계에 해를 끼칠 수 있기 때문에 집단 내에서 자신의 부정적 정서를 조절할 필요가 있다(Gross & Thompson, 2007).

따라서 자기조절능력은 의사결정에 필요한 인지적, 정서적 및 행동적 차원을 효과적으로 활용하고 자기조절을 방해하는 요인들을 잘 다루어, 융통성 있게 환경에 적응하고 자신의 행동과 사고 및 감정을 효율적으로 다루는 능력이라고 할 수 있다. 이 과정에서 가장 두드러지게 나타나는 특징 중 하나는 사전사고 단계에서 나타나는 자기효능감이다.

(2) 자기효능감

자기효능감(self-efficacy)이란 자신의 수행이 긍정적인 결과를 가져올 것이라고 믿음으로써, 목표를 달성하기 위해 지속적으로 시도할 가능성을 높이는 심리적 특성을 말한다. Bandura(1982)는 자기효능감이 높을 때 사람들은 어려운 상황을 이겨내고 긍정적으로 승화하는 데 필요한 동기, 인지적 자원 그리고 행동을 최상화할 수 있다고 강조한다. 주어진 일을 할 수 있다는 자신에 대한 강력한 믿음은 그 과업을 시도할 가능성을 높이고 그 결과에도 긍정적인 영향을 미친다.

또한 자기효능감은 스트레스를 유발하는 상황에서도 제대로 적응하는 데 도움을 주는 원천이 될 수 있다. 자기효능감이 높은 사람은 자기자신이 다양한 상황적 요구를 해결할 능력이 있다고 믿기 때문에 여러 어려움을 조절할 수 없다고 판단하거나 두려워하기보다는 해 볼 만한 도전으로 생각하는 경향이 강하다. 그래서 그들은 스트레스 상황을 노력하면 얼마든지 해결할 수 있다고 사고하는 반면, 자기효능감이 낮은 사람은 자기의심과 일에 대한 두려움이 많아서 어려운 상황이나 과제에 부딪혔을 때 자신이 부족하다고 느끼는 경향이 강하다.

2) 자기고양 관련 동기

(1) 자아존중감

자아존중감(self-esteem)이란 자기 자신이 다른 사람들과 비교해서 전반적으로 훌륭하고 바람직한 사람이라는 주관적인 인식을 말한다. 일반적으로 사람들은 좋은 평가를 받기를 원하는데, 그러한 평가를 받는 사람들은 높은 자아존중감을 갖게 된다. 이때 높은 자아존중감을 유지하기 위한 전략에는 두 가지가 있을 수 있다. 먼저, 사람들은 자신뿐만 아니라 자신과 관련이 있는 타인, 단체 및 조직이 좋은 평가를 받으면 자아존중감이 높아진다. 또 다른 전략 사람들은 사회비교의 과정을 통해서 자아존중감을 높일 수 있다. 그들은 자신의 우월성을 추구하기 위해 하향비교나 상향비교의 전략을 선택하기도 한다.

자아존중감이 높은 사람은 자신의 가치를 보다 더 높게 평가하기 때문에 문제 상황에서도 그것을 해결할 수 있다는 자신감을 가지고 있다. 예를 들면, 자아존중감이 높은 사람은 삶의 만족도가 높고, 정신적으로도 더 건강하며, 대인관계도 우수하고, 학업수행과 위기대처에도 능숙한 것으로 나타났다(Lipschitz-Elhawi & Itzhaky, 2005; Swenson & Prelow, 2005). 그래서 심리적으로 약해지거나 외부의 스트레스에 노출되었을 때 자아존중감을 회복하는 것이 가장 중요한데, 무조건적으로 자신을 존중하는 것이 가장 효과적인 대처방법 중의 하나다(Wickman & Campbell, 2003).

(2) 자기고양 편향

우리의 인지과정은 때로 중립적이기보다는 한쪽으로 치우친 경향을 보인다. 이러한 편향은 긍정적일수도 있고 부정적일수도 있다. 일반적으로 사람들은 타인과의 비교에서 자신이 더 낫다고 평가하는 경향이 있고 자신의 미래를 예측할 때에도 타인에 비해 좀 더 긍정적으로 예상한다. 이처럼 자기 관련 현실을 긍정적으로 왜곡해서 지각하는 경향을 자기고양 편향이라고 부른다. 자기고양 편향(self-enhancing bias)은 지나치지 않을 경우 개인의 정신건강과 더불어 대인관계와 같은 사회적 기능에 긍정적으로 기여하는 역할을 한다(Taylor et al., 2003).

때로 자기고양의 과정은 상당히 전략적인 모습을 보인다. 예를 들면, 자신이 중요시하지 않는 특성에서는 나쁜 평가를 받아도 크게 문제 삼지 않는다. 이처럼 자기본위적 편향(self-serving bias)은 자기에게 유리한 정보만 수용하거나 특정 정보를 자신에게 유리한 쪽으로 해석하는 편중된 행동을 말한다. 부풀린 자기 평가는 기준이 비교적 뚜렷한 지능보다는 상대적으로 모호한 도덕성 영역에서 더 강하게 나타난다(Allison et al., 1989).

사람들은 귀인 편향을 통해 자아존중감을 유지할 수도 있다. 즉 실패한 일은 상황 탓으로 돌리고 성공한 일은 자신의 능력이나 노력 덕분으로 여김으로써 자아존중감을 지킬 수 있다. 또한 자아존중감이 위협받는 상황에서 사람들은 그 상황을 회피함으로써 자기를 보호하기도 한다. 이것을 자기불구화(self-handicapping)라고 한다.

(3) 인상관리이론

사람들은 다른 사람과의 상호작용 속에서 다양한 역할을 하지만 그 수행결과는 상황과 타인에 의해 달라진다. 사람들은 삶이라는 무대에 오른 배우로, 사회적, 심리적 또는 물질적 목표를 달성하기 위해 관련된 사람들에게 주는 자신의 이미지를 관리하고자 노력한다(Leary & Kowalski, 1990). 따라서 자기 인상관리는 의도적이며 목표 지향적인 편향된 행위라고 할 수 있다. 인상관리이론(Goffman, 1959)에 따르면, 이러한 목표를 달성하는 하나의 방법은 다양한 상황에서 자신의 행동을 조절해서 상대에게 전략적으로 자기제시를 하는 것이다.

자기제시(self-presentation)는 다른 사람이 자신에 대해서 형성하는 인상을 관리하려는 시도다. 이렇게 관리한 인상은 자기 자신에 대한 지각뿐만 아니라 다른 사람들의 지각도 모두 반영한다. 즉 사람들은 다른 사람이 자신을 어떻게 보고 평가하는지 그것에 지속적으로 관심을 가지면서 좋은 이미지를 전달하려고 노력한다. 이때 타인에게 긍정적 인상을 주고자 하지만 성공에 대한 확신이 없을 때 대인불안이 생긴다.

자기제시는 나에 대하여 타인이 갖는 인상을 조절하려는 것으로, 타인과 상호작용하는 과정에서 자신의 이미지를 조절함으로써 원하는 인상을 그들에게 주려는 일련의 의식적 · 무의식적 행동이다(Gardner & Matinko, 1988). 이때 타인이 형성한 자신의 인상을 설정하고 유지하거나 개선하기 위해서는 자기검색의 과정을 거쳐야 한다. 또한 타인에게 좋은 인상을 주고자 동기화되었다면, 자신이 만들고자 하는 인상의 유형을 결정하고, 그 인상을 만들기 위해 어떻게 행동할 것인지 자기제시 전략을 결정하여야 한다. 예를 들면, 목소리, 활동, 옷차림새 그리고 또 다른 여러 수단들을 통해 우리 자신의 인상을 전달할 수 있다.

인상관리 전술은 개인이 자기노출, 아부, 위협, 간청 그리고 과장하기와 같은 행동을 함으로써 자신의 인상을 관리하려는 행위들이다. 다시 말해서 현실 속에서 인상관리에 성공한 사람들이 상사로부터 강력하고 적극적인 관심을 얻어냄으로써 승진과 같은 이익을 얻기도 하고 자신에 대한 호의적인 인식을 주기도 한다.

3) 자기유지 동기

(1) 자기가치 확인 이론

자기가치 확인(self-affirmation)이란 총체적으로 긍정적 자기개념을 유지하기 위한 방법으로, 자기 이미지에 중대한 위협이 닥쳤을 때, 그 위협과 무관한 자기의 중요한 측면을 확인하는 것이다(Steele, 1988). 예를 들어, 중대한 시험에서 낙방한 사람은 자신이 매우 매력적이고 사교적인 사람이라는 점을 강조하면서 높은 자아존중감을 유지하고자 할 것이다.

자기가치 확인은 단순히 자기개념의 긍정적인 부분을 활성화시켜 정적인 느낌을 주는 것이 아니라, 자기가 위협받는 상황에서 그 위협을 완화하고 그 위협으로부터 벗어날 수 있는 심적자원을 제공한다(Steele, Spencer, & Lynch, 1993). 또한 자기를 위협하는 정보나 자극을 무조건 회피하는 것이 아니라, 그것을 체계적으로 점검하고 수용하도록 한다(Corell, Spencer, & Zanna, 2004).

(2) 자기확증이론

사람들이 자신을 칭찬하거나 좋아하는 사람을 좋아하고 자신을 비판하거나 싫어하는 사람을 거부하는 것은 매우 평범한 사실이다. 또한 호감은 일반적으로 상호적이어서 한쪽이 상대에게 호감을 보이면, 그 상대도 역시 호감을 보인다. 그렇다고 해서 자신을 칭찬하는 사람을 무조건 호의적으로 받아들이지 않는다. 사람들은 일반적으로 칭찬보다 비판을 더 충심 어린 것으로 생각한다. 그리고 상대의 칭찬이 아부와 같이 어떤 의도를 지닌 것으로 판단되면, 호감이 증가하지 않고, 스스로 부정적으로 생각하고 있는 특성에 대해 타인으로부터 긍정적 평가를 받는다 해도 그런 평가를 한 사람에 대해 친밀감이 높아지지는 않는다. 이것은 상호성(reciprocity)이 늘 일관적인 것이 아님을 의미한다. 이때 상호성이란 타인이 자신에게 한 만큼 동일하게 타인을 대한다는 의미다. 이런 현상을 포괄적으로 설명하는 이론이 자기확증이론(self-verification theory)이다(Swann, 1983).

자기확증이론은 자기를 긍정적으로 평가하는 사람에게 호감이 증가한다는 것이 아니라, 자신의 기대와 일치하는 정보를 선호하는 경향이 있음을 강조한다. 예를 들어, 사람들은 자기를 보는 관점이 자신과 일치하는 타인과 원만한 관계를 유지하는 반면, 자신과 다르게 인식하는 사람에게는 혼란스러움을 느낀다. 사람들은 타인으로부터 자기개념과 일치하는 평가를 받으면 진정성을 느껴 그 평가를 더 논리적이고 분별력 있는 정보라고 판단한다. 나아가서 사람들은 불확증적 평가를 피하고 확증적 평가를 유도하기 위해 보다 더 적극적인 전략을 사용하기도 한다. 또한 자기관점을 지지하지 않는 사람들보다는 지지하는 사람들과 더 관계를 맺고자 하고, 그 관계를 더 오랫동안 유지하고자 노력하는 등 선택적 상호작용을 한다.

인간심리

제 2 장

HUMAN PSYCHOLOGY

대인지각

1. 대인지각의 원리

1) 개념

대인지각(person perception)은 다른 사람에 대한 인상형성을 지칭하는 개념이다. 우리는 이러한 지각을 통해 다른 사람의 성격을 추론하거나 그의 인상이 좋은지 혹은 나쁜지를 평가한다. 이때 지각이라는 말은 사물지각에서의 지각이라는 말과 항상 동일한 것은 아니다. 예를 들면, 우리는 어떤 사람의 움직임, 머리카락의 색깔 또는 몸의 크기를 사물지각과 같은 방식으로 지각할 수 있다. 그러나 사물지각과는 달리 우리는 그 사람을 보고 겉으로 드러나지 않는 그의 성격특성을 추론하기도 한다. 우리가 어떤 사람을 똑똑하다고 지각할 때, 이러한 지각은 그 사람의 똑똑한 성격특성을 직접적으로 관찰해서 이루어지는 것은 아니다. 대신에 이것은 그의 행동을 보고 그 사람이 똑똑할 것이라는 추론에 기초한 것이다.

대인지각은 사물지각과 여러 측면에서 다르다(Jones & Gerard, 1967;

Kenny, 1994).

먼저, 대인지각의 대상인 사람은 사물과 달리 행위와 의도를 가지고 있기 때문에 스스로 자유롭게 운동하고 반응할 수 있다. 그래서 비사회적인 사물의 속성은 그들의 물리적 구조를 분석하면 드러나지만, 대인지각의 대상인 사람은 뇌의 해부와 같은 물리적 분석으로 그 속성을 모두 드러낼 수 없다.

둘째, 사물지각은 일방적이지만, 대인지각은 쌍방적이다. 그래서 한 쌍의 두 사람은 모두 지각자이면서 대상자이다.

셋째, 우리는 상대방을 지각하는 동시에, 나에 대한 상대방의 지각을 추측하기도 한다. 이러한 추측은 그에 대한 나의 지각에 영향을 미칠 수 있다. 예를 들어, 처음 만난 이성에게 호감이 생기더라도 그 사람이 나를 좋아하지 않는다고 생각하면 우리는 그에 대한 자신의 호감 수준을 낮출 수 있다.

마지막으로, 대인지각은 상호작용을 통해 변할 수 있기 때문에 시간적 차원을 고려하는 것이 필수적이다.

2) 대인지각의 특성

(1) 범주화

대인지각은 자동적으로 이루어지는 범주화를 통해 상대방의 성격특성을 추론한 다음, 필요하면 의도적으로 새로운 정보를 찾아 처음의 인상을 조정해 가는 과정을 거친다(Brewer, 1988; Friske & Neuberg, 1990). 이때 우리는 다양한 정보를 이용해서 사람들의 비슷한 특성을 가진 집단으로 묶는다. 이러한 범주에 기초한 정보처리는 도식(schema)에 근거한다. 도식은 특정 대상에 대하여 개인이 가지고 있는 지식이나 지식들 간의 관계, 그런 사례 등의 여러 내용을 포함한, 복잡하게 조직화되고 구조화된 인지의 세트다(Markus, 1977).

우리가 어떤 사람을 처음 보고 사용하는 범주 중에서 “Big Three”로 알려진 범주는 인종, 나이 그리고 성별이다. 우리는 여러 두드러진 생물학적 단서로부터 이 범주에 대한 정보를 쉽게 얻을 수 있다. 그래서 이 범주는 다른 사람들에 대한 지각을 다양한 상황에서 지배한다.

이처럼 범주에 기초한 인상은 각 범주에 대한 고정관념(stereotype)의 영향을 받는다. 고정관념이란 범주에 속하는 몇몇 사례의 속성을 그 범주에 속하는 모든 사람들에게 일반화하는 현상이다. 이러한 고정관념은 성별이나 인종에 따른 다양한 차별로 이어지기 쉽다.

(2) 내현성격이론

사람들은 상대방에게 주어진 특정 성격특질을 통해 또 다른 성격특질이나 행동을 그에게 부여하거나 추론한다. 이러한 경향성은 사람들이 특정 개인의 성격특질과 행동을 하나의 조직화된 실체라고 지각하기 때문에 나타나는 것이다. 이러한 조직화는 기본적으로 여러 성격특질 간의 지각된 일관성에 기초한다. 다양한 성격특질이 일관적으로 조직화되어 있다는 지각자의 믿음이 내현성격이론(implicit personality theory)이다. 즉 이는 어떤 성격특질은 다른 특질과 같은 범주에 속하고 또 다른 특질과는 같은 범주에 속하지 않는다는 지각자의 믿음이다. 내현성격이론은 도식의 한 형태로 추상적인 특질 간의 관계에 대한 사람들의 도식이다.

이때 ‘따뜻한-차가운’이나 ‘외향적인-내향적인’과 같은 중심특질(central traits)은 다른 특질에 비해 더 중요한 역할을 할 뿐만 아니라 좀 더 폭넓은 추론을 하도록 한다. 고전적인 연구로는 Ash(1946)는 중심특질로 ‘차가운-따뜻한’ 특질의 효과를 입증했다. 그는 두 집단의 학생들에게 동일한 사람을 기술하는 특질 목록을 읽어주었다. 한 집단에게는 '지적인, 능숙한, 근면한, 따뜻한, 단호한, 실질적인 그리고 신중한'의 목록을 제시하였고, 다른 집단에게는 '따뜻한'을 '차가운'으로 바꾼 것 말고는 나머지는 모두 동일한 목록을 제시하였다. 그 결과 두 집단은 이 사람에 대하여 매우 상이한 인상을 형성했다. '따뜻한' 집단의 참가자들은 이 사람을 관대한, 행복한, 마음씨 좋은, 유머가 있는 그리고 인간적인 사람이라고 지각했다. 반면에, '차가운' 집단은 이 사람을 마음이 좁은, 불행한, 화를 잘 내는, 유머가 없는 그리고 무례한 사람이라고 지각했다. '따뜻한-차가운'을 '공손한-무뚝뚝한'으로 바꾸었을 때 이러한 인상의 차이는 매우 미미했다.

또 다른 중심특질이 내외향성이다(Eysenck, 1973). 우리는 내향적인 사람은 비사교적이고, 생각이 많고, 소심하다고 생각하는 반면, 외향적인 사람은 사교적이고, 지배적이며, 대범하다고 생각한다. 한 연구에서 참가자들은 하나의 외향적 특성(예: 야심 있는)을 가진 사람이 다른 특성(예: 파티에서 수 시간 동안 다른 손님과 춤을 추는 행동)을 가질 확률을 평가했다. 이때 절반의 참가자는 평가할 사람이 외향적이라는 사실을 알고 있었고, 나머지 참가자는 이러한 사실을 모르고 있었다. 그 결과 후자에 비해 전자의 참가자들이 이 둘의 특성이 서로 더 연관되어 있다고 지각했다(Schneider & Blankmeyer, 1983). 이처럼 사람들은 외향적인 성격특질은 그에 부합하는 어떤 행동과 병행한다고 판단하는 경향이 있다.

(3) 초두 효과와 최신 효과

우리가 상대방에 대한 인상을 형성할 때, 그가 제공하는 모든 정보를 동일하게 중시하는 것은 아니다. 예를 들면, 우리는 상대방에 대한 인상 형성에서 나중보다 처음에 제시된 정보를 더 중요시할 수 있다.

초두 효과(primacy effect)로 볼 때 첫인상인 중요한 이유는 그것이 이후의 인상에 대한 기저선 역할을 하기 때문이다. Ash(1946)는 두 집단의 참가자에게 한 가상적 인물에 대한 동일한 내용의 성격특질 목록을 제시하고 그 사람에 대한 인상을 보고하도록 했다. 첫 번째 집단의 참가자에게는 '지적인, 근면한, 충동적인, 비판적인, 고집 센, 시기하는' 목록을 제시하였고, 두 번째 집단에게는 동일한 목록을 그 순서만 정반대로 해서 제시하였다. 즉 첫 번째 목록은 긍정적 특질에서 부정적 특질로 나아갔지만, 두 번째 목록은 부정적 특질에서 긍정적 특질로 나아갔다. 연구 결과 첫 번째 집단의 참가자들이 두 번째 집단의 참가자들에 비해 이 가상적 인물을 더 긍정적으로 지각했다.

이와 같은 초두 효과의 원인은 무엇일까? 처음에 제시된 형용사가 나중에 제시된 형용사의 의미를 변화시키기 때문으로 보인다. '지적인', '근면한' 특질은 이후의 '비판적인'이라는 특질을 자신의 지적인 능력을 제대로 발휘하는 것으로, '고집 센' 특질을 자신의 신념이나 입장을 견지하는 것으로 해석할 수 있게 한다. 반대로, '시기하는', '고집 센' 특질은 이후의 '지적인' 특질을 간교하거나 계산이 빠른 특질과 연결해서 해석하게 만들 수 있다. 또 다른 설명으로 초두 효과는 후속 자극에 대한 주의의 감소 때문에 나타나거나 초기의 정보에 근거해서 인상을 형성한 다음 이후의 정보를 경시하여 생길 수 있다(Anderson, 1981).

이와 반대로, 어떤 사람에 대하여 제시된 일련의 정보에서 나중에 제시된 정보가 인상형성에 더 큰 영향을 미칠 수도 있다. 이것을 최신 효과(recency effect)라고 한다. 초두 효과가 최신 효과보다 더 강력하고 일반적이지만 최신 효과가 나타날 수 있는 여러 가능성이 있다. 가령 제시되는 두 정보 사이에 충분한 시간적 간격을 두고 두 번째 정보를 제시한 직후에 인상을 형성하도록 하면, 참가자가 처음의 정보를 망각할 가능성이 높기 때문에 최신 효과가 나타날 가능성이 크다(Myers, 2013). 또한 다수의 모범적인 행동 이후에 하나의 비열한 행동은 많은 주의를 끌기 쉽고 매우 진단적인 가치가 있어서 인상형성에 더 큰 영향을 미칠 수 있다. 또한 지각자가 정확한 판단을 하도록 동기화되면, 판단하기 전에 초기의 정보에 국한되지 않고 나머지 정보도 고려할 수 있다. Berza 등(1992) 연구에서 목표인물을 묘사하는 핵심 행동이 처음보다는 나중에 제시되었을 때 그것이 인상형성에 미치는 효과가 더 컸으며, 특히 그러한 행동이 매우 극단적일 때 최신 효과가 초두 효과에 비해 훨씬 더 크게 나타났다.

(4) 긍정성 편향과 부정성 편향

사람들은 다른 사람을 평가할 때 긍정적으로 평가하는 긍정성 편향을 가지고 있다. 판단, 회상, 연상 등 많은 언어적 행동이 낙관적인 경향을 띠고 있다(Markus & Zajonc, 1985). 그래서 사람들은 부정적 판단보다는 긍정적 판단을 하기 쉽고, 부정적인 용어보다는 긍정적인 용어를 기억하기 쉬우며, 단어 연상에서 긍정적인 단어를 떠올릴 가능성이 더 높다.

그러나 인상형성에서 긍정성 편향의 반대인 부정성 편향도 있다. 예를 들면, Fiske(1980)는 각 자극 인물의 행동을 담은 두 개의 사진을 참가자들에게 보여 주고 그 인물의 호감을 평가하게 했다. 이때 자극 인물의 특성으로 사교성과 시민운동을 극단성 차원과 긍정-부정 차원에서 조작하였다. 그 결과 참가자들은 극단적이거나, 부정적인 행동에 더 주의를 기울였으며, 자극 인물에 대한 인상형성에서 그러한 행동을 더 중시했다.

또 다른 연구에서 사람들은 중립적이거나, 우호적인 얼굴보다도 위협적인 얼굴에 더 주의를 기울이는 경향을 보였다. 참가자들은 한 세트로 이루어진 9개의 얼굴 자극 중에서 나머지 8개와 다른 형태의 하나를 찾는 과제를 수행했다. [그림 2-4]에는 3×2 행렬 형태로 6개의 자극 세트가 제시되어 있다. 이때 각 자극세트는 서로 다른 얼굴 형태로 이루어져 있다. 예를 들면, 2행 1열에 있는 자극세트는 8개의 우호적인 얼굴과 1개의 중립적인 얼굴로 되어 있다. 연구 결과, 참가자들은 우호적인 얼굴보다 위협적인 얼굴을 더 빨리, 더 정확하게 찾아냈다(Öhman, Lundqris, & Esteves, 2001).

그림 2-4 얼굴의 표정에 따른 반응속도의 차이

사람들은 긍정적 사건보다 부정적 사건에 더 빨리 반응하고 그 영향력을 줄이기 위한 대처행위도 더 강하고 빠르게 한다. 동원-최소화 가설(Mobilization-Minimization Hypothesis)에 따르면, 긍정적 사건에 비해 부정적 사건은 생리적, 인지적, 정서적 그리고 사회적으로 더 강하고 빠른 반응을 유발한다. 또한 그 사건의 효과를 최소화하기 위한 생리적, 인지적 그리고 행동적 반응도 부정적 사건에 대하여 더 강하게 나타난다.

때로는 타인에 대한 우리의 첫인상이 바뀌기도 하지만, 어떤 경우에는 우리 자신의 신념을 지지하는 증거에 더 주목함으로써 자신의 첫인상을 유지하기도 한다. 이러한 경향성을 확증 편향(confirmation bias)이라고 한다. 또한 이러한 확증 편향은 성격특질에 따라 다를 수 있다. "Big Five" 성격 특질 중에서 호감성, 성실성 그리고 신경증에 대한 인상은 약간 반대 증거에도 쉽게 변화할 수 있는 반면, 나머지 외향성과 경험에 대한 개방성에 대한 인상은 모순적인 증거에도 불구하고, 지속될 가능성이 높다. 따라서 긍정적인 첫인상을 주는 것이 중요해 보인다. 일찍이 Newcomb(1947)은 자폐적 적대감 가설(Autistic Hostility Hypothesis)을 주장하였다. 이에 따르면, 일단 다른 사람에게 적대감을 갖게 되면 그는 의사소통을 회피하기 때문에 적대감을 바로잡을 수 있는 기회가 없다. 또한 그 사람에 대한 이용 가능한 정보에 반응하지 않고, 자신의 지각을 사회적 실체에 대입하여 정기적으로 점검하지 않기 때문에 자폐적이라고 할 수 있다. 반대로, 처음에 좋아하는 사람들은 이후에 더욱 상호작용을 많이 해서 더 잘 알게 된다.

2. 대인지각과 비언어적 정보

1) 얼굴

우리는 다른 사람의 얼굴 단서를 이용해서 그의 다양한 성격을 추론한다. 이때 얼굴 단서 중 매력과 같은 요소와 더불어 그 외의 얼굴 특성들도 대인지각에 영향을 미칠 수 있다. 한 연구(Rule & Ambady, 2008)에서 대학생들은 2006년 'Fortune 500'에 선정된 기업 중 최상위 25개와 최하위 25개 기업의 최고경영자 50명의 얼굴 사진을 보고 그들의 권력 특질(역량, 지배성 그리고 얼굴의 성숙성) 및 리더십을 평가하였다. 그 결과, 얼굴의 매력, 나이 및 호감을 모두 통제하고도 최고경영자의 얼굴에 나타난 권력 특질과 리더십은 그 회사의 3년간 평균 수익과 정적인 관계가 있었다.

한편 매력적인 얼굴은 성격특질을 추론하는 데 큰 영향을 미친다. 사람들은 아름다움은 좋은 것이라는 고정관념 혹은 신화를 가지고 있다. 그래서 아름다운 외모와 같이 하나의 긍정적인 측면을 가진 사람에게 여러 호감 가는 특질을 부여하는 경향이 있다. 이것을 매력적인 얼굴이 갖는 후광 효과(halo effect)라고 한다. 이러한 후광 효과는 관계적인 상황, 학교, 직장과 같은 다양한 맥락에서 매우 보편적으로 나타난다. 사람들은 매력적인 사람이 지적이고, 사교적이고 외향적이며, 자신감이 높다고 생각하는 경향이 강하다(김혜숙, 1993). 그런데 매력적인 얼굴에 대한 이러한 고정관념은 지능이나 적응과 같은 인지적 능력보다는 외향성, 자신감 같은 사회적 역량을 지각하는 데 더 강한 반면 진실성이나 타인에 대한 배려에 대한 평가에는 큰 영향을 미치지 않는 것으로 보인다(Eagly et al., 1991).

후광효과와 반대로, 우리는 얼굴의 매력이 낮은 사람들이 덜 사교적이고, 덜 이타적이며, 덜 지적일 것이라고 생각한다(Griffin & Langlois, 2006). 이것을 부정적 후광효과 혹은 악마 효과(devil effect)라고 한다.

그러면 우리는 다른 사람의 매력을 얼마나 빨리 판단할 수 있을까? 여러 연구에 따르면, 우리는 신체적 매력에 대한 지각을 아주 짧은 시간에 한다. 한 연구에서 참가자들은 신체적 매력이 서로 다른 남녀 대학생(얼굴과 어깨)을 100ms 동안 흑백 스크린으로 본 다음 그들의 매력을 평가하였다. 그 결과 참가자들은 성별에 상관없이 평가 대상 대학생의 신체적 매력을 매우 잘 변별하였다(Locher et al., 1993).

2) 키와 몸무게

얼굴 특징뿐만 아니라 키와 몸무게도 대인지각에 상당한 영향력을 행사한다. 키는 신체적 매력을 결정하는 요소 중의 하나다. 한 실험 연구(Elman, 1977)에서 대학생들은 '공모전신청서'를 보고 그것을 작성한 남자 대학생의 성격을 평가했다. 이때 남자 대학생의 키를 크거나 작게 조작했다. 그 결과, 실험 참가자들은 키가 큰 남자 대학생을 더 외향적이고 매력적으로 지각했다.

키에 대한 지각은 존중감에 대한 지각과도 밀접하게 관련되어 있다. Lechelt(1975)의 연구에서 대학생들은 항공 엔지니어, 변호사, 기자, 성직자 등 10개 직업을 가진 남자들의 키를 추정했다. 3개월 후에 이 대학생들은 이러한 직업을 가진 사람들을 개인적으로 얼마나 존중하는지 평정하였다. 그 결과 대학생들은 키가 큰 사람들을 더 존중했다. 여러 메타분석에 따른 결과에서도 키가 큰 사람은 작은 사람에 비해 더 높은 자아존중감을 지니고 있었고, 직업적으로도 지도자의 위치에 있었으며 더 많은 수입을 올렸다(Judge & Cable, 2004).

몸무게 역시 인상형성에 큰 영향을 미치는 요인이다. 오늘날 서구화된 대부분의 문화권에서는 비만인 사람보다는 마른 사람을 더 매력적으로 지각한다. 더군다나 사람들은 보통의 사람들에 비해 비만인 사람들이 게으른, 무능한, 권태로운, 버릇없는 등과 같은 부정적인 성격특질을 가지고 있다고 생각한다(Brochu & Morrison, 2007).

3) 목소리

목소리를 음성지문(voiceprint)이라고 할 정도로 각 개인의 목소리는 독특한 비언어적 단서를 제공한다. 이러한 단서는 매우 풍부해서 우리가 다양한 차원의 인상을 형성하는 데 기여한다. 목소리의 매력에 대한 한 연구(Zukerman & Miyake, 1993)에서 단조롭거나, 비음이 큰 목소리일수록 매력이 낮고, 목소리의 크기와 울림 그리고 발음의 명료성이 클수록 매력적이었다. 그러나 음의 높이, 날카로움, 울림 등이 지나치게 낮거나 높으면 매력이 떨어졌다. 또한 매력적인 목소리를 가진 사람은 성격 평가에서도 더 우호적인 인상을 주었다. 그들은 더 따뜻하고, 호감이 가고, 정직하고, 우월하고, 성취 지향적인 사람으로 평가를 받았다. 매력적인 목소리의 이러한 효과는 목소리만 들려주거나 목소리와 얼굴 모습을 모두 제시한 경우에도 나타났다.

목소리는 그 사람의 연령, 성 등을 파악하는 데도 유용하다. 사람들은 빈도, 음높이, 강도, 크기, 각 분절의 발음 기간 등 다양한 음성적 단서를 이용해서 상대방의 연령을 정확히 예측할 수 있다(Schötz, 2003). 나이가 들면서 목소리의 높이와 말의 속도가 낮아지는 경향이 있는 반면, 아이들은 성장할수록 말의 속도가 더 빨라지고 발음도 더 정확해진다.

4) 쳐다보기

사람들은 상호작용하면서 매우 다양한 시선 행동을 한다. 어떤 때는 상대방을 똑바로 쳐다보기도 하고, 또 다른 때에는 그의 시선을 피하기도 한다. 우리는 사람들의 이러한 시선행동을 통해 그들에 대한 인상을 형성한다. 또한 대인 간 상호작용에서 쳐다보기에는 큰 개인차가 있다. 정상적으로 쳐다보는 행동의 비율이 전체 상호작용의 30% 이하부터

70% 이상까지 매우 광범위하게 분포하고 있다(Richmond et al., 2012).

쳐다보는 시간도 인상형성에 영향을 미친다. 일반적으로 기대하는 것보다 좀 더 오래 서로 쳐다보는 것은 더 친밀하게 지내고 싶다는 바람을 보여주는 신호로 지각된다(Knapp et al., 2014). 그러나 서구와 같은 문화에서 적절하다고 생각하는 것보다 일방적으로 더 오래 쳐다보면, 사람들은 그러한 사람을 너무 앞서가거나 무례한 사람으로 여긴다. 또한 말하는 사람을 쳐다보는 것은 그 사람이 말하는 것에 흥미를 느끼고 있다는 신호일 수 있지만 다른 문화권, 가령 아시아나 아프리카 국가의 사람들은 특히 지위가 높은 사람이 말을 할 때 똑바로 쳐다보는 것은 무례하다고 생각한다(Martin & Nakayama, 1997).

반면, 시선 피하기는 여러 의미를 해석된다. 불친절하거나 다른 사람의 말에 흥미가 없거나, 대화를 중단하고 싶다는 신호일 수도 있고, 자신에 대한 확신이 없을 때 그러한 내면의 상태를 상대에게 들키지 않기 위한 행위일 수도 있다.

비슷한 맥락에서 사람들은 시선 행동을 통해 여러 성격적인 특성을 추론한다. 몇몇 연구자(Kleck & Nuessle, 1968)는 자신의 파트너를 쳐다보는 사람들의 영상을 참가자들에게 보여 주었다. 이때 쳐다보는 길이를 상호작용 시간의 15%나 80%로 조작하였다. 그 결과 자신의 파트너를 15%만 쳐다본 사람은 차가운, 비관적인, 조심스러운, 방어적인, 미성숙한, 무관심한 등으로 기술한 반면, 80% 쳐다본 사람은 우호적인, 자신감이 넘치는, 성숙한, 성실한 등으로 기술하였다. 또한 사람들은 피면담자의 시선 접촉이 감소할수록 그들의 자아존중감이 낮다고 평가했다. 반면, 청중들과 더 많은 시선을 접촉하는 사람은 좀 더 설득력 있고, 신뢰가 가며, 진실하다는 평가를 받았다.

3. 귀인의 원리

일상적으로 우리는 자신이나 다른 사람이 왜 특정행동을 했는지 그 이유를 추론한다. 가령 우리는 어떤 사람이 어떤 상황에서 왜 공격행동을 하는지 혹은 왜 두 사람이 서로를 좋아하는지 질문한다. 이처럼 귀인(attribution)이란 자신이나 다른 사람의 행동의 원인을 추론하는 과정을 말한다.

귀인에는 크게 상황귀인과 성향귀인이 있다(Heider, 1958). 상황귀인(situational attribution)은 행동의 원인을 상황에서 찾는 것으로, 예를 들어 어떤 사람의 공격행동이 상대방의 도발 때문이라고 귀인하는 것이다. 반면에, 그는 원래 다른 사람을 때리고 욕설도 하는 등 공격적인 성격 때문에 그와 같은 행동을 했다고 생각할 수도 있다. 이것은 행동의 원인을 행위자의 내적인 특성에서 찾는 성향귀인(dispositional attribution)의 한 사례다. 일반적으로 상황은 성향에 비해 상대적으로 잘 변하는 특성을 가지고 있다. 반면에 우리는 사람의 성격이 일관적이라고 생각하는 경향이 있다. 그래서 어떤 사람이 정직하다면, 우리는 그가 어떤 상황에서라도 정직할 것이라고 생각한다.

그러나 귀인이 늘 일어나는 것은 아니다. 사람들은 자신의 기대와는 다른 일이 일어났을 때, 특히 그러한 사건이 부정적이고 자신에게 중요할 때 그 원인을 찾으려는 경향이 크다. 이러한 귀인의 기능(Anderson, 1991)으로, 귀인은 과거에 일어난 사건의 원인을 찾음으로써 미래를 예측하는 데 도움을 준다. 또한 귀인은 환경을 통제하는 데 기여한다. 타인이 자기를 비난한 이유가 그의 성격 때문이라고 생각하면, 그러한 비난을 피하는 최선의 방법은 그를 만나지 않는 것이다. 마지막으로 귀인의 결과는 사람들의 감정, 태도 및 행동에도 영향을 미친다. 채용시험에 떨어진 결과가 불공정한 채점 때문이라면, 이에 분노하고 그 채용에 대한 부정적인 태도를 형성할 수도 있다.

1) 상식심리학

초기의 귀인이론을 제안한 Heider(1958)는 귀인에 관한 일반인들의 생각, 즉 상식 심리학을 분석하고자 하였다. 그에 의하면, 사람들은 세상을 일관성 있게 이해하고 환경을 통제하려는 동기가 있다. 이를 위해 사람들은 타인의 행동을 이해할 필요가 있는데, 이때 귀인이 중요한 역할을 한다. [그림 2-5]에서 보듯이 Heider는 가정하기를, 일반인들은 어떤 행동의 결과(예: 성공과 실패)가 행위자의 동기와 '할 수 있다(can)'라는 개념의 곱으로 결정된다고 생각한다. 예를 들면, 어떤 시험을 위한 한 개인의 동기 수준이 0.8이고, '할 수 있다'가 0.6일 때 그가 이 시험에 합격할 가능성은 0.8×0.6 혹은 .48이다. 이때 동기는 시험에 합격하려는 의지 및 노력과 같은 어느 정도 가변적이고 통제 가능한 개인적 요인, 즉 성향에 달려 있다.

반면, '할 수 있다'라는 개념은 권한이나 능력과 같이 개인의 상대적으로 안정적인 성향에 의해 결정된다. 또한 이것은 시험의 난이도나 운과 같은 상황적 요인에 의해서도 영향을 받는다. 그뿐만 아니라, 일반인들은 '할 수 있다'는 권한-난이도+운의 합산에 의해 결정된다고 생각한다.

결과 = 동기 (의도 , 노력 : 개인적 요인) × 할 수 있다 (can) = 권한 (능력 : 개인적 요인) − 난이도 (환경적 요인) + 운 (환경적 요인)

그림 2-5 상식심리학

2) 대응추리이론

대응추리이론은 사람들의 행동을 보고 그 행동에 상응하는 의도나 성향을 추론하는 방법을 규명하고자 하였다(Jones & Davis, 1965). 이때 대응이란 특정 행동을 관찰함으로써 그 기저에 있는 행위자의 의도나 성향을 알 수 있는 정도를 뜻한다. 어떤 행동이 그 행위자의 성향을 반영한다고 우리가 믿을 때 대응 수준이 높다고 말할 수 있다.

대응 수준을 결정하는 주요 선행조건 중의 하나가 비공통 효과(non-common effect)다. 이 이론의 가정에 따르면 우리는 관찰자로서 행위자가 실제 수행한 행위 이외에 그 대안적 행동도 고려한다.

대응 수준을 결정하는 또 다른 선행조건이 비공통 효과의 사회적 바람성(social desirability)이다. 비공통 효과가 사회적으로 바람직하면 그 효과는 행위자의 성향에 대해 많은 정보를 제공하지는 않는다.

대응을 결정하는 두 선행조건의 조합에 따른 효과가 〈표 2-2〉에 제시되어 있다. 이 표에서 보듯이 비공통 효과가 수적으로 적고 사회적 바람직성이 낮을 때, 행동과 성향 간의 대응수준은 매우 높아진다. 그러나 나머지 세 가지 경우에는 비공통 효과의 정보적 가치가 낮거나 귀인에 대한 확신이 낮아 행위자의 행동을 통해 그의 성향을 추론하기가 쉽지 않다.

〈표 2-2〉 대응의 선행조건

비공통 효과의 수	사회적 바람직성	
	높음	낮음
많음	사소한 /애매한	흥미로운 /애매한
적음	사소한 /분명한	높은 대응

3) 공변원리

Kelly(1967)는 귀인의 과정을 공변원리로 개념화하였다. 이때 공변이란 특정 원인이 특정 효과와 여러 조건에 걸쳐서 결합되어 있는 경우를 말한다. Kelly는 인과적 귀인을 위해서는 특정 행위자가 주어진 상황에서 자극 대상에게 어떻게 행동하는지와 관련한 세 가지 정보가 필요하다고 제안했다. 또한 그는 이러한 정보의 공변 정도에 따라 사건의 원인을 행위자, 대상(혹은 자극), 또는 상황에서 찾는다고 보았다.

이 세 가지 정보 중 하나인 일관성(consistency)은 한 사람이 동일한 상황에서는 늘 동일한 방식으로 행동하는지의 문제다. 또 다른 정보인 일치성(consensus)은 동일한 상황에서 다른 사람들도 그 사람처럼 행동하는가의 문제다. 마지막 정보가 특이성(distinctiveness)인데, 이것은 그 사람이 특정 상황에서만 이런 식으로 행동하는가의 문제다. 이 세 정보의 조합으로 만들어지는 9가지의 경우가 귀인을 결정한다. 〈표 2-3〉과 같이, 사람들은 세 정보가 모두 높을 때 대상에 귀인하지만, 일관성만 높을 때는 행위자에게 귀인하고, 특이성만 높을 경우 특정 상황에 귀인한다.

〈표 2-3〉 세 가지 정보의 공변 정도에 따른 귀인

귀인	정보		
	일관성	일치성	특이성
행위자	고	저	저
대상(혹은 자극)	고	고	고
상황	저	저	고

귀인을 할 때 고려하는 하나의 중요한 요인이 행동에 영향을 미치는 상황적 제약이다. 상황적 제약이란 상황이 행동에 가하는 압력으로 사람들은 이러한 제약을 고려하여 처음의 귀인을 절감하거나 증가한다.

절감원리는 행동의 가능한 원인이 여럿일 때, 그중 하나의 원인에 귀인할 가능성이 줄어드는 현상을 말한다. 이 절감원리는 상황적 제약이 그 행동을 촉진할 때 성향적 귀인을 덜 하는 것과 관련된다. 예를 들어, 운전자의 서툰 운전기술뿐만 아니라 주변의 어두운 날씨가 교통사고에 관련되어 있다면, 사고의 원인을 운전자의 운전기술에만 귀인할 가능성은 상대적으로 낮아진다.

반대로, 증가원리는 강력한 상황적 제약에도 불구하고 행동을 할 경우, 그 행동에 대하여 더 강한 성향귀인을 하는 것을 의미한다. 예를 들면, 우리 사회는 교통법규를 지키도록 요구하고 있으며, 그렇지 않을 경우 법적으로 처벌을 한다. 이러한 상황적 제약에도 불구하고, 교통법규를 지키는 않는 사람을 보면, 사람들은 이러한 위반 행동의 원인을 그의 성향에서 찾을 가능성이 더 높아진다.

4) 성취행동과 귀인

자신의 행동에 대한 귀인 중에서 성취행동에 관한 Weiner의 귀인모형은 매우 체계적인 이론적 모형이다(Weiner et al., 1978). 이 모형에 따르면, 성공이나 실패를 어디에 귀인하느냐에 따라 자아존중감, 경험하는 정서 그리고 이후의 성공 가능성에 대한 기대가 달라진다.

Weiner(1986)는 성취 관련 귀인을 세 가지 차원, 즉 내재성, 안정성 그리고 통제성 차원으로 구분하였다. 〈표 2-4〉에서 제시되어 있는 것처럼, 내재성 차원은 성공이나 실패의 원인이 행위자의 내부에 있는지 아니면 환경에 있는지의 문제다. 행위자의 능력이나 노력은 내적 원인인 반면, 과제 난이도나 운과 같은 요인은 외적 원인이다.

안정성 차원은 그 원인이 시간에 따라 변하지 않는지 혹은 변하는지의 문제다. 능력과 과제 난이도는 안정적이지만, 일시적 노력이나 운은 불안정적인 원인이다.

통제성 차원은 행위자가 그 원인을 스스로 조절할 수 있는지의 문제다. 노력은 통제 가능한 원인인 반면, 능력은 통제 불가능한 원인이다.

성취에 대한 통제소재(locus of control)가 행위자의 정서적 경험에 영향을 미친다. 사람들은 성공을 내부 귀인할 때 자부심과 긍정적 자아존중감을 경험하는 반면, 실패를 내부 귀인할 때 수치심을 경험한다. 반대로, 성공을 외부 귀인하면 사람들은 놀람이나 감사를 경험하겠지만, 높은 자아존중감을 느끼지 않는다. 실패를 외부 귀인할 때 자아존중감을 보호할 수 있고 안도감을 느낄 수 있으며, 경쟁자에 대한 질투심을 피할 수 있다. 이처럼 정서 경험은 주로 원인의 내재성 차원에 의해 결정되지만, 통제가능성 차원도 정서 특히 실패와 관련된 정서의 경험에 영향을 미친다. 가령 죄책감은 내적이며, 통제 가능한 요인으로 귀인할 때 나타나고 연민이나 동정심은 외적이며, 통제 불가능할 때 나타나는 정서다.

귀인의 안정성은 미래에 대한 기대에 영향을 미친다. 사람들은 특정 효과의 원인이 안정적이라고 지각할 때, 그러한 효과가 미래에도 나타날 것으로 기대하지만, 원인이 가변적이라고 지각하면, 그 효과도 달라질 것으로 기대한다. 안정적인 요인(예: 능력)에 귀인한 성공은 이후의 유사한 과제에서도 성공할 것이라는 기대를 증가시킬 것이고, 불안정적 요인(예: 좋은 기분)에 귀인한 성공은 미래의 성공에 대한 기대를 감소시킬 것이다.

〈표 2-4〉 성취 관련 상황에서 귀인의 차원

차원	통제 가능		통제 불가능	
	안정	불안정	안정	불안정
내적	지속적 노력	일시적 노력	능력	기분
외적	지속적 편향	일시적 편향	과제 난이도	운

4. 귀인의 한계

1) 기본적 귀인 오류

사람들은 다른 사람의 행동이 상황적 요인에 의한 경우에도 그 행동이 행위자의 내적인 특질이나 태도 및 의도에 의한 것으로 귀인하는 경향이 있다. 이처럼 귀인을 할 때 상황의 힘을 낮추어 평가하는 경향성을 기본적 귀인오류(fundamental attribution error) 혹은 대응편향이라고 한다.

일반적으로 동양의 집단주의 문화에 비해 서구의 개인주의 문화에서 기본적 귀인 오류 현상이 더 두드러진다. 이에 대한 한 가지 설명은 집단주의 문화의 사람들이 행동에 미치는 상황의 영향에 좀 더 주의를 기울이기 때문에 그 둘이 더 연관되어 있다고 판단한다는 것이다(Nisbett et al., 2001). 기본적 귀인 오류를 야기하는 원인 중 하나는 인지 능력의 결여와 관련이 있다. 2단계 귀인모형(two-stage attributional model)에 따르면 사람들은 자신이 듣거나 보는 것에 기초해서 먼저 내부 귀인을 하고, 그 다음에 상황적 요인을 고려한다. 이때 정확한 귀인을 위해서는 상황을 고려할 필요가 있는데, 사람들은 주의방해와 같은 요인 때문에 상황적 요인을 충분히 고려하지 못함으로써 이러한 오류를 범한다. 또 다른 원인은 타인에 대한 비현실적 믿음에 기초한다. 우리는 사람들이 자신의 태도에 반하는 주장을 하거나, 자신의 성격 특성에 반하는 행동을 하지 않을 것이라고 잘못 믿는다.

2) 행위자-관찰자 효과

때로 우리는 자신의 행동과 타인의 행동을 다른 식으로 설명한다. 행위자-관찰자 효과(actor-observer effect)에 따르면, 우리는 다른 사람의 행동은 성향귀인을 하고 자신의 행동은 상황귀인을 한다.

행위자-관찰자 효과의 한 원인은 지각적 특출성에서 오는 차이다(Johnson & Boyd, 1995). 행위자는 자신의 행동보다는 그러한 행동을 요구하는 상황 요인에 주목한다. 그래서 자신의 행동은 배경(ground)으로 지각하고 상황을 전경(figure)으로 지각한다. 반면에, 관찰자에게는 상황보다는 행위자의 행동이 특출해서 그 행동을 전경으로 지각한다. 행위자-관찰자 효과의 또 다른 원인을 그들이 지닌 정보의 차이에서 찾을 수 있다. 관찰자들은 타인의 행동을 볼 수는 있지만, 그의 내적인 느낌이나 생각에 대한 정보는 없다. 반면에, 행위자는 자신의 내적인 성향에 대한 다양한 정보를 가지고 있고, 그것이 자신의 행동에 어떻게 영향을 미치는지 알고 있다. 이처럼 정보의 차이가 행위자-관찰자 효과의 한 원인이라면, 행위자에 대한 내적 정보를 관찰자에게 제공할 경우 이러한 효과가 사라질 것이다.

3) 거짓 일치성 효과

거짓 일치성 효과(false consensus effect)는 사람들이 자신의 태도와 행동이 실제보다 더 일반적이라고 가정하는 경향을 말한다. 이 효과를 입증한 고전적 연구(Ross et al., 1977)에서 실험자는 학생들에게 큰 글씨로 "회개하라!"라고 적힌 포스터를 들고 캠퍼스 곳곳을 다닐 마음이 있는지 물었다. 정확히 50%의 학생은 이 요청에 동의했는데, 그들은 다른 학생들의 58.3%도 동의할 것이라고 추정했다. 반면, 이 제안을 거부한 나머지 50%의 학생은 다른 학생들의 23.3%만이 이 요청에 동의할 것이라고 판단했다. 이러한 결과는 참가한 학생들의 추정에서의 거짓 일치성 효과를 반영하고 있다. 또한 참가자들은 자신의 결정이 더 보편적이라고 생각했으며 자신과 다른 결정을 하는 사람들의 행동을 더 성향적으로 귀인하는 경향을 보였다. 가령 이 요구에 동의한 학생은 다른 학생들이 동의하지 않을 경우 그 이유를 성격 때문이라고 생각했다.

거짓 일치성 효과에 대한 또 하나의 설명은 우리 자신에 대한 정보를 이용해서 타인을 예측하는 것과 관련된다. 우리는 다른 사람의 느낌을 알기 위해서 그 사람 속으로 들어가 그의 내적 상태를 파악할 수는 없다. 이러한 상황에서 우리가 할 수 있는 유일한 방법은 그 상황에서 자신이 어떻게 행동하는지를 파악해서 그것을 그 사람에게 적용하는 것일 것이다. 일찍이 Allport(1924)는 자신에 대한 정보를 이용해서 그것을 다른 사람의 행동에 일반화하는 것을 사회적 투영(social projection)으로 개념화했다. 이러한 투영은 일반적으로 자기중심적으로 편향되는 경향이 강하고 자신과 타인의 유사성을 과대 추정함으로써 거짓 일치성 효과를 초래한다(Van Boven & Loewenstein, 2005).

4) 자기고양 편향

자기고양 편향이란 사람들이 자신의 수행 성적이 좋을 때 그것을 성향에 귀인하는 반면, 수행 성적이 나쁠 때는 그 결과를 외부 요인에 귀인하는 것을 말한다. 시험을 잘 본 학생들은 자신의 성공을 능력이나 노력에 귀인한 반면, 시험에 실패한 학생들은 운이나 시험의 난이도로 귀인했다(de Jong et al, 1988). 마찬가지로 운동시합에서 이긴 감독은 자신의 팀이 열심히 노력했고 더 우수한 재능을 가지고 있다고 말한 반면, 시합에서 진 감독은 판정이 엉망이었다든가, 상대방이 어쩌다 이겼다는 식으로 말했다(Grove et al., 1991).

이러한 편향은 다른 사람의 수행에 대한 귀인에서도 나타난다. 참가자들로 하여금 연산법칙을 다른 학생들에게 가르치도록 했을 때, 참가자들은 학생들의 성적이 좋으면, 그것을 자신의 훌륭한 교습기술에 귀인했고, 그들의 성적이 나쁘면 그것을 그 학생들의 탓으로 돌렸다(Johnson et al., 1964).

이와 같은 자기고양 편향은 인간의 이기적인 경향을 반영하는 것으로 해석되어 왔다. 성공을 자신에게 귀인하는 것은 긍정적 자아존중감과 관련된 정서를 가져오고 자기 능력을 높게 지각할 수 있도록 한다. 반면에, 실패를 외부 귀인하면 비참한 정서를 좀 덜 경험할 수 있고, 자신의 능력을 의심하지 않아도 된다. 또한 이러한 동기적 설명에 대한 하나의 대안적 설명으로, 사람들은 자신의 행동이 성공과는 병행하고, 실패와는 병행하지 않는다고 지각할 수 있다.

제 3 장

HUMAN PSYCHOLOGY

사회인지

1. 이중처리모형

우리가 사회적 맥락에서 다른 사람과 상호작용하기 위해서는 자신과 상대방을 이해할 필요가 있다. 이를 위해 우리는 주변의 정보를 끊임없이 처리해야 하는데 이러한 과정을 사회인지(social cognition)라고 한다. 사회인지란 우리가 자신이나 타인의 행동을 지각하고, 해석하고, 범주화하고, 평가하는 과정을 말한다. 사회인지는 우리가 주변에서 만나는 사람, 사건, 아이디어 등을 이해하는 데 핵심적인 역할을 한다.

인간의 인지적 특성을 표명하기 위해 등장한 접근을 살펴보면, 인간은 합리적 사고자이면서 동시에 절약적 사고자라고 할 수 있다. 〈표 2-5〉에서 보듯이 합리적 사고는 과학적이고 체계적으로 정보를 처리해서 정확하고 객관적인 판단을 하려는 동기에 기초한다. 그래서 절약적 사고에 비해 더 타당하고 정확한 판단을 할 수 있다. 그러나 이를 위해서는 정확성을 확보하는 데 필요한 정보를 이용할 수 있어야 한다.

또한 합리적 사고는 충분한 정신적 자원이 있을 때 가능하다. 반면, 절약적 사고는 제한된 인지적 자원을 적절하게 효과적으로 사용하려는 동기에 기반한다. 이러한 사고는 다양한 오류를 범할 수 있지만, 그러한 한계 속에서 최선의 선택을 신속하게 하려는 동기에 기반한다.

이중처리모형은 인간의 합리적 사고와 절약적 사고를 가장 잘 설명할 수 있는 모형이다. 이 모형은 인간이 특정 대상에 대한 정보를 처리할 때 두 가지 사고 시스템을 거친다고 가정한다.

〈표 2-5〉 합리적 사고와 절약적 사고

합리적 사고	절약적 사고
인간은 합리적이고 과학적으로 정보를 처리하려는 동기에 기반	제한적인 인지적 자원을 효과적으로 사용하려는 동기에 기반
기존의 정보와 추론을 넘어서서 대안적 사고를 통해 체계적이고 논리적으로 판단하는 과정	오류가 체계적으로 발생할 수 있지만 그것 대비 신속하고 효율적인 판단을 더 중시하는 사고 과정
필요한 조건 – 정확성을 확보할 수 있는 유용한 정보 – 정보처리에 필요한 충분한 정신적 자원	사용하는 전략 – 특정 정보를 무시함으로써 배제 – 특정 정보에 대한 과도한 의존 – 부족한 대안 중에서 최선을 선택

(1) 자동적 처리 시스템

먼저 자동적 처리 시스템은 감각, 지각 및 운동과 관련된 정보를 처리하는 시스템으로, 대상에 대한 정보를 처리할 때 보통은 의식적인 인식과 의도에 의존하지 않고 특별한 노력 없이 이루어지는 처리다(Smith & Decoster, 2000). 자동적 처리 시스템은 특정 대상에 대한 전반적인 표상에 기반한 것으로 이러한 표상은 그 대상에 대하여 관찰하지 못한 부분을 채워줌으로써 정보처리를 도와준다. 이때 자동적 처리 시스템은 과거의 많은 경험을 통해 다양한 정보를 서로 연합시킴으로써 구축한 지식에 기초하는데, 이 지식은 전반적이고 전형적인 패턴이나 규칙에 관한 것이다.

이 시스템은 특정 대상을 인지할 때 그 대상과 연합된 정보가 자동적으로 떠오르면서 그 대상을 지각하고 판단한다. 그렇기 때문에 특정 대상 그리고 그 대상과 연합된 정보를 연결하는 과정은 논리적이고 합리적인 사고나 판단체계에 근거하는 것이 아니라 피상적이거나 관계없는 유사성에 기반해서 이루어진다. 이와 관련된 것이 도식, 점화, 프레이밍 등이다. 이러한 점에서 볼 때, 자동적 처리에서 이루어지는 연합의 과정은 새로운 것을 만들어 내는 것이 아니라 기존의 것을 재구성하는 것이다.

인간의 인지적 용량이 제한적이라는 점에서 볼 때 자동적 처리는 적응적이고 효율적이다. 만약, 우리가 환경을 지각하고 이해하는 것부터 행동하는 것에 이르기까지 모든 것을 의식적으로 사고하고 통제한다면 우리의 정신과정은 제대로 작동하지 못할 것이다.

자동적 처리 시스템은 우리의 삶에 매우 적응적인 기능을 한다. 예를 들어, 신발끈 매듭을 묶는다거나, 차를 운전하기 위해 페달을 밟는 것 혹은 컴퓨터의 키보드 자판을 치는 것과 같은 행위는 소위 적응적 무의식을 통해 이루어진다. 적응적 무의식은 다른 무엇인가를 생각하는 동안에도 주변 자극을 평가하고 목표를 설정하며, 행동을 개시하는 등 자신이 수행하는 작업들을 능숙하게 해낸다.

(2) 통제적 처리 시스템

모든 정보처리가 자동적으로만 이루어지는 것은 아니다. 때로 우리는 특정 대상에 대한 정보를 의식적인 수준에서 합리적이고 체계적으로 처리하기도 한다. 이처럼 지각자가 정보처리에 의식적으로 관여하는 시스템이 통제적 처리 시스템이다.

이 시스템은 언어와 같은 상징으로 이루어진 규칙에 기반해서 정보를 처리한다. 또한 이와 같은 상징적 지식은 한 번의 경험을 통해서도 학습할 수 있으며, 추론과 판단의 기초가 되는 규칙의 역할을 한다.

통제적 처리 시스템에서 이루어지는 의식적 사고에는 논리적인 추론이나 문제해결 이외에도 여럿이 있다. 정신적 시뮬레이션은 어떤 행위를 통해 달성하고자 하는 목표의 과정을 미리 생각해 보는 것이다. 이것은 특정 행위를 물리적으로 연습하는 것이 아니라 머릿속에서 의식적으로 구현해 보는 과정으로 그 자체로 실제 행위를 향상시킬 수 있다. 또한 실행의도를 가지고 계획을 세우는 것은 추상적인 생각을 구체적인 행동 계획으로 바꿈으로써 목표 지향적 행위를 하는 데 기여한다. 특히, 예기된 후회나 죄책감과 같은 감정은 실행 의도와 행동의 변화에 긍정적인 영향을 미친다. 이외에도 의식적 사고에는 과거의 사건에 대한 재고와 성찰, 목표 설정, 타인의 조망에 대한 시뮬레이션, 의사소통 등이 있다.

〈표 2-6〉 두 개의 사고 시스템

시스템 1: 자동적 정보처리 (훈련이나 경험에 기초한 무의식적 처리)	시스템 2: 통제적 정보처리 (가설적이고 추상적인 사고)
상대적으로 빠른 정보처리	상대적으로 느린 정보처리
처리를 위한 노력 불필요	처리를 위한 노력 필요
연합적 사고	규칙 지배적 사고
상대적으로 느린 학습속도	상대적으로 빠른 학습속도
대상에 대한 정보와 정서를 함께 저장	대상에 대한 정보만을 중립적으로 저장
저장된 정보의 망각·탈학습에 큰 저항력	저장된 정보의 망각·탈학습에 취약

2. 사회도식

도식(schema)은 어떤 자극이나 상황 혹은 개념에 대하여 한 개인이 가지고 있는 지식을 나타내주는 인지적 구조, 이 구조는 각 대상에 대한 속성과 그 속성들 간의 관계를 내포하고 있다. 또한 도식은 대상들 간에 서로 연결됨으로써 영향을 주고받는다(Fiske & Taylor, 2008).

도식에 기반한 정보처리는 자동적 처리 시스템과 통제적 처리 시스템에 모두 관여한다. 통제적 처리 시스템에서는 특정 대상에 대한 정보를 의식적인 수준에서 합리적이고 체계적으로 처리하는데, 이러한 처리는 그 대상에 대한 이전의 지식, 즉 도식에서부터 출발한다.

도식에 의존한 정보처리는 장점과 단점을 모두 가지고 있다. 도식은 관련 대상에 대한 기억의 회상을 용이하게 함으로써 그것에 기반해서 주어진 상황 속의 다양한 정보를 분류하고 조직화할 수 있게 해 준다. 그래서 도식은 새로운 정보가 갖는 의미를 파악하는 데 기여한다. 또한 도식은 특별히 의식적인 노력 없이도 상황을 신속히 파악할 수 있도록 도와주기 때문에 인지적 자원이 부족한 상황에서 유용한 지식 구조다. 반면에, 도식은 실제 자료를 왜곡하거나 복잡한 현상을 과잉 단순화할 수도 있고, 잘못된 고정관념과 편견을 촉발시킬 수 있는 한계도 있다.

연구자들은 특정 도식이 반영하고 있는 지식의 종류에 따라 그 도식을 다양한 이름으로 불러왔다(Greenberg et al., 2015). 각본(script)은 일정한 순서를 가지고 이루어지는 사건에 관한 도식이다. 각본은 행위가 시간에 따라 전개되는 순서를 담고 있다. 예를 들어, 식당에 가서 음식을 먹기 위해서는 그와 관련된 도식, 즉 먹고 싶은 것을 메뉴판에서 고른 다음 주문하고 식사를 한 후 돈을 지불하는 일련의 과정을 알고 있어야 한다. 또 다른 유형의 도식으로 자신에 대한 도식이 있다. 우리는 성격, 가치관, 포부, 능력 등 자신에 대한 많은 지식을 가지고 있는데 이것을 보통 자기개념이라고 부른다. 우리는 자기 배우자의 성격, 신체적 매력, 직업 등 타인에 대한 도식을 가지고 있는데 이러한 도식을 인상형성이라고 한다.

1) 점화 효과

점화 효과(priming effect)란 어떤 자극에 대한 최근의 경험이 그것과 같거나 유사한 자극에 대한 이후의 정보처리를 촉진하거나 억제하는 현상이다. 구체적으로 특정 감각적 자극을 반복적으로 제시하여 참가자들을 점화시키면 그들은 그것과 같거나 유사한 자극을 이후에 더 잘 알아차린다. 또한 하나의 단어나 기호를 제시하여 점화시키면 이것은 참가자들이 이후에 나오는 단어나 기호를 해석하는 데 영향을 미친다. 점화 효과가 나타나는 것은 최근의 경험이 그와 관련된 도식에 대한 접근성을 높여줌으로써 그 도식을 가장 두드러지게 만들기 때문이다.

점화효과는 의식적인 수준에서뿐만 아니라 자동적인 정보처리 과정에서도 나타난다. 예를 들면, 한 연구에서는 참가자들에게 특정 행위자의 여러 행동을 보게 한 후, 한 집단에게는 그 행위자에 대한 인상을 형성하도록 한 반면, 다른 집단에게는 그 정보를 기억하도록 했다. 그 결과 인상형성 조건의 참가자들이 기억 조건의 참가자들에 비해 더 많은 행동을 회상했으며, 그러한 행동을 '사교적', '지적인'과 같은 더 많은 성격특질 범주로 조직화했다(Hamilton, Katz, & Leirer, 1980).

(1) 체화된 인지

인간의 마음은 인간이 가지고 있는 특별한 형태의 신경계와 몸의 구조(형태, 감각 및 운동시스템) 그리고 그것이 외부의 물리적 환경과 하는 상호작용에 의해 결정된다. 이것은 우리의 신체적 경험이 세상을 이해하는 인지적 기능과 연결되어 있다는 것을 의미하는데 이런 현상을 체화된 인지(embodied cognition)라고 한다.

체화이론에서 다루는 하나의 주제가 몸짓과 대상의 긍정성-부정성에 대한 처리와의 상호작용이다. 예를 들면, 실험 참가자들에게 사랑이나 혐오 등 다양한 단어를 하나씩 제시하고, 그 단어가 긍정적인지 아니면 부정적인지를 앞으로 당기거나 뒤로 밀 수 있는 레버를 이용해서 반응하도록 했다. 보통 사람들은 자신이 좋아하지 않는 것을 회피하고자 할 때나 표현할 때 밀어내는 행동을 하는 반면, 자신이 좋아하는 대상을 다른 사람에게 알리기 위해서는 앞으로 당기는 몸짓을 한다(Chen & Bargh, 1999).

또 다른 실험연구(Leander et al., 2012)는 다른 사람들과의 심리적 거리가 물리적 온도를 지각하는 데 미치는 영향을 탐구하였다. 연구자들은 한 집단의 참가자들에게는 자신이 다른 사람들로부터 거부당한 경험을 회상하도록 한 반면, 다른 집단의 참가자들에게는 사회적으로 수용된 경험을 회상하도록 했다. 그 다음 방의 온도를 평가하도록 한 결과, 거부의 느낌을 경험한 참가자들이 수용을 경험한 참가자들보다 방의 온도를 더 낮게 평가했다.

비슷하게 또 다른 연구(Bargh, Chen, & Burrows, 1996)에서는 한 집단의 참가자들에게는 노인과 관련된 여러 단어를 분류하는 과제를 하도록 요청한 반면, 다른 참가자들에게는 나이와 관련된 여러 단어를 분류하도록 했다. 과제를 수행한 후 그들의 걷는 속도를 측정한 결과, 노인과제를 수행한 집단의 보행속도가 상대적으로 더 떨어졌다. 이러한 발견은 심리적 상태와 물리적 지각이나 행동 간에 밀접한 관련성이 있음을 보여준다.

(2) 해석수준이론

흔히 사람들은 지금은 잘하지 못하는 일도 나중에는 잘할 것이라고 생각하고, 지금 경제가 어렵지만, 언젠가는 좋아질 것이라고 생각한다. 이처럼 사람들은 심리적으로 거리가 멀 때와 가까울 때 특정 사건이나 대상에 대한 지각을 달리한다. 이처럼 해석수준이론(Construal Level Theory)은 시간적, 공간적, 사회적 차원 등에서 심리적 거리가 있을 때 사람들은 직접 경험할 수 없는 정신적 모형을 구축함으로써 지금 현재와는 다른 세계를 만든다(Trope & Liberman, 2015). 그래서 특정 대상이 자신으로부터 더 멀리 떨어져 있을수록 그 대상에 대한 정신적 해석수준은 더 추상적으로 된다. 결국 대상에 대한 심리적 거리감은 해석수준에 달려 있다.

이 이론에 따르면, 해석수준에는 상위수준과 하위수준이 있다. 상위수준의 해석은 도식적이고 탈맥락적이며 일관적이다. 우리가 시시각각으로 변하는 어떤 사건을 이해하고자 할 때, 그 사건이 갖는 핵심적이고 불변하는 특성을 상위수준에서 파악하는 것이 중요하다. 반면, 하위수준의 해석은 맥락적이기 때문에 구체적이고 복잡하며 비구조적이다. 또한 대상이 갖는 우발적인 특성이나 표면적인 특성을 반영하기 때문에 비구조적이고 비일관적이다. 이러한 해석은 현재에 기반해서 판단하고 행동할 수 있도록 도와준다.

이처럼 시간적 거리에 따라 해석수준이 달라지기 때문에 미래의 계획을 짤 때 사람들은 자신에 대한 과신과 미래에 대한 낙관으로 자신의 능력을 넘어서는 무리한 계획을 짠다. 이것을 계획오류라고 한다.

비슷한 맥락으로 상위수준의 해석은 바람직성과 관련성이 큰 반면, 하위수준의 해석은 실현 가능성과 관련이 크다. 행동의 바람직성은 행위가 가져오는 최종 결과와 관련되기 때문에 전체적인 맥락에서 보는 상위수준의 해석에 근거하는 반면, 실행 가능성은 그러한 최종 결과를 가져오기 위한 구체적인 수단과 관련되기 때문에 하위수준의 해석과 밀접하게 관련된다.

이와 관련해서 해석수준이론으로 설명할 수 있는 또 하나의 현상이 시간할인(temporal discounting)이다. 이것은 사람들이 한 대상이 갖는 현재의 가치를 미래의 이상적 가치보다 더 높게 평가하는 현상이다. 가령 사람들은 한 뒤에 10만원을 받는 것보다 지금 8만원을 받는 것을 더 선호한다. 결과물로부터 시간적 거리가 증가할수록 그 결과물이 갖는 가치는 감소한다는 것이 일반적인 가정이다.

2) 프레이밍 효과

컵에 1/2의 물이 있을 때 그것을 물이 반이나 있다고도 볼 수 있고, 반밖에 없다고 볼 수도 있다. 이처럼 주어진 대상을 어떤 입장에서 보느냐에 따라 그 의미는 달라진다. 이처럼 프레이밍 효과(framing effect)는 어떤 문제, 질문 혹은 사건을 둘러싸고 있는 맥락을 어떻게 정의하느냐에 따라 그 맥락에 대한 지각이나 평가가 달라지는 현상이다.

프레이밍 효과는 다양한 주제와 관련해서 나타난다. 예를 들면, 건강에 대한 메시지를 사람들이 이익 프레임으로 보느냐 아니면 손실 프레임으로 보느냐에 따라 그 효과가 달라진다. 이익 프레임은 건강 메시지가 추천하는 특정 행동이 자신을 얼마나 더 건강하게 만드는지에 초점을 맞추고 있다. 반면에, 손실 프레임은 그 메시지가 전달하는 건강 행동을 하지 않았을 경우에 발생할 질병과 같은 부정적 측면에 주목하는 프레임이다.

전망이론(Prospect Theory)은 프레이밍 효과와 깊은 관련성이 있다. 전망이론은 의사결정에 관한 하나의 이론으로 위험, 불확실성, 손실 및 이득에 대한 사람들의 태도가 그들의 의사결정에 미치는 영향을 설명하고자 한다(Kahneman & Tversky, 1979).

전망이론에 따르면, 일반적으로 사람들은 확률을 정확하게 계산할 능력이 없고 의사결정을 할 때 앞으로 얻을 수 있는 이득보다는 손실에 대한 두려움이 더 큰 영향을 미친다. [그림 2-6]은 전망이론에서 제시한 가치함수다. 이 그림에서 보듯이, 이익과 손실에 대한 사람들의 가치판단이 직선으로 나타나지도 않고 대칭적이지도 않다. 이것은 이익과 손실에 대한 사람들의 판단체계가 서로 다르다는 것뿐만 아니라, 이익이나 손실의 증가분이 갖는 가치도 일정하지 않다는 것을 의미한다.

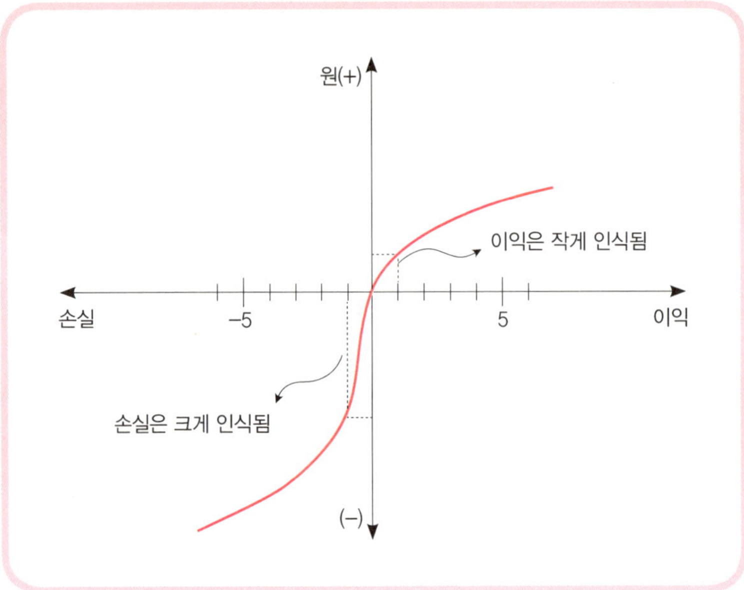

그림 2-6 전망이론에 따른 가치함수

3) 대비 효과와 순서 효과

대비효과(contrast effect)는 두 자극이나 감각을 동시에 혹은 순차적으로 즉시 경험하면 그 둘 간의 강도 차이를 더 크게 지각하는 현상이다. 예를 들어, 키가 보통인 스포츠 기자가 다른 기자들과 있으면 비슷하게 보이지만 키가 큰 농구선수를 인터뷰할 때에는 왜소해 보인다. 차가운 물에 손을 담근 다음 미지근한 물에 손을 담글 때와 뜨거운 물에 손을 담근 다음 미지근한 물에 손을 담글 때 느끼는 물의 온도는 다르다.

한편, 설문지를 통해 사람들의 행복을 측정할 때, “당신은 지금 얼마나 행복한가?”라는 질문과 “최근 일주일 동안 즐거운 일을 몇 번이나 경험하였는가?”라는 질문 중에서 어떤 질문을 먼저 하느냐에 따라 첫 번째 질문에 대한 대답이 달라질 수 있다. 전자의 질문보다는 후자의 질문을 먼저 했을 때, 대부분의 사람들은 지금 더 행복하다고 보고할 가능성이 높다. 왜냐하면 후자의 질문에 먼저 답을 해 봄으로써 자신의 지금 행복 정도를 평가할 때, 긍정적인 근거를 더 많이 떠올릴 수 있기 때문이다. 이처럼 순서 효과(order effect)는 정보를 제시하는 순서에 따라 그 정보를 다르게 처리하는 효과를 말한다.

3. 휴리스틱

사람들은 자신이 처한 모든 상황에서 체계적이고 합리적인 판단을 하려고 노력하지는 않는다. 또한 우리가 현실 세계에서 받아들이는 정보가 수리적 모델이나, 규범적 법칙과 일치하는 경우는 드물다. 이러한 상황에서 휴리스틱(heuristic)은 문제해결이나 의사결정을 위한 하나의 전략이 된다. 이것은 경험에 기반하기 때문에 종종 답을 찾는 효율적인 방법이다. 시간이나 정보가 충분하지 않거나, 합리적인 판단을 할 수 없는 상황이거나, 그러한 판단을 필요로 하지 않을 때 우리가 인지적 부담 없이 즉각적으로 사용하는 일종의 어림짐작이 휴리스틱이다. 그러나 이것은 체계적이고, 예측 가능한 오류를 야기할 수 있어 정확한 결과를 보장하지는 않는다.

1) 대표성 휴리스틱

특정 사건의 빈도나 발생확률을 그 사건이 전형적인 사례와 닮은 정도에 따라 추론하는 전략이 대표성 휴리스틱(representativeness heuristic)이다(Kahneman, Slovic, & Tversky, 1982). 다음의 예시를 보자.

> 김민수는 외향적이며 총명한 27세 남성이다. 대학에서 경영학을 전공했고 우리 사회의 양극화 문제 해결에 관심을 가지고 있으며 반미시위에 가담하기도 했다.
>
> 김민수에 관한 다음 진술 중 더 그럴듯한 것은?
> (a) 김민수는 은행원이다.
> (b) 김민수는 은행원이며 적극적인 사회운동가이다.

대표성 휴리스틱을 사용하면 위의 두 진술 중 두 번째 진술이 더 그럴듯해 보인다. 왜냐하면 김민수는 은행원보다는 사회운동가를 더 많이 닮았기 때문이다. 그러나 두 번째 진술이 첫 번째 진술보다 더 그럴듯할 수는 없다. 왜냐하면, 사회운동에 참여하는 은행원은 은행원의 일부분에 불과하기 때문이다. 즉, 사회운동에 참여하지 않는 은행원은 사회운동에 참여하는 은행원보다 더 많기 때문에, 어떤 사람이 은행원일 가능성은 그 사람이 은행원이면서 사회운동가일 가능성보다 확률적으로 더 크다. 그런데도 사람들은 대개 김민수가 그냥 은행원일 가능성보다 사회운동가이면서 은행원일 가능성이 더 크다고 판단한다.

그 원인을 공접오류(injunction fallacy)에서 찾을 수 있다. 공접오류란 불확실한 두 가지 사건이 겹쳐서 일어날 확률이 각각의 사건이 따로 일어날 확률보다 크다고 잘못 판단하는 것이다. 때로 대표성에 관한 정보가 믿을 만한 경우 적합성을 기반으로 한 대표성 휴리스틱이 효과적일 수 있지만, 해당직업을 가진 사람들 자체가 매우 적은 경우처럼 대표성 관련 정보가 빈약한 경우에는 대표성 휴리스틱의 사용은 의사결정의 정확도를 떨어뜨릴 수 있다.

2) 가용성 휴리스틱

특정사건과 관련된 사례를 마음속에 떠올리기 쉬운 정도에 따라 그 사건의 빈도나 발생확률을 추론하는 전략이 가용성 휴리스틱(availability heuristic)이다. 관련된 사례가 마음속에 쉽게 떠오르는 정도는 그 사건의 빈도뿐만 아니라 현저성이나 생생함과 같은 요인의 영향을 받기도 한다.

가용성 휴리스틱의 사례로 미국에서 자동차 사고로 사망할 확률이 비행기 사고로 인한 사망확률보다 훨씬 높음에도 불구하고, 사람들은 자동차보다 비행기 여행이 더욱 위험하다고 생각한다(Myers, 2013). 이러한 현상이 나타나는 이유는 위험부담이 인지과정에 중요하게 작용하기 때문이다. 위험부담은 발생할 확률은 낮지만, 일단 발생하면 한 번에 많은 사람의 생명을 앗아가는 재난 사고에서 높다. 그런 사건은 발생할 경우 직접적인 손해는 물론 그 사건에 대한 심리적 스트레스 등 간접적 손해도 크기 때문에 사람들의 기억 속에 오래 남는다.

3) 닻 내림 휴리스틱

불확실한 상황에서 판단을 할 때 사람들은 어떤 특정한 값에서 시작하여 그 값을 조정한 뒤 최종적인 답을 산출하는 전략을 사용한다. 이러한 방법을 닻 내림 휴리스틱(anchoring-and-adjustment heuristic)이라 한다. 가령, '나일강이 1,500km보다 긴가 아니면 짧은가?'라는 질문을 받은 사람은 먼저 그 강이 1,500km인지를 먼저 평가하고자 한다. 이러한 탐구가 고정된 값과 일치하는 증거를 부당하게 더 많이 양산할 수 있고, 이것이 닻 내림 효과를 초래한다(Mussweiler & Strack, 2000).

또한 닻 내림 효과는 순전히 수의 점화에 따른 것일 수도 있다. 가령, 실험 참가자들에게 홍콩 비행장의 활주로가 7.3km 혹은 7,300m보다 긴지 아니면 짧은지를 물어본 후, 이와 상관없는 프로젝트의 경비를 추정하도록 했다. 그 결과 미터 단위로 질문을 받은 참가자들이 경비를 더 크게 추정했다.

4) 기타 휴리스틱

특정 사건의 빈도나 발생확률을 그 사건의 발생을 상상하기 쉬운 정도에 따라 추론하는 전략이 시뮬레이션 휴리스틱(simulation heuristic)이다. 다음의 사례를 살펴보자.

> A와 B는 같은 시간에 출발하는 서로 다른 비행기를 타고 목적지를 떠나기로 예정되어 있었다. 그들은 같은 리무진을 타고 공항으로 오던 중 교통체증에 걸려 자신들의 비행기 출발시간보다 30분 늦게 공항에 도착했다. A는 그의 비행기가 제시간에, 즉 30분 전에 떠났다는 말을 들었다. B는 자신이 탈 비행기의 이륙이 지연되었지만 5분 전에 떠났다는 말을 들었다.
> 여기서, A와 B 중 누가 더 화가 났을까?

대부분의 사람들은 B가 더 화가 났을 것이라고 추측하였다(Kahneman et al., 1982). 겨우 5분 차이로 비행기를 놓친 B가 비행기를 탈 수 있는 가능성을 더 쉽게 상상할 수 있기 때문이다. 즉 B는 차가 조금만 더 빨리 도착했거나 비행기가 조금만 더 지연되었다면 비행기를 탈 수도 있었지만, A는 어떤 일이 일어나든 비행기를 탈 확률이 높지 않았다고 판단한 것이다.

또 다른 휴리스틱으로 날아오는 물체의 속도와 각도를 경험적으로 추산하여 도달지점을 찾고자 할 때 사용하는 시선 휴리스틱(gaze heuristic)

이 있다. 예를 들어 야구경기에서 타자가 투수의 공을 받아치면, 그 순간 야수는 고개를 돌려 공이 어디로 향해 날아갈지를 예측하고 쫓아가게 된다. 이 과정에서 야수들은 공의 낙하지점에 대한 정확한 판단을 위해 부단한 노력을 하지만 종종 공의 낙하위치를 정확히 파악하지 못해서 놓치는 경우가 있다. 정확성을 높이기 위해서는 정보를 의식적으로 빠르게 처리해야 하지만 사람들은 자신의 시선을 통해서 대략적인 위치를 빠르게 파악하고자 하는데 이것이 시선 휴리스틱이다.

4. 인지적 편향[10)]과 영향요인

1) 사후가정적 사고

이미 일어난 사건과는 다른 행동이나 결과를 생각해 보는 것을 사후가정적 사고(counterfactual thinking)라고 한다(Kahneman & Miller, 1986). 자신의 삶에서 발생한 사건이 달리 나타났다면 어떠했을까, 혹은 '만약……했다면 ~했을텐데'와 같은 조건문 형태로 표현되는 사고다.

사후가정적 사고는 실제 사건보다 긍정적 결과를 가정하느냐 아니면 부정적 결과를 가정하느냐에 따라 크게 두 유형이 있다(Roese & Olson, 1993). 먼저, 상향적 사후가정 사고는 '~라면 더 좋았을텐데'처럼 실제 상황보다 좀 더 긍정적인 결과를 상상하는 것이다. 이런 사고에는 일반적으로 후회 같은 부정적인 감정이 뒤따라오게 된다. 그러나 이러한 감정이 꼭 나쁜 영향만을 주는 것은 아니다. 지금의 결과에 만족하지 않고, 좀 더 나은 결과를 위해 노력하게 하는 동기를 이끌어 낼 수 있기 때문이다.

10) 인지적 편향(cognitive bias)이란 사람들의 사회적 판단에서 잘못된 결론에 도달하게 만드는 사고방식이다.

반면에, 하향적 사후가정 사고는 '~라면 큰일 날 뻔했다'처럼 실제 상황보다 더 부정적인 결과를 상상하는 것이다. 이런 사고에는 일반적으로 안도감과 같은 긍정적인 감정이 뒤따라오는데 이러한 감정은 현재의 상황을 유지하려는 동기와 관련이 있다.

사람들은 주로 어떤 일에 대하여 사후가정적 사고를 많이 하는가? 한 연구(Roese & Hur, 1997)에서 사람들은 보통 긍정적 사건보다는 부정적 사건을 겪은 다음에 사후가정 사고를 더 많이 했으며, 이때 후회와 같은 부정적 감정을 경험했다. 또한 부정적 사건을 겪었을 때는 상향적 사후가정 사고가 많이 나타난 반면, 긍정적 사건을 경험했을 때는 하향적 사후가정 사고가 많이 이루어졌다(Markman et al., 1993).

2) 착각의 상관

우리는 두 사건이 실제로는 아무런 상관이 없음에도 불구하고, 서로 관련이 있는 것처럼 잘못 생각하는 경우가 많다. 이처럼 아무런 관계가 없거나, 약한 관계가 있는 두 사건에 대하여 서로 관계가 있다고 잘못 생각하는 것을 착각의 상관(illusory correlation)이라고 한다(Hamilton & Gifford, 1976). 그래서 실제로는 이 둘 사이에 아무런 상관이 없고, 관찰자가 보고한 내용보다 더 약한 정도의 관계가 있거나 혹은 관찰자가 보고한 것과 반대의 방향으로 상관관계가 있을 수 있다.

착각의 상관은 여러 요인 때문에 발생한다. 우선 두 사건이 논리적으로 서로 관련이 있어야 한다는 믿음, 즉 실제로 관련이 없음에도 불구하고 관계가 있기를 바라는 사전 기대가 한 원인이다. 또 다른 원인으로 정보의 독특성(distinctiveness)을 들 수 있다. 소수집단과 같이 다수집단에 비해 수가 작은 집단은 더 눈에 띄고, 일상적인 행동에 비해 발생 빈도가 낮은 폭행과 같은 행동에 대한 정보가 눈에 더 잘 띈다. 그래서 사람들은 소수집단이 하는 부정적 행동이 다수집단이 하는 부정적 행동보다 빈도가 더 높은 것처럼 지각한다.

3) 기타 편향

사람들은 때로 자신이 보고 싶은 것만 보고, 믿고 싶은 것만 믿는다. 예를 들면, 사람들은 혈액형 관련 고정관념에 부합하는 정보만을 이용해서 자신의 혈액형을 확증한다. 이처럼 자신의 신념에 부합하는 정보만을 취하고, 신념에 부합하지 않는 정보는 무시함으로써 자신의 생각이나 가설을 확증하는 쪽으로 결론을 내리려는 인지적 경향성을 확증편향(confirmation bias)이라고 한다.

확증편향은 우리가 가지고 있는 도식의 영향을 받는다(Greenberg et al., 2015). 도식은 그것과 부합하는 정보는 추구하고, 그렇지 않은 정보는 무시하는 식으로 우리의 정보처리를 유도한다. 더욱이 사람들은 객관적인 정보조차도 자신의 입장을 지지하는 쪽으로 왜곡해서 해석하는 경향이 있다.

또 다른 편향으로 사후확신 편향(hindsight bias)을 들 수 있다. 이것은 과거에 일어난 일의 결과를 알고 난 후에 마치 처음부터 그 결과를 알고 있었던 것처럼 믿는 현상이다(Fischhoff, 1975). 이러한 현상은 축구경기나 선거결과에 대한 설명 등이 대표적으로 나타나는 사례가 된다. 이와 같은 사후확신 편향은 자신이 세상을 통제하고 있다는 생각과 더 나아가 아직 일어나지 않은 미래의 일들을 예측할 수 있다는 믿음도 반영한다. 이것은 자신의 삶을 시간적인 차원에서 모두 통제할 수 있다는 주관적인 느낌을 제공함으로써 한편으로는 긍정적인 기여를 하지만, 특정 현상의 발생에 대한 실질적인 지식이나 통찰을 제공하지는 못한다(최인철, 2004).

마지막으로 과잉확신(overconfidence)은 자신의 생각이나 믿음이 실제보다 더욱 정확하다고 지각하는 현상이다. 예를 들어, 집을 나올 때 분명히 지갑을 챙겼다고 생각했는데 찾지 못해서 당황한 경우나, 모임에서 상대방이 분명 이런 말을 했다고 확신하는데 나중에 보면 그렇지 않은 경우 등 과잉확신은 매우 흔한 현상이다.

과잉확신의 요인으로는 흥미롭게도 무능력이 주된 요인 중의 하나가 된다. 사람들은 많은 사회적 · 경제적 영역에서 자신의 능력을 더욱 호의적으로 보는 경향이 있는데, 이것은 부분적으로는 이 영역에서 자신의 능력이 떨어진다는 것을 인식할 수 있는 인지능력이 없기 때문이다. 즉, 자신의 능력이 떨어지는 사람일수록 그 능력을 과대평가할 수 있음을 의미한다.

제 4 장

HUMAN PSYCHOLOGY

태도와 태도변화

1. 태도의 특징

1) 태도의 개념

(1) 구성요소

태도를 이루는 구성요소에는 인지적, 정서적 및 행동적 요인이 있다(Fishbein & Ajzen, 1974). 인지적 요소는 태도 대상에 대한 사람들의 신념이나 지식이다. 인지적 요소는 매우 다양하고 복잡한 특징을 가지고 있다. 복잡한 인지적 요소는 학습이나 사회적 분위기 등에 의해 수시로 변할 수 있다.

정서적 요소는 태도 대상에 대한 느낌이나 호불호(好不好)를 포함하는 평가적 반응이다. 특정 대상에 대한 감정은 '좋다-싫다'라는 한마디로 표현할 수 있을 만큼 단순하다. 정서적 측면은 인지적 요소가 사라진 후에도 계속 남아 행동에 지속적 영향을 미친다(Olson & Fazio, 2004).

태도의 행동적 요소는 대상에 대한 태도와 일관적인 행동을 하려는 의도다. 사람들은 대상에 대한 인지적이고 정서적 내용과 일관된 행동을 하고자 한다. 그래서 대상에 대하여 호의적으로 생각하고 그렇게 느낀다면 호의적인 행동을 하고자 하고, 대상에 대하여 부정적으로 생각하고 그렇게 느낀다면 부정적인 행동을 하고자 한다.

(2) 구조

특정 대상에 대한 태도를 결정할 때 태도의 인지적, 정서적, 그리고 행동적 요소가 따로 분리되어 있기보다는 특정 방식으로 조직화되어 있을 수 있다. 초기 연구자들의 일차원 모형에 따르면 긍정적 신념, 감정과 행동은 부정적 신념, 감정과 행동의 출현을 억제한다(Watson & Tellgegen, 1985). 이러한 관점은 부정적 태도와 긍정적 태도가 양 끝에 위치한 일직선상의 어느 지점에 태도가 놓여있다고 생각한다. 그러나 태도를 이렇게 측정하면 중립적 태도의 의미를 해석하기가 어렵다. 예를 들면, 양가적 태도는 특정 대상에 대하여 좋은 태도와 나쁜 태도가 공존하는 것이다. 이러한 태도는 그 대상에 대한 확신이 없어서 생길 수도 있지만 긍정적 태도와 부정적 태도를 똑같이 가지고 있어서 생길 수도 있다(Maio & Haddock, 2009).

반면, 태도를 정서의 이차원 모형으로 보는 입장에 의하면 [그림 2-7]에서 보듯이 태도의 정서적 요인은 정서가(價) 차원과 각성 차원으로 구분할 수 있다(Bradley et al., 2001; Russell, 2003). 이때 정서가란 특정 대상에 대하여 느끼는 정서가 긍정적인지 아니면 부정적인지를 나타내는 개념이고, 각성은 이때 경험하는 흥분정도를 일컫는 개념이다. 예를 들면, 만족과 환희는 긍정적 정서인 반면, 슬픔과 분노는 부정적 정서다. 또한 환희와 분노는 각성 수준이 높은 반면, 만족과 슬픔은 각성 수준이 낮다.

이처럼 사람들은 정서가에 따라 특정 대상에 대한 호불호를 표현하고, 각성수준에 따라 그 대상에 대한 중요성과 확신을 표현한다. 그래서 매우 긍정적이거나, 부정적인 정서를 포함하는 태도는 강한 확신과 관련된 반면, 중립적 정서를 포함하는 태도는 낮은 확신과 관련된다. 또한 강한 정서적 반응을 보이는 태도는 쉽게 회상되며, 그에 반하는 태도에는 강력하게 방어하는 경향이 있다.

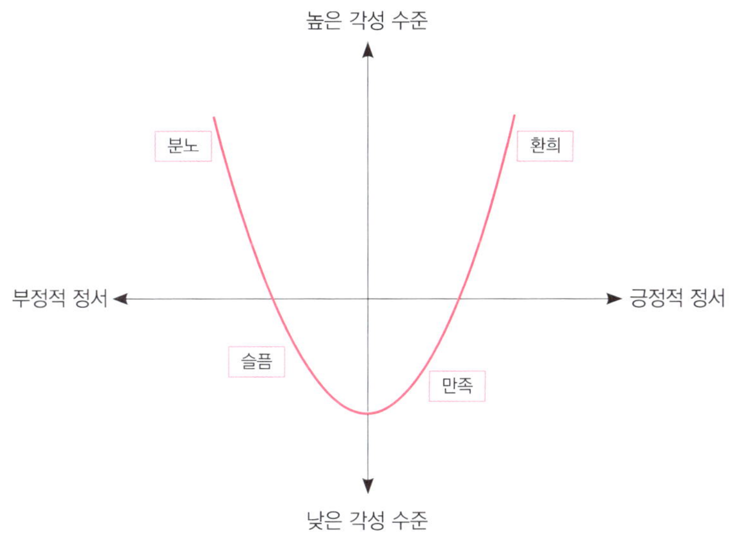

그림 2-7 태도의 정서와 각성수준의 모형

(3) 기능

특정 대상에 대하여 우리가 갖고 있는 태도는 다양한 기능을 수행한다. Smith와 그의 동료들(1956)은 태도의 세 가지 기능을 제시하였다.

첫 번째는 태도의 대상을 평가하는 기능이다. 이것은 특정 대상에 대한 긍정적이거나 부정적인 태도를 요약하는 기능이다. 가령 사람들은 각 대상에 대한 태도를 통해 자신에게 도움이 되는 것을 취하고 해로운 것을 피할 수 있다. 두 번째 기능은 사회적 조정으로, 이는 우리가 좋아하는 사람과는 동일시하고, 싫어하는 사람과는 멀리하려는 것이다. 세 번째 기능은 내적 갈등으로부터 자신을 보호하는 외재화의 기능이다. 예를 들어, 골프 실력이 낮은 사람은 상대적으로 내기 골프를 싫어할 것이다. 형편없는 골프 실력이 자존감에 상처를 입힐 수 있기 때문이다.

유사하게 Katz(1960)도 태도의 네 가지 기능을 제시하였다. 첫 번째는 태도의 지식적 기능으로 특정 대상에 대한 정보를 조직화하는 기능이다. 태도의 여러 인지적 요소는 개별적으로 존재하는 것이 아니라 하나의 틀 속에서 서로 연결되어 조직화됨으로써 태도 대상에 대한 인지적 구조를 구축한다. 두 번째, 태도의 유용성 기능은 태도를 통해 이익을 최대화하고 비용을 최소화하는 기능이다. 사람들은 긍정적 태도 대상에서 접근하고, 부정적 태도 대상은 회피함으로써 자신의 비용 대비 이득을 높일 수 있다. 세 번째는 자기방어 기능으로 자신의 태도를 부정하거나 폄하하는 사건에 저항하여 자신의 신념을 유지함으로써 자신을 보호하는 기능이다. 마지막으로 태도의 가치표현의 기능은 태도가 자아개념과 같은 중심적 가치를 표현하는 기능이다. 가령 우리는 자전거로 출근함으로써 건강과 환경보호를 중요시하는 자신의 의사를 표현한다.

태도의 기능, 구성요소 및 구조는 서로 연결되어 단일한 차원의 태도를 만들어 낸다. 태도의 구성요소와 구조는 서로 연결되어 있어서 한 개인이 특정 대상에 대하여 긍정적인 인지, 정서 및 경험을 했다면 그 대상에 대하여 하나의 긍정적 태도를 갖는다.

2) 태도의 형성

(1) 유전적 요인

특정 대상에 대한 태도는 때로 선천적으로 나타난다. 예를 들어 태어난 지 어느 정도 지난 영아들은 뱀, 어둠 또는 갑자기 접근하는 자극에 대하여 선천적인 두려움을 보인다(Bourgeois, 2002). 또한 영유아를 대상으로 한 연구에 따르면, 태어난 지 몇 분되지 않은 신생아들은 무질서한 얼굴패턴보다 사람 얼굴과 비슷한 패턴을 더 선호한다(Goren, Sarty, & Wu, 1975).

특정 대상에 대한 태도는 유전의 영향도 받는다. 사형제도, 재즈, 검열 등에 대한 태도에서 이란성 쌍둥이보다 일란성 쌍둥이가 서로 더 유사했다(Tesser, 1993).

유전이 태도에 영향을 미치는 방식에는 여러 가지가 있을 수 있다. 특정 태도와 유전과의 관계가 직접적일 수도 있지만, 유전과 태도 사이에 관여하는 또 다른 변수가 있을 수도 있다. 예를 들면, 성인 쌍둥이를 대상으로 한 연구(Olson et al., 2001)에 따르면, 유전은 사교성, 운동능력 그리고 지적인 성취에 영향을 미쳤다.

(2) 학습

태도는 후천적인 학습을 통해서도 형성된다. 그 대표적 기제 중의 하나가 고전적 조건형성(classical conditioning)이다. 특정 반응을 유발하는 무조건 자극을 그 반응과 관계없는 중립 자극과 함께 반복적으로 제시하면 이후에는 중립자극만으로도 그 반응을 유발할 수 있다. 이와 같은 과정을 통해 우리는 중립자극에 대한 태도를 형성한다.

태도에 대한 학습은 조작적 조건형성(operational conditioning)을 통해서도 이루어진다. 이것은 특정 행위를 한 다음 강화물이 주어지면 이후에 그 행동이 발생할 가능성이 높아지는 원리다. 가령, 어떤 교수가 가르치는 과목에서 A+를 받았다면, 그 교수가 강의하는 다음번 과목에서도 좋은 성적을 받기 위해 노력할 것이다. 반대로, 그 교수가 가르치는 과목에서 매번 나쁜 성적을 받았다면, 좋은 점수를 받고자 열심히 노력하지 않을 것이다. 이처럼 우리는 자신의 행동에 대하여 강화를 제공하는 사람에게 더 긍정적인 태도를 가진다. 실제 한 연구(Berg & McQuinn, 1986)에서 칭찬하기, 선물 주고받기를 하는 커플은 이와 같은 보상적 행위를 하지 않는 커플보다 4개월 정도 더 오래 사귀었다.

우리는 관찰학습(observation learning), 즉 특정 대상에 대한 다른 사람의 행동을 관찰하고 모방함으로써 그 대상에 대한 태도를 형성할 수 있다. 때로 사람들은 어떤 대상에 대하여 다른 사람이 하는 행동을 바탕으로 그 대상에 대한 태도를 발달시킨다. 태도는 또한 관찰을 통해 바뀔 수도 있다. 한 연구에서(Bandura et al., 1966) 개를 무서워하는 아이들에게 개와 노는 소년의 모습이 담긴 20분짜리 영상을 4일 동안 보여주었다. 그 후 개 공포증을 가지고 있던 아이들 가운데 67%는 개와 편안하게 놀 수 있게 되었다.

2. 태도와 행동

1) 태도의 강도

강한 태도는 약한 태도보다 행동을 더 잘 예측할 수 있다. 강한 태도가 상대적으로 더 중요하기 때문이다. 우리는 특정 대상에 대한 태도를 중요하게 여길수록 그 태도와 일관적으로 행동할 가능성이 크다. 실제로, 지구온난화를 중요하게 생각하는 사람들 중 23.7%는 관련 기금에 기부한 반면 이를 중요한 문제로 여기지 않는 사람들은 8%만 기부했다(Visser et al., 2003).

이때 직접적 경험에 근거한 태도는 그 강도가 상대적으로 커서 행동을 더 잘 예측한다. 직접적 경험에 기반한 태도는 영구적으로 기억에 남아 쉽게 회상할 수 있기 때문이다.

특정 대상에 대한 직접적 경험을 반복할 경우 그러한 경험은 획득한 태도를 더욱 견고하게 만든다(Reed, Woote, & Bolton, 2002). 이것은 소위 확증적 편향이라고 할 수 있다. 일단 특정 대상에 대한 태도가 형성되면 그 태도를 더욱 공고히 하는 정보만을 취사선택함으로써 태도가 더 견고해진다. 보고 싶은 것만 보고, 듣고 싶은 것만 듣는 것이 이러한 예이다. 그러나 직접적인 경험이 대상에 대하여 상충되는 정보(예: 긍정적 측면과 부정적 측면을 모두 제공)를 제공하는 경우에는 이러한 해석이 직접적 경험에 따른 태도와 행동의 일치성을 설명할 수는 없다.

인지욕구의 차이가 태도의 강도에 영향을 미치기도 한다. 인지욕구가 높은 집단이 낮은 집단에 비해 태도를 더 잘 유지하며, 태도 대상을 더욱 견고하게 만든다. 또한 태도 대상에 대한 지식이 많을수록 태도의 강도도 높아진다. 작업지식(working knowledge)은 태도 대상에 대한 기억으로부터 인출할 수 있는 정보의 양이다. 작업지식이 많은 사람은 태도와 관련된 신념이나 경험에 대한 기억에 더 쉽게 접근함으로써 태도를 더 잘 유지할 수 있다.

2) 태도의 구체성

포괄적인 대상에 대한 태도는 일반적인 반면 그 대상에 대한 행동은 구체적이다. 왜냐하면 행동은 보통 구체적인 상황과 연계해서 이루어지기 때문이다. 따라서 일반적 태도에 비해 구체적 태도가 그 행동을 더 잘 예측할 수 있다. 예를 들어, 대학생에게 "대학생활이 얼마나 중요합니까?"라고 물을 때와 "이번 학기에 좋은 학점을 받는 것이 얼마나 중요합니까?"라고 물을 때 그 답변은 꽤나 다를 수 있다. 전자보다는 후자의 질문에 대한 답이 좀 더 구체적일 것이다.

구체적 정합가설(specificity matching hypothesis)은 태도와 행동이 서로 부합할 때, 태도가 행동을 더 잘 예측할 수 있다는 것이다. 다시 말해, 태도와 행동의 일관성 정도는 태도와 행동의 구체성에 의해 결정된다. 구체적 태도는 구체적 행동을 더 잘 예측할 수 있다.

3) 태도의 접근성과 이해관계

머리에 빨리 떠올라 쉽게 접근할 수 있는 태도는 그렇지 않은 태도에 비해 행동과 더 큰 관련성을 가진다. 왜냐하면 접근성이 떨어지는 태도의 경우 그 태도를 생각하기 전에 먼저 행동할 수 있기 때문이다. 같은 맥락에서 자기인식을 높이면, 태도에 대한 접근성이 증가하고 이것이 태도와 일치하는 행동을 유발할 수 있다. 예를 들면, 태도를 표출하기 전에 과거의 행동을 생각할 시간이 주어진 참가자들은 그 태도와 더 일치하는 행동을 했고(Zanna et al., 1981), 자신의 태도를 반복적으로 표현함으로써 접근성이 높아진 태도는 행동을 더 잘 예측했다(Holland et al., 2003).

사람들은 자신에게 유리한 결과를 가져오는 태도를 강화하고, 그러한 태도를 부정하는 메시지에 저항할 수 있다. 또한 그런 태도와 부합하는 행동을 지속적으로 할 가능성이 높다.

4) 사회적 규범

사회적 규범은 집단구성원들이 가지고 있는 명시적이거나 암묵적 규칙으로 개인적 태도와 행동의 일관성에 큰 영향을 미칠 수 있다. 또한 사회적 규범은 사람들의 관계망을 통해 유지되기 때문에 그것과 강하게 연관된 태도는 변화에 저항적이다(Visser & Mirabile, 2004).

[그림 2-8]에서 보듯이 Ajzen(1985)의 계획된 행동이론(Theory of Planned Behavior)에 따르면, 태도, 주관적 규범과 지각된 행동통제가 행동의도를 결정하고 이것이 행동을 결정한다. 이때 태도는 특정 대상에 대한 신념이나 평가에 근거하고, 주관적 규범은 특정한 맥락에 주어진 사회적 규범 및 그러한 규범을 준수하려는 동기에 기반을 둔다. 지각된 행동통제는 자신이 행동을 얼마나 통제할 수 있는지 그 정도에 대한 주관적 믿음이다.

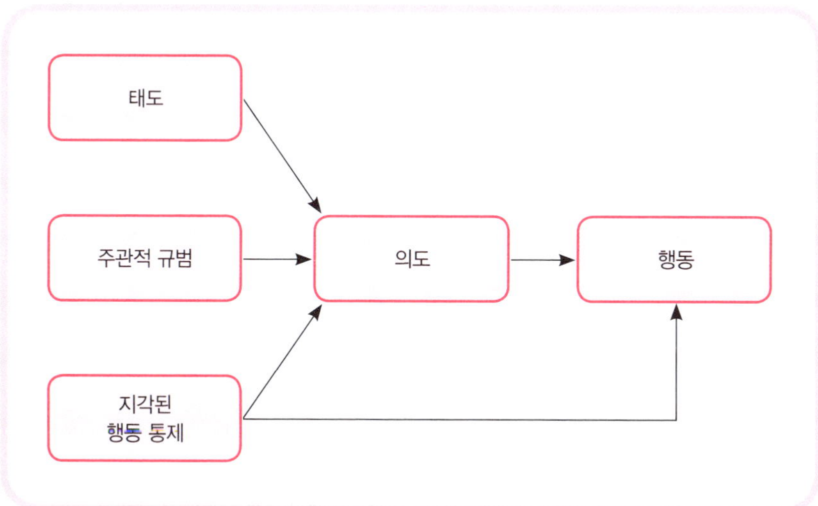

그림 2-8 계획된 행동 이론

3. 태도변화의 두 이론

1) 인지 부조화 이론

Festinger(1957, 1964)의 인지 부조화 이론(Cognitive Dissonance Theory)에 따르면 사람들은 자신의 태도와 일치하는 행동을 함으로써 인지적으로 조화로운 상태를 유지하고자 한다. 우리는 자신이 좋아하는 사람에게는 애정을 표현하는 행동을 하고, 자신의 가치관에 부합하지 않는 정당에 대해서는 찬성투표를 하지 않는 행동을 한다. 그러나 때로 우리는 자신의 신념, 느낌 혹은 가치와 불일치하는 행동을 함으로써 부조화 상태에 놓이게 된다. 맛있다는 음식점을 열심히 찾아 한 시간 기다린 다음 먹은 음식이 실제 맛이 없는 경우, 우리는 자신의 노력과 그 결과가 불일치하는 부조화 상태에 놓이게 되고 그로 인해 심리적 불편을 느낀다. 이러한 부조화는 불편한 감정을 해소하기 위한 행동을 촉발한다는 점에서 동기적 힘을 가지고 있다(Wood, 2000).

부조화에 따른 심리적 불편을 해소하는 한 방법이 대상에 대한 기존의 태도를 바꾸는 것이다. 가령 음식이 생각보다 맛있다고 태도를 바꿈으로써 부조화를 해소할 수 있다. 혹은 대상과의 인지 부조화가 중요하지 않은 것처럼 생각하는 것도 하나의 방법이다(Simon et al., 1995). 이처럼 부조화가 태도를 변화시키기 위해서는 충족해야 할 조건들이 있다.

첫째, 행동을 취소할 수 없어야 한다. 행동을 없던 것으로 취소할 수 있으면 그 사람의 태도 변화는 일어나지 않을 수도 있다. 둘째, 행동이 자발적으로 이루어져야 한다. 어떤 행동을 강압적인 이유 때문에 했다면 행위자는 그 행동의 원인을 외적인 요인에 귀인함으로써 태도를 변화시킬 필요성을 느끼지 못할 수 있다. 셋째, 행동의 결과가 예측 가능해야 한다. 때로는 우리의 행동이 전혀 뜻밖의 결과를 초래할 수도 있는

데 이러한 경우에는 부조화에 따른 태도 변화가 나타나지 않을 수 있다. 이러한 조건하에서 부조화가 태도 변화를 가져오는 몇 가지 경우를 살펴보자.

(1) 불충분한 정당화

한 연구에서(Festinger & Carlsmith, 1959)는 대학생 참가자들에게 지루한 과제를 수행하게 한 다음, 실험참여를 위해 대기 중인 다른 대학생들에게 거짓말로 이 과제가 매우 재미있다고 말해 줄 것을 부탁했다. 참가자들의 반에게는 거짓말의 대가로 20달러를 주었고, 나머지 반에게는 1달러만 주었다. 그 다음 이 과제가 실제로 어느 정도 재미있었는지를 보고하도록 했다. 20달러는 거짓말을 한 이유를 돈이라는 외적인 요인으로 합리화하는 데 충분한 액수이지만, 1달러는 거짓말한 행동을 정당화하기에는 불충분한 금액이다. 그래서 1달러 집단은 이 과제에 대한 태도와 행동 간의 부조화를 겪었고 이것을 줄이기 위해 과제에 대한 평가를 바꾸었다. 즉 그들은 "과제가 정말로 재밌었다. 이런 과제 실험에 또 참가하고 싶다."라고 말했다. 반면, 20달러 집단은 과제에 대한 평가를 바꾸지 않았다. 그들은 여전히 "과제가 재미없고, 거짓말은 돈 때문에 했다."라고 보고했다. 이처럼 사람들은 외적인 보상이나 이유가 자신의 행동을 정당화하기에 충분하지 않을 때에는 자신의 태도를 바꿈으로써 부조화를 해소한다.

(2) 노력의 정당화

열심히 한 것에 비해 얻은 것이 적다면 우리는 큰 부조화를 경험할 수 있다. 이러한 부조화를 감소시키기 위해서는 자신이 들인 노력을 통해 얻은 결과를 더욱 긍정적으로 평가할 필요가 있다. 즉 자신의 노력을 정당화할 필요가 있다.

예를 들어, 매년 3월이 되면 으레 매스컴에서는 대학생 신입생들의 '가혹한' 신고식에 대한 뉴스가 등장한다. 이는 비단 우리나라뿐만 아니라 해외 대학들에서도 그리 드문 현상은 아니다. 사람들은 자신이 고생해서 입학한 대학, 혹독한 신고식을 치르고 가입한 동아리에 대해서는 훨씬 더 높은 가치를 부여하고, 그 조직에 대해서 헌신하게 된다. 신고식이 가혹할수록 신입회원의 조직에 대한 충성심과 헌신이 높아지기 때문에 아무리 대학 당국이 금지하려고 하더라도 가혹한 신고식은 쉽게 없어지지 않는 것이다.

(3) 맞불 효과

특정 대상에 대한 자신의 태도와 행동이 일치하지 않는다는 사실을 상기시키면 사람들은 자신이 위선자라는 느낌을 갖게 된다. 대부분의 사람들은 자신이 진실한 사람이라는 자아개념을 가지고 있기 때문에 이와 같은 느낌은 그들을 부조화 상태에 놓이게 한다. 가령 사람들은 환경보호에 대한 태도와 행동 간의 부조화를 경험할 수 있다. 이때 그 부조화를 해소하기 위해 행동을 바꿀 수 없는 경우 사람들은 때로 긍정적 태도를 부정적 태도로 바꾼다. 이것을 맞불 효과(backfire effect)라고 한다. Fried(1998)는 재활용을 제대로 하지 않은 참가자들을 익명 집단, 기명 집단 그리고 기록하지 않은 집단으로 구분하였다. 그리고 이것을 참가자 앞에서 큰 소리로 읽었다. 그 결과 자신의 이름이 불린 두 번째 집단의 사람들은 자기 행동의 위선을 자각하게 되었다. 또한 자신의 위선적 행동을 바꿀 수 없는 상황에서 그들은 재활용의 중요성을 과소평가함으로써 부조화를 감소시켰다.

그러나 사람들은 이런 유형의 부조화를 해결하기 위해 때로는 자신의 행동을 태도와 일치하도록 바꾸기도 한다. 이것은 위선 유도 전략(hypocrisy induction strategy)이다. 한 연구(Dickerson et al., 1992)는 샤워할 때 물을 많이 쓰는 것에 대해 환경보호 측면에서 불편하게 느끼는 사람들을 대상으로 이 전략을 검증하였다. 실험자는 일부 참가자에게 자신들의 지나친 물 사용을 회상하면서 물의 절약을 권고하는 공공연설을 준비하라고 요청했다. 그 결과 이런 요청을 받은 참가자는 그렇지 않은 참가자에 비해 샤워시간을 줄였다. 이 전략을 사용하기 위해서는 특정 대상에 대하여 긍정적 태도를 가지고 있으면서 그 태도와 반하는 행동을 했다는 사실을 참가자에게 확인시켜야 한다.

(4) 의사결정 후의 부조화

어떤 물건에 대한 태도는 우리가 그것을 선택하기 전과 후에 달라질 수 있다. 때로 여러분은 백화점에서 마음에 드는 두 코트를 보고 어느 것을 살지 고민하다가 하나를 선택한 뒤에는 자신이 선택한 것을 더 좋게 평가한 적이 있을 것이다. 이처럼 사람들은 의사결정 후의 부조화(post-decisional dissonance, free choice)를 경험하기도 한다. 이때 그들은 선택한 대상을 더 긍정적으로 평가하고 선택하지 않은 것을 덜 긍정적으로 평가함으로써 부조화를 감소시킨다.

2) 정교화 가능성 모형

정교화 가능성 모형(Petty & Caccioppo, 1986, 1990)은 태도 대상에 대한 정보를 처리하는 방식에 따라 그 정보가 태도 변화에 미치는 영향이 달라진다고 가정한다. 이 정교화 가능성 모형(Elaboration Likelihood Model)에 따르면 정보처리 방식에는 중심 경로 처리와 주변 경로 처리가 있다. 중심 경로 처리는 정보가 갖는 논리성이나 타당성을 분석해서 처리하는 것이다. 이러한 처리는 인지적인 노력을 요구하는 방식이다. 반면, 주변 경로 처리는 정보원의 지각된 신뢰도나 매력, 정보 전달의 방식 등 정보 그 자체보다는 주변의 환경이나 맥락 정보에 근거해서 처리하는 방식이다.

두 처리 방식이 태도변화에 미치는 효과는 여러 요인에 달려 있다. 첫 번째는 태도 대상의 중요성이다. 사람들은 중요한 태도 대상에 대하여 더 많이 관여하기 때문에 그에 대한 정보를 중심 경로로 처리한다. 반면, 중요하지 않은 태도 대상에 대해서는 관여수준이 떨어지기 때문에 사람들은 그 대상에 대한 정보를 주변 경로로 처리한다. 또한 특정 사안이 개인적으로 연관성이 높을 때 사람들은 메시지가 전하는 주장의 실제 내용에 더 영향을 받은 반면, 연관성이 낮은 경우에는 주변적 경로에 더 영향을 받는다.

두 번째는 태도가 지닌 특성과 관련된다. 어떤 대상에 대한 태도가 사람에 따라 인지적 요인에 기반할 수도 있고 아니면 정서적 요인에 기반할 수도 있다. 이때 인지적 요인에 기반한 태도는 중심 경로를 통해 처리되는 인지적 정보에 의해 바뀌기 쉬운 반면 정서적 요인에 기반한 태도는 주변 경로를 통해 처리되는 정서적 정보에 의해 바뀌기 쉽다.

4. 설득에 의한 태도 변화

1) 전달자

전달자는 상대방을 설득하기 위해 메시지를 보내는 사람이나 집단이다. 이때 전달자가 가지는 전문성, 매력, 신뢰성, 유사성과 같은 여러 특성이 메시지의 설득력에 영향을 미친다.

(1) 전문성

일반적으로 전문성이 높은 사람의 말이 더 설득적이다. 사람들은 특정 대상에 대하여 전문적인 지식과 경험을 가진 사람의 말을 더 잘 믿고 받아들이는 경향이 있다.

(2) 매력

설득적 의사소통에 영향을 미치는 또 다른 요인이 전달자의 매력이다. 신체적으로 매력적인 사람이 메시지를 전달할 때 그 영향력이 커진다.

(3) 신뢰성

전달자의 신뢰성 역시 설득에 영향을 미친다. 신뢰성의 핵심은 전달자의 이면에 상대방을 설득하고자 하는 동기가 없는 것으로 보이는 것이다. 신뢰성을 높이는 한 가지 방법은 자신의 개인적 이득에 반하는 주장을 하는 것이다. 예를 들어 사회질서를 유지하기 위해서는 범죄자의 인권보다 경찰의 권한이 더 중요하다는 주장을 경찰이 하는 것보다는 유죄를 선고받은 범죄자가 하는 것이 더 설득적이었다. 이는 사람들이 자신의 이익에 반하는 주장을 더 믿을 만한 것으로 여긴다는 것을 보여주는 연구결과이다(Walster et al., 1966).

한편, 대부분의 사람들은 처음에는 출처가 불분명한 정보를 시간이 지나면서 믿게 되는 경우가 있다. 이를 수면자 효과(sleeper effect)라고 하는데, 즉 신뢰성이 낮은 출처로부터 나온 메시지의 설득력이 시간이 지나면서 증가하는 현상을 말한다. 이것은 시간이 경과할수록 메시지의 출처에 대한 정보는 망각하고, 그 내용만 기억하기 때문에 발생하는 현상이다.

(4) 유사성

우리는 자신과 비슷한 사람의 말을 더 잘 믿는 경향이 있다. 전달자와 수신자의 유사성이 높을 때 전달자의 말이 더 설득적일 수 있다.

2) 메시지

전달자의 특성과 더불어 메시지의 특성도 태도 변화에 영향을 미칠 수 있다. 여기에서는 메시지를 청중에게 제시하는 전략과 정서적 측면에 호소하는 메시지가 설득에 미치는 영향을 알아본다.

(1) 제시 전략

메시지가 설득력을 갖추기 위해서는 메시지가 주장하는 내용을 뒷받침하는 근거가 많을수록 좋다. 예를 들어, 청중들에게 어떠한 주장에 근거를 전달할 때에는 일부만 전달하는 것보다는 알고 있는 한 많은 근거를 전달하는 것이 더욱 설득력이 있다(Calder & Sternthal, 1980).

또한 메시지의 내용이 특정 사안에 대하여 일방적일 수도 있고 쌍방적일 수도 있을 수 있는데, 이 두 가지 방식의 효과적인 전달방법은 다음과 같다. 만약 청중이 어떠한 메시지의 주장에 이미 동의하고 있는 상황이라면, 그의 의견과 일치하는 내용만을 제시하는 일방적인 방식이 효과적이다. 그러나 청중이 메시지의 입장과 반대적인 입장을 가지고 있다면, 쌍방적 주장이 더 효과적이다. 그래서 전달자가 메시지를 통해 제시하는 주장에 반하는 내용을 먼저 설명한 뒤에 이를 반박하는 형식이 효과적이다(McGuire, 1964).

메시지의 입장이 청중의 입장과 다른 정도가 메시지의 설득력에 영향을 미칠 수 있다. 일반적으로 이 둘 간의 차이가 지나치게 크면 청중의 태도 변화가 덜 일어난다. 이를 상위효과(discrepancy effect)라고 한다. 청중의 태도가 메시지와 매우 다를 때 오히려 청중들은 그 메시지를 무시할 가능성이 높다. 왜냐하면 사람들은 자신의 태도와 지나치게 다른 설득 메시지를 반박하고자 하기 때문이다.

(2) 정서적 호소

메시지는 때로 정서적으로 호소하는 내용을 기반으로 청중을 설득하고자 한다. 특히 공포심과 같은 부정적 정서를 유발하는 것이 일반적인 전략이다.

그러나 공포심 유발 전략은 청중으로 하여금 관련 정보를 더 심사숙고 하도록 한다. 한 연구에서 참가자들이 스트레스로 인해 겪은 질병 정도를 측정한 후, 스트레스 관리 훈련의 장점을 설명하는 논문의 요약본을 읽도록 했다. 스트레스로 인한 질병을 앓는 것에 큰 불안을 지닌 참가자들은 그렇지 않은 참가자보다 논문의 주장에 더 설득되어 스트레스 관리 훈련에 더 많이 참가하겠다고 보고했다(Das, De Wit & Strobe, 2003). 비슷하게 폐암에 대한 무서운 영상을 시청한 참가자 중 86%는 금연이나 흡연을 줄이겠다고 보고했지만, 중립적 영상을 본 참가자들은 33%만이 그렇게 하겠다고 보고했다(Sutton & Eiser, 1984).

공포심 유발 메시지는 특정 문제에 대한 실제 이미지를 제시할 때 더 효과적이다. 그리고 공포심 유발 메시지는 객관적인 진술보다는 개인적 경험에 기반할 때 더 효과적이다.

한편, 긍정적 정서를 이용하는 메시지도 효과적이다. 맛있는 음식을 먹을 때나 즐거운 음악을 듣고 있을 때 우리는 기분이 좋아진다. 이렇게 기분이 좋아지면 기분이 좋지 않을 때보다 사람들은 더 쉽게 설득당한다.

왜 긍정적 정서는 설득에 효과적일까? 기분이 좋은 사람들은 그 기분을 유지하기 위해 정보를 주의 깊게 처리하려고 하지 않는다. 따라서 그들은 메시지를 평가할 때 주장의 효용성과 같은 주변적 단서에 의존하는 경향이 있다(Ruder & Bless, 2003). 주변적 처리를 하게 되는 이러한 경향성은 메시지의 내용이 기분을 망치게 할 때보다 기분을 좋게 할 때 더 잘 나타난다.

3) 수신자 및 상황

동일한 메시지라도 듣는 사람의 특성에 따라 그 메시지가 갖는 설득 효과는 달라진다. 가장 대표적인 수신자 특성은 지적 수준 및 여러 동기와 관련이 있다.

(1) 지적 수준

수신자의 지적 수준이 너무 높거나, 낮을 때보다 중간 수준일 때 메시지가 가장 설득적이다(McGuire, 1968). 지적 수준이 높은 수신자는 메시지의 내용은 잘 이해할 수 있다. 그러나 그들은 설득하려는 전달자의 입장을 비판할 수 있기 때문에 그것을 수용할 가능성은 떨어진다. 반대로 지적인 수준이 낮은 수신자는 메시지의 내용을 비판 없이 수용할 수는 있지만, 그 내용을 전부 이해하지는 못할 수 있다. 그래서 설득 효과는 중간 정도의 지적 수준을 가진 수신자에게 가장 크게 나타날 수 있다. 그들은 메시지의 내용을 충분히 잘 이해하면서도 단기간에 비판할 능력을 갖추고 있지는 않기 때문이다.

(2) 심리적 저항

전달자가 설득한다고 해서 수신자가 늘 설득당하는 것은 아니다. 수신자는 설득 메시지가 자신의 자유의지를 침해한다고 느낄 때 그러한 설득에 저항하고자 한다. 그래서 때로 설득 메시지는 원래 의도한 것과는 정반대의 결과를 가져올 수도 있다. 부모가 하지 말라는 행동을 더 하고 싶을 때가 있는데, 이러한 현상을 심리적 저항(psychological reactance)으로 설명한다. 심리적 저항은 자신의 자유의지가 위협받는다고 느낄 때 자유를 침해하는 입장과 반대로 행동함으로써 자유를 되찾고자 하는 심리적 경향성이다.

(3) 면역 효과

다양한 설득에 넘어가지 않는 또 다른 방법으로 면역 효과가 있다. 질병에 대한 면역력을 키우기 위해 백신을 맞듯이 설득에 대항하는 면역력을 키우기 위해 자신의 입장과는 반대되는 미약한 주장에 노출될 필요가 있다. 주장이 미약해야 하는 이유는 사람들의 기존 생각을 변화시키지 않기 위해서다. 미약한 설득적 주장을 방어하는 경험을 통해서 사람들은 미래에 있을 수 있는 강력한 설득적 주장에 대항할 준비를 할 수 있다.

HUMAN PSYCHOLOGY

인 · 간 · 심 · 리

제 3 부

관계 이해하기

인간심리

제 1 장

HUMAN PSYCHOLOGY

대인관계

1. 대인관계의 일반적 특성

1) 관계욕구

사람들은 누구나 다른 사람들과 관계를 맺고자 하는 욕구를 가지고 있다. 이러한 욕구는 상당 부분은 내재된 것으로 다른 사람과의 상호작용을 통해 관계적인 욕구를 충족하는 것은 한 개인의 행복에 절대적으로 중요하다.

다른 사람과 관계를 맺으려는 경향은 전 생애에 걸쳐 나타나는 보편적인 현상이다. 유아는 자신에게 반응을 보이고, 배려하는 사람과 상호작용하면서 일체감을 느낀다(Seeman, 2000). 성인 중에서도 적극적으로 관계를 맺는 사람들은 높은 건강수준을 유지한다(Cox & Fox, 2001; Berkman et al., 2006). 노인들을 대상으로 한 연구는 사회적 접촉이 죽음과도 관련성이 있다는 것이 밝혀졌다. 즉 사회적 접촉을 많이 한 노인이 더 오래 생존해 있었다.

(1) 사회적 친화모형

사회적 친화모형(social affiliation model)에 의하면, 타인과의 관계는 항상성의 원리에 따른다. 사람들은 만남의 수준을 안정적으로 유지하며 자신이 원하는 수준에 맞는 가능한 정도의 친밀도를 유지한다(O'connor & Rosenblood, 1996). 즉 사람들은 다른 사람을 만날 때 자신이 원하는 만큼의 만남 수준이 있고, 그 수준을 유지하고자 한다는 것이다.

(2) 소속감 욕구이론

사람들은 관계를 통해 소속감을 추구하려는 욕구를 가지고 있다. 소속감 욕구이론(belong to need theory)은 진화론에서 그 욕구의 기반을 찾는다. 집단 속에서 사회적 유대를 형성하고 유지하려는 욕구는 생존과 재생산(번식)이라는 이익을 가져다준다(Kenrick & Trost, 1997).

소속감 욕구가 인간의 기본적 욕구 중 하나라는 증거는 많다. 사람들은 일상적인 생활에서 쉽게 사회적 유대를 형성하고, 특히 어려운 상황에서는 사회적 애착을 더 잘 형성한다. 사람들의 사고도 내외집단, 친밀한 관계 등 사회적 관계에 대한 내용을 상당히 많이 반영하고 있다.

(3) 돌봄 · 친화이론

돌봄 · 친화이론(tend and befriend theory)은 인간이 다른 동물과는 달리 위협에 처했을 때 '싸우거나 도망가는(fight or flight) 반응' 이외에도 서로 제휴하여 친밀한 관계를 형성한다는 점에 주목한 이론이다(Taylor, 2012). [그림 3-1]에서 보듯이 이 이론은 환경적 요구에 적합한 수준의 사회적 접촉을 점검하고, 필요할 때 관계행동을 촉진하는 생물학적 신호 시스템이 있다고 가정한다. 옥시토신(oxytocin)과 오피오이드 펩타이드

(opioid peptide)가 그것으로, 어떤 위협이 감지되면 이것이 분비되어 궁극적으로 친화적인 행동을 촉진한다는 가정이다. 이러한 행동이 스트레스를 줄임으로써 교감신경계의 활동이 감소하고 코르티솔(cortisol)이라는 스트레스에 대항하는 호르몬 분비도 함께 줄어들어 긍정적 정서가 증가한다.

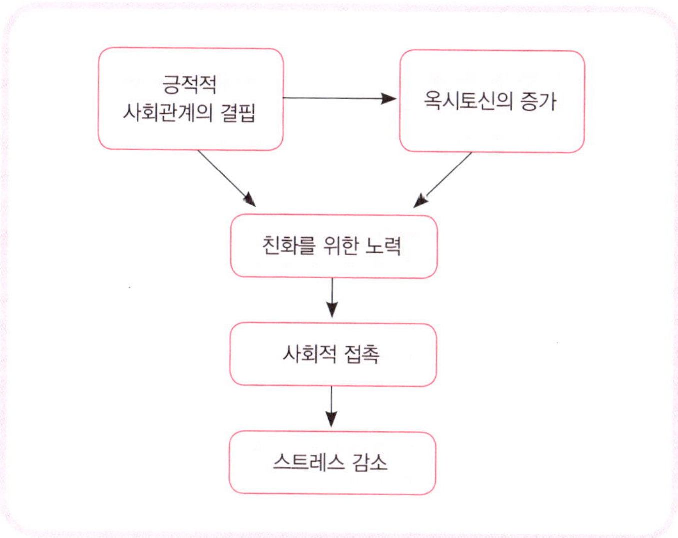

그림 3-1 돌봄 · 친화이론

2) 밀접한 관계

사람들이 맺고 있는 관계의 유형은 다양하다. 단순히 서로의 존재를 알고 있는 경우도 있고 가족이나 친지들처럼 혈연관계로 맺어진 경우도 있으며 선후배나 동료로 맺는 관계도 있다. [그림 3-2]에서 보듯이 관계에 영향을 미치는 요인들도 다양하다. 당사자들의 개인적 특성도 있고 물리적 요인과 사회 · 문화적 요인도 있으며, 이 모든 요인이 복잡하게 엮어진 요인도 있다. 사회심리학자들은 주로 밀접한 관계에 관심을 둔다.

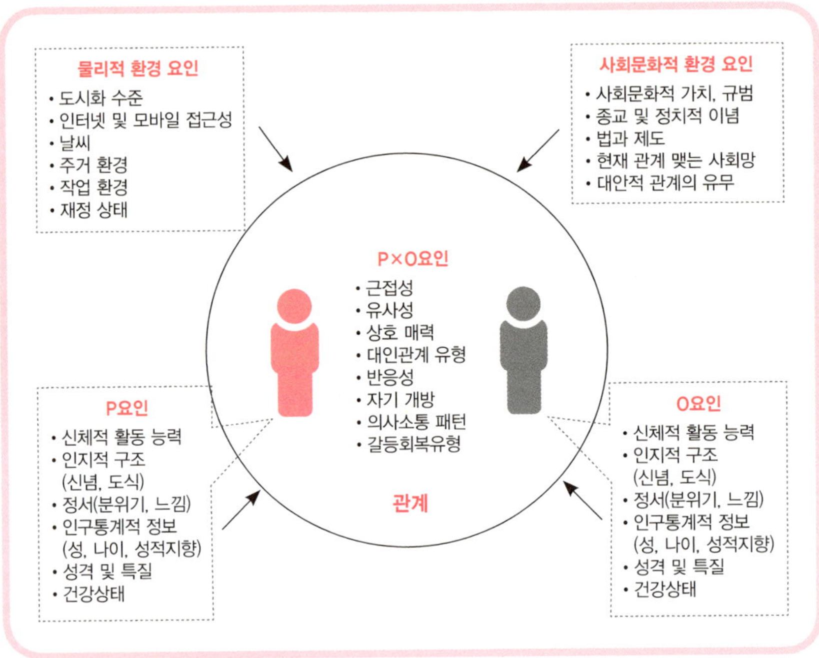

그림 3-2 많은 변인에 의해 영향을 받는 관계

(1) 개념적 의미

밀접한 관계(close relationship)에서 밀접하다는 의미는 무엇일까? 그것은 당사자 간의 상호의존성 정도로 정의한다. 개인의 사고와 행동이 다른 사람에게 미치는 영향이 클수록 그리고 관계가 오래 유지될수록 더 밀접한 관계를 이루고 있다고 본다.

한편, 밀접하다는 것을 친밀(intimacy)하다는 것과 같은 의미로 해석하는 학자들도 있다(Reis & Patrick, 1996). 친밀한 관계에서는 상대방의 행복을 위해 행동하려는 동기가 생기고 상대방을 위해 시간과 돈, 노력 그리고 정서적 투자를 대가 없이 하고자 한다. 따라서 밀접한 관계란 상대방이 나를 위해 지속적으로 배려해 줄 것이라는 안정감 그리고 앞으로도 상대방에 대하여 반응적으로 행동할 것이라는 기대를 의미한다.

(2) 반응성

밀접한 관계를 맺고 있는 사람들은 서로 반응적이다. 반응성(responsiveness)은 상대방의 감정을 민감하게 알아차리고 상대방이 편안함을 느끼며 보호와 이해를 받고 있다고 느끼길 원하는 마음이나 신념이다. 서로에 대한 반응성은 상호적이기 때문에 상대방이 자신에게 반응적이라고 느끼면 자신도 상대방에게 반응적이고자 한다. 따라서 밀접한 관계는 상호 간에 민감한 반응을 주고받으면서 관계의 안정성을 유지하고 관계의 질을 향상시키는 관계다.

반응성은 어떻게 표현될 수 있을까? 가령 상대방이 스스로 충족할 수 없는 욕구가 생겼을 때 상대방에게 도움을 제공할 수 있다. 또한 상대방과 삶의 대부분을 함께 공유하면서 삶의 목표, 시간과 공간의 활용을 지지하고 성취를 함께 축하하는 것도 반응성을 표현하는 방식이다(Feeney, 2004).

반면에, 상대방의 독립적 행위에 대한 격려, 상대방의 부정적 결과나 행위를 덮어두는 것과 같이 상대방의 안녕을 위해 조용히 참고, 희생하고, 용서하는 것도 반응적 행동이다. 반응적 행위의 핵심은 상대방의 안녕을 촉진시키는 것이다.

3) 대인관계의 문제들

(1) 사회적 불안

특정관계에서 자신에 대한 다른 사람의 평가에 신경을 쓰면서 경험하는 부정적 감정이 사회적 불안이다. 사회적 불안은 상호작용을 하는 동안 발생할 수도 있고, 상호작용을 상상하는 것만으로도 발생할 수 있다. 사회적 불안은 말을 덜하거나 더듬는 행동으로 나타나고 타인과의 상호작용을 피하고 싶은 욕구와 행동으로 이어지기도 한다. 한 연구에 의하면 사회적 불안이 높은 사람은 상대방의 거절을 더욱 잘 예측했으며, 화를 내는 표정 등 부정적 표현에 더욱 민감해지는 경향을 보였다. 이처럼 사회적으로 불안한 사람은 상호작용을 하는 동안 부정적 피드백에 더 주의를 기울이기 때문에 긴장 속에서 행동할 가능성이 높고, 이것은 또한 부정적 피드백을 받는 데 기여할 수도 있다.

(2) 외로움

대인관계의 또 다른 문제가 외로움이다. 외로움은 친밀한 관계가 없을 때 느끼는 정서다. 외로움은 사회적으로 배제된 느낌이나 고립감을 동반한다. 이러한 외로움에는 사회적 외로움과 정서적 외로움이 있다. 사회적 외로움은 친밀한 관계와 사회적 네트워크가 부족한 경우다. 이런 사람들은 모임이 적거나 없고, 친구와의 교류도 부족하다. 정서적 외로움은 낭만적 파트너가 없을 때 생기는 느낌이다. 어떤 형태든 외로움은 면역력 저하, 고혈압 및 높은 스트레스 호르몬 수준과 관련되어 있다(Pressman et al., 2005).

(3) 질투

밀접한 관계가 위협받는다고 느낄 때 경험하는 정서가 질투다. 즉 밀접한 관계의 안정성이 제3자의 대상에 의해 와해될 위기에 놓이거나, 위협받을 때 느끼는 부정적 정서다. 남성과 여성은 관계를 위협하는 사람이 누군지에 따라 질투심을 다르게 인식하는 것으로 나타났다. 남성은 파트너가 능력 있는 남성과 이야기할 때 더 많은 질투심을 느낀 반면, 여성은 파트너가 매력적인 여성과 이야기할 때 더 질투하는 것으로 나타났다(Buss et al., 1992).

2. 관계에 대한 이론

1) 상호의존이론

상호의존이론(interdependence theory)은 대인관계의 본질을 상호작용이라고 가정한다. 이때 상호작용이란 서로의 경험, 즉 사고와 감정, 동기, 기호, 행동과 그 결과에 영향을 주고받는 쌍방적 과정이다. 모든 사람은 특정 상호작용에서 할 수 있는 행동목록을 가지고 있다. 두 사람 간의 상호작용에서 한 사람의 행동은 상대방에게 영향을 주고, 영향을 받은 상대방의 반응은 영향을 준 사람의 그 다음 반응에 영향을 준다. 둘의 상호작용은 순차적으로 서로에게 영향을 주기 때문에 모든 반응은 그 이전의 반응에 달려있다. 또한 각 개인은 순차적인 행동의 흐름 속에서 일관적으로 자신의 목표를 달성하고자 한다(Kelly & Thibaut, 1978).

이 이론의 가정에 따르면, 사람들은 관계에서 최대의 보상과 최소의 비용을 추구한다. 보상은 한 개인이 타인과의 상호작용을 통해 얻는 만족이다. 보상에는 가치, 능력, 재정, 유사성, 근접성과 같이 관계와는 무관하게 보상적 가치를 갖는 외적 요인과 두 사람의 상호작용에 따라 보상을 얻는 내적 요인이 있다. 따라서 보상은 선물과 같이 가시적이거나, 애정이나 따뜻함과 같이 비가시적이고 상징적이다(Rusbult & Van Lange, 2003). 반면, 비용은 상호작용 중에 발생하는 부정적 산물로 시간이나 에너지, 갈등의 발생 등이다.

그러나 모든 관계가 보상과 비용을 근거로 유지 또는 종결되는 것은 아니다. 두 사람이 상호작용하는 방식에는 크게 교환적 관계와 공동체적 관계가 있다(Clark & Mills, 1979, 2012). 교환적 관계(exchange relationship)에서는 단기적 상호 호혜성이 중요해서 관련 당사자들은 보상과 비용을 공정하게 분배하는 것을 중시한다. 분배의 불균형이 생겨 불이익을 당한 사람은 분노를 느끼거나 우울을 경험하는 반면, 이익을 더 받은 사람은 죄책감을 느끼게 된다(Keith & Schafer, 1980).

반면, 공동체적 관계(communal relationship)를 맺고 있는 사람은 이익과 비용을 따지지 않고, 자기의 몫이라도 상대방의 행복이나 필요를 위해서 조건 없이 줄 수 있다. 혜택을 받는 사람도 상대방에게 도움이 되는 행동을 생각하지만 의무적으로 꼭 갚아야 한다는 생각을 하지는 않는다. 친구, 가족, 애인이나 배우자 등의 밀접한 관계가 이러한 특성을 가진다.

2) 사회적 침투이론

관계가 피상적인지 아니면 깊은지를 가늠해 보는 방법은 서로를 얼마나 잘 알고 있는지 따져보는 것이다. 사람들은 관계가 깊어질수록 상호작용의 빈도와 양이 증가하고 그러면서 자기를 개방하게 된다. 자기개방은 자신에 대한 정보와 감정을 의도적으로 드러내서 공유하는 것이다. 자기개방에 관한 가장 설득력 있는 이론 중의 하나가 사회적 침투이론(social penetration theory)이다. 사회적 침투는 상호작용에서 일어나는 대인 간 행동 그리고 그 행동과 관련된 개인의 내적인 주관적 과정을 지칭하는 개념이다. 즉 사람들 간의 상호작용을 통해 각자 성격의 외층에서 내층으로 침투하면서 친밀감이 증가하게 된다.

[그림 3-3]에서 보듯이 성격은 다층구조로 이루어져 있고 이러한 구조는 일반적으로 폭(breadth)과 깊이(depth)로 구성된다고 가정한다(Altman & Taylor, 1973). 폭은 성격의 구조에 들어 있는 주제의 범주나 영역의 수를 의미하는 개념으로 직업, 친구, 가족, 종교, 여가 등이 여기에 해

당한다. 깊이는 성격구조의 외층과 내층의 내용이나 정보의 차이를 지칭한다. 나이나 성별과 같은 주변적이고 공적인 정보는 주변 층에 위치하고 태도나 의견은 중간 층 그리고 두려움이나 자기개념과 같은 내용은 중심 층에 위치한다. 중심에 위치한 영역이 주변에 위치한 영역에 더 많은 영향력을 행사하고, 내부로 갈수록 좀 더 독특하고 관찰하기 어려운 내용들이 위치한다. 성격의 취약성은 깊이가 증가할수록 커지고 사회적으로 덜 바람직한 특성이 중심 층에 자리한다. 또한 성격의 중심적 측면이 주변적 측면보다 더 일반적이기 때문에 구체적인 상황보다는 전체적인 자아에 더 기여한다.

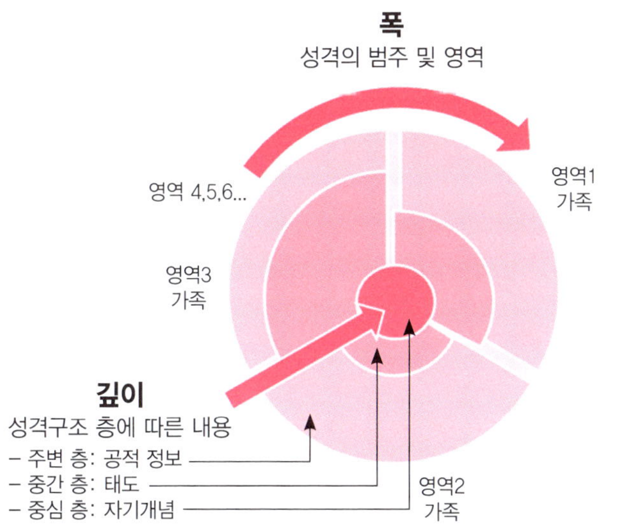

그림 3-3 사회적 침투이론

관계가 발전한다는 것은 공유하는 주제도 많아지면서 동시에 특정 주제에 관한 내용도 더 깊어진다는 것을 의미한다. 그래서 사회적 침투는 주변적인 수준에서 중심적인 수준으로 점진적으로 나아간다. 침투를 결정하는 요인은 개방에 따른 보상과 비용의 상대적인 비율로, 자기개방의 비용이 크지 않은 한, 침투는 지속되고 이와 함께 관계만족도도 증가한다.

자기개방은 호혜성의 규범을 따른다. 한 사람이 개방하면 그와 비슷한 수준으로 상대방도 자신을 개방한다. 그래서 개방의 속도가 서로 비슷하게 이루어진다. 그러나 호혜성은 사람들의 관계의 역동성, 대화하는 주체의 친밀도, 상황 그리고 개인적 특성에 영향을 받는다. 가령 공개적인 상황에서는 사적인 주제를 개방하기 쉽지 않다.

자기개방과 호감은 병행하는 경향이 있다(Hinde, 1997). 사람들은 다른 사람에게는 개방할 수 없는 내면의 비밀을 자신이 좋아하는 사람에게는 털어놓는다. 사람들은 점진적으로 서로 자신을 개방하는 상대를 좋아하는 경향이 있다. 그러나 자기개방이 항상 긍정적인 결과를 가져오는 것은 아니고 오히려 관계를 악화시킬 가능성도 있다(Derlega et al., 2008). 예를 들면, 내면에 있는 부정적 특성과 같은 내용을 개방할 때 상대방에게 거절을 당하거나 부정적인 인상을 줄 수 있다.

3) 자기확장이론

밀접한 관계에 있는 두 사람은 지속적인 상호개방과 광범위한 상호작용을 통해 상대방의 내면에 점차 다가간다. 그러면서 서로에 대하여 많은 것을 알게 되고 서로의 차이가 줄어들면서 점점 더 닮아간다. 또한 상대방의 행동, 생각과 감정의 이면을 이해할 수 있게 되고, 각각의 바람이 서로에게 영향을 미치게 된다.

자기와 상대방의 인지적 틀도 점점 비슷해지면서 상대방에 대한 이해는 점차 자기에 대한 이해처럼 변화된다. 이러한 과정은 상대방이 자신의 일부가 되는 자기확장이론(self expansion theory)으로 설명할 수 있다

(Aron et al., 1995). 자기와 타인의 경계가 무너지면서 자기와 상대방은 서로를 '한 쌍'으로 인식하게 된다.

3. 관계의 발달

1) 매력의 요인들

(1) 신체적 매력

우리는 아름다운 사람을 보거나 교류하는 것에서 즐거움을 느낀다. 그뿐만 아니라 우리는 매력적인 사람들이 따뜻하고 친절하며 자신감이 있다는 고정관념을 가지고 있다. 아름다운 사람들의 성격적 특성은 자기 충속적 예언(self-fulfilling effect)[11]의 산물일 수도 있다. Snyder 등(1977)은 한 집단의 남학생에게는 매력적인 여성의 사진을 보여 주었고, 다른 한 집단에게는 덜 매력적인 여성의 사진을 보여 주었다. 그 다음 그들에게 사진 속의 여성과 통화를 할 것이라고 알려주었다. 그러나 실제 참가자들은 동일한 여성과 10분 가량 통화했다. 그 결과 매력적인 여성의 사진을 본 남성의 전화 내용이 상대적으로 더 사교적이었고 생기가 있었으며 자신감이 넘쳤다. 여성도 남성의 대화의 질에 상응하는 식으로 반응하기 쉽다. 결국 아름다운 여성은 자신에 대한 남성들의 기대나 판단을 실현하는 식으로 자기를 개념화할 수 있다.

한편, 매력에 대한 관찰자의 특정 선호는 신체적 매력 지각에 영향을 미친다. 한 실험(Owens & Ford, 1978)에서 남성 참가자에게 여성의 사진을 보여주고, 사진 속 인물의 성격 특징을 긍정적 혹은 부정적으로 설명

11) 피그말리온 효과(pygmalion effect)라고도 하며, 무언가에 대한 사람의 믿음, 기대, 예측이 실제적으로 일어나는 경향을 말한다.

해 주었다. 참가자들에게 사진 속 여성의 매력을 판단하도록 했을 때 긍정적 성격 특징을 들은 사람들은 부정적 성격특질을 들은 사람들보다 사진 속의 여성을 더 매력적으로 판단하였다. 즉, 특정 내면적 측면에 대한 선호는 상대방을 아름답게 볼 수 있도록 돕는다.

(2) 근접성

매력에 강력한 영향을 미치는 상황적 요인이 근접성이다. 가까운 거리에서 자주 상호작용하는 사람들은 한정적 자원을 공유하는 경쟁자일지라도 서로에게 호감을 갖게 된다. 근접성에 따른 매력은 빈번한 상호작용을 통해 나타나는 친숙성에 근거한다. 어떤 것에 자주 노출될수록 그것을 좋아하게 되는 현상을 단순노출효과(mere exposure effect)라고 한다. 한 연구는 단순노출이 대인관계의 매력에 미치는 효과를 검증했다(Moreland & Beach, 1992). 나이와 생김새가 비슷한 4명의 여성이 수업에 임의로 참석했다. 3명의 여성은 각각 5주, 10주 혹은 15주 동안 참석하였고 한 명의 여성은 한 번도 참석하지 않았다. 그들은 교실의 뒤로 들어와서 모든 학생들이 그녀를 볼 수 있도록 앞자리로 걸어와 앉았다. 수업 마지막 주에 수업에 참여한 학생들은 4명의 여성에 대한 매력도를 평가하였다. 그 결과 수업에 자주 참석할수록 더 매력적으로 평가하였다. 즉 빈번한 노출이 매력을 증가시킨 것이다.

사람들은 가까이 자주 만나는 사람들에게 왜 매력을 느끼는 걸까? 사람들은 타인과의 상호작용을 통해 세상을 이해할 수 있다고 믿는다. 타인과 함께 할수록 즐거운 일이 더 많으며 고민거리가 있을 때 친구들과 고민을 공유하면서 자신의 상황을 명확히 이해하고 대처방안에 대해서 생각할 수 있도록 돕는다(Rofé, 1984). 또한 반응적인 타인과의 상호작용을 통해서 상호 간 연결되어 있다는 느낌을 받는다. 이러한 느낌은 대인

간 상호작용이 주는 보상으로 관계를 깊이 있게 하는 요인이 된다(Reise & Patrick, 1996).

(3) 유사성

사람들은 자신과 유사한 사람을 좋아한다. 사람들은 좋아하는 음식이 비슷한 사람, 정치적 성향이 유사한 사람, 여가활동이 유사한 사람, 아니면 일처리가 비슷한 동료를 매력적으로 평가한다.

신체적 매력의 유사성도 관계의 매력에 중요하다. 덜 매력적인 사람들은 상대방의 거절을 피하기 위해 자신과 비슷한 매력을 가진 상대방을 원한다(Van Straaten et al., 2009). 한 연구에서 싱글인 남자 대학생에게 이성 친구를 소개시켜 주었을 때, 자신과 매력이 유사한 여성과 상호작용할 때 더 접근적인 행동을 보였다.

자신과 유사한 사람은 왜 매력적일까? 공통적인 관심사는 상호작용할 기회를 제공한다. 또한 비슷한 사람은 자신의 신념과 태도의 타당성을 제공한다. 사람들은 자신의 관점이나 태도를 바람직하다고 생각하기 때문에 신념 또는 태도가 유사한 사람을 좋아하게 된다(LaPrelle et al., 1990).

(4) 보상성

사람들은 자신에게 보상이나 강화를 제공하는 사람에게 매력을 느낀다. 보상이나 강화는 단순한 칭찬부터 값비싼 선물까지 다양하다(Aronson et al., 2007). 또한 사람들은 자기가 되고 싶거나 닮고 싶은 사람에게도 매력을 느낀다(LaPrelle et al., 1990).

한편, 사람들은 자신의 특성을 보완해 줄 수 있는 사람에게 매력을 느끼기도 한다. 나에게는 없지만 가치 있고 중요한 특성을 가진 사람을 매력적이라고 생각할 수 있다. 이것은 자신의 어떤 특성과 반대적인 것에 느끼는 매력이 아니라, 자신에게는 없지만 갖고 싶은 점에 느끼는 매력이다.

(5) 상호성

우리는 자신을 좋아해 주는 사람은 좋아하고, 자신을 싫어하는 사람은 싫어한다. Finkel과 Eastwick(2009)연구에서 참가자들을 한 쌍씩 짝지어 주면서 한 집단에게는 상대가 자신을 좋아한다고 믿도록 했고, 다른 집단에게는 상대가 자신을 싫어한다고 믿도록 했다. 그 결과, 상대가 자신을 좋아한다고 믿은 참가자들은 상대방에게 자기개방을 더 많이 하고 상대방의 말에 반론을 거의 하지 않았으며, 더 따뜻하고 즐거운 모습을 보였다. 실제로 상대방은 이 참가자들을 더 호의적으로 평가했다. 이처럼 사람들은 자신이 좋아한다고 생각하는 사람과 상호작용할 때, 더 친절하게 행동하고, 이것이 실제로 상대방의 호감을 사게 한다.

상호성이 매력에 미치는 영향은 자아존중감과 같은 개인적 특성에 따라 다를 수 있다. Dittes(1959)는 한 집단의 참가자들에게는 상대방으로 하여금 수용적인 행동을 하도록 했고, 다른 집단에게는 거부적인 행동을 하도록 했다. 그 결과 자아존중감이 낮은 참가자들은 수용적으로 행동하는 사람에게 호감을 보인 반면, 부정적으로 행동하는 사람에게는 거부감을 보였다. 그러나 자아존중감이 높은 사람은 두 유형 간에 차이가 없었다.

2) 관계유지의 요인들

(1) 긍정적 착각

사람들은 자기 자신을 더 긍정적으로 볼 뿐만 아니라 자신과 애정관계를 맺고 있는 상대방도 더 긍정적으로 지각한다(Murray et al., 1996;

Neff & Karney, 2005). 사람들은 자기 연인이 스스로를 평가하는 것에 비해 그를 더 매력적이고 지적이라고 생각한다. 상대방의 부정적 특징을 지각할 때조차도 이러한 경향이 나타난다. 가령 상대방의 고집부리는 모습을 확신에 찬 모습이라고 해석하는 것이다. 이러한 긍정적 착각은 어떻게 행복한 관계를 유지하도록 하는가? 우선 사람들은 고의적으로 부정적인 측면을 무시하면서 갈등을 최소화한다. 또한 관계의 위협을 조기에 방어하는 데 기여한다.

(2) 친밀감

친밀한 관계는 서로를 돌봐주고, 이해하며 인정해 주는 관계다. 돌봄은 상대방이 나를 사랑하고 신경을 쓰며, 정확하게 이해하고 있다는 느낌이다. 상대방을 정확하게 이해하는 관계는 보다 더 지속적으로 안정감을 경험한다.

그렇다면 사람들은 상대방과의 관계에서 어떤 실마리를 통해 친밀감을 확인할까? 친밀감의 표현에는 언어적 측면과 비언어적 측면이 모두 포함된다. 친밀한 관계를 맺고 있는 사람들에게는 상대방에게 주의를 기울이고 있고 반응하고 있음을 보여주는 많은 행동적 실마리들이 있다. 상대방과 많은 눈맞춤을 하고, 상대방을 향해 몸을 기울이고, 고개를 자주 끄덕이며 신체적으로 가깝게 다가가 다양한 얼굴 표정을 지으며, 길게 대화하면서 자주 강렬한 개입과 비언어적 반응(예: 목소리 톤, 침묵, 웃음, 맞장구 등)을 보인다.

(3) 귀인

사람들은 행복한 관계와 그렇지 않은 관계에서 상대방의 특성과 행동을 매우 다르게 해석한다. 상대방에 대한 귀인은 관계의 기능과 질에 영향을 준다. 여기에는 크게 원인귀인과 책임귀인이 있다. 원인귀인은 상대방의 행위의 원인을 어디에서 찾는가의 문제다. 책임귀인은 상대방의 행동에 대한 책임을 추론하는 것이다. Bradbury와 Fincham(1990)에 따르면, 관계에 만족하는 사람은 상대방의 긍정적 행동을 안정적인 그의 내적인 기질에 귀인한다. 또한 그들은 긍정적 행동을 자유롭게 의도적으로 선택한 것으로 지각해서 칭찬할 만한 가치가 있다고 생각한다. 동시에 그들은 부정적 행동은 외부적인 상황이나 상대방의 일시적 상태에 귀인한다. 또한 그들은 부정적인 행동은 의도가 없다고 판단해서 상대방의 행동을 비난하지 않는다.

(4) 의사소통

의사소통은 관계의 특성을 반영한다. 의사소통의 반영성(reflexivity)은 의사소통이 특정한 관계를 형성하고 관계의 특성에 따라 의사소통이 결정됨을 의미한다. 특히 일상의 반복적인 대화는 관계를 발전시키고 유지시킨다.

한편, 관계에서의 의사소통은 다중성(ambiguity)을 갖는다. 사람들은 메시지를 해석하면서 화자의 의도를 추론하는데, 관계적 측면을 고려하여 해석할 때 다중성은 더 두드러진다. 가령 상대방의 메시지의 의도를 추론하기 위해서는 상대방의 목표, 태도, 공유한 관계적 역사 등을 고려해야 한다. 이러한 관계적 요인에 따라 "우리는 한동안 말하지 않았잖아."라는 상대방의 메시지를 요청, 비판 혹은 시비걸기로 해석할 수 있다. 친밀한 관계에서는 다중성이 감소될 수 있다. 친밀한 상대방은 그렇지 않은 사람들보다 서로에 대해 많은 정보를 알고 있기 때문이다. 실제 관계이론가들은 장기간 관계를 맺어온 사람들이 서로에 대한 정보를 알

것으로 예측했고, 상대방에 대한 정보가 늘어날수록 불확실성이 감소하면서 관계는 더 향상되고 친밀감이 증가할 것으로 보았다.

3) 사랑의 유형

(1) 사랑의 삼각형 유형

Sternberg(1986)는 사랑이 친밀감, 열정 그리고 헌신으로 구성되어 있다는 사랑의 삼각형 이론을 제안하였다. 이때 친밀감은 상호 이해와 온정 그리고 상대방을 향한 배려를 의미한다. 열정은 사랑의 동기적인 측면으로 강렬한 감정, 열망, 성적인 바람 및 끌림과 관련된 생리적 각성 상태를 의미한다. 헌신은 오랫동안 관계를 지키고자 하는 의식적인 결정을 의미한다. 즉 관계를 위해 헌신하고자 하는 의지와 노력이다.

[그림 3-4]에서 보듯이 사랑의 삼각형 이론은 이 세 요소가 어떤 조합을 이루는가에 따라 다양한 종류의 사랑이 존재할 수 있다고 설명한다. 낭만애는 친밀감과 열정이 조합된 사랑으로 신뢰, 성적 매력, 수용, 시간 공유하기, 생각과 비밀 공유하기 등 다섯 요인의 영향을 받는다. 동료애는 친밀감과 헌신이 조합된 사랑으로 애정 어린 우정에 기초함으로써 지속적이면서도 성공적인 관계를 만든다. 미성숙한 사랑은 열정과 헌신이 조합된 사랑이며, 얼빠진 사랑은 열정만 가지고 있는 사랑이다. 이 두 사랑은 미성숙하거나 비합리적 사랑이다. 열정은 시간이 지나면 시들기 때문에 지속되기 어렵다. 헌신만 있는 사랑은 공허한 사랑이다. 관계를 지속해야 한다는 이유 때문에 친밀감 없이 관계만 남아 있다. 가장 성숙한 사랑은 친밀감과 열정 그리고 헌신이 모두 높은 경우다.

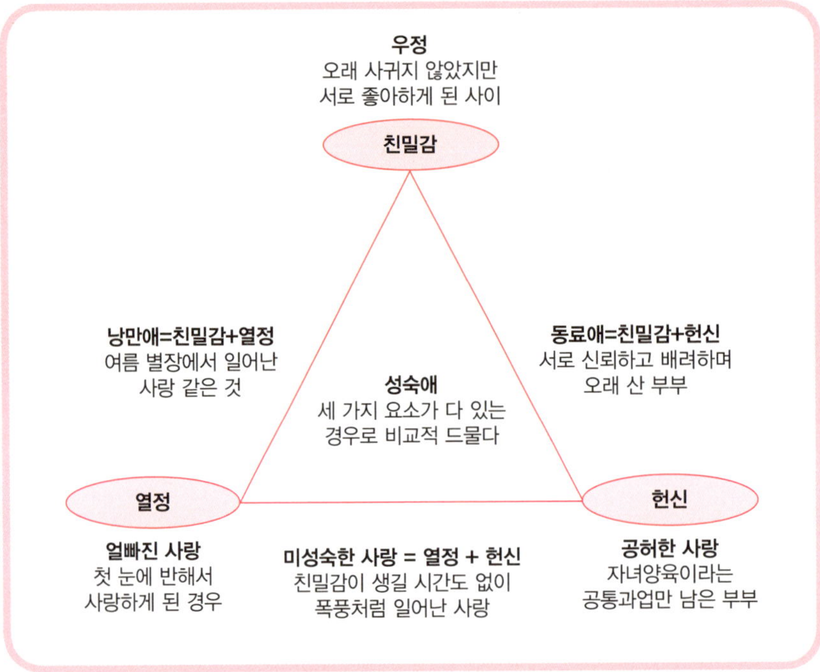

그림 3-4 사랑의 삼각형 이론

(2) 사랑의 색깔

캐나다의 사회학자 Lee(1973)는 원색물감이 어우러지면서 다양한 색상이 만들어지듯 일차적 사랑이 혼합되면 이차적 사랑이 나타날 수 있다고 보았다. [그림 3-5]에서 보듯이 일차적 사랑은 세 가지의 원형적 사랑, 즉 에로스(Eros), 루더스(Ludus), 그리고 스토르게(Storge)이다. 에로스 유형은 첫눈에 강하게 이끌리는 사랑으로 보통 신체적 매력에 이끌린다. 이런 유형의 사람은 매력적인 데이트 상대에게 초점이 맞춰져 있다. 루더스 유형은 다양한 낭만적 상대와 심리적 거리를 두면서 심각하지 않게 놀이를 하듯 만나는 유희적 사랑이다. 스토르게 유형은 동반자적 사랑과 유사하게 연인과 안정적이고 신뢰감 있는 우정을 나눈다.

세 가지 원형적인 사랑이 혼합되면, 이차적 사랑인 마니아(Mania), 프라그마(Pragma) 그리고 아가페(Agape) 유형이 나타난다. 마니아 유형은 소유적이고 의존적인 사랑으로 상대방에게 끊임없이 사랑을 확인하고자 한다. 프라그마 유형은 현실적이면서 실용적인 사랑이다. 이런 유형의 사람은 사랑을 조건적 거래라고 생각해서 배경, 외모, 사회경제적 수준에서 공정한 거래를 하고자 한다. 아가페 유형은 이기적이지 않은 헌신적 사랑이다. 이 유형의 사랑을 주는 것으로 생각하면서 자신을 희생해서라도 상대방의 행복을 추구한다.

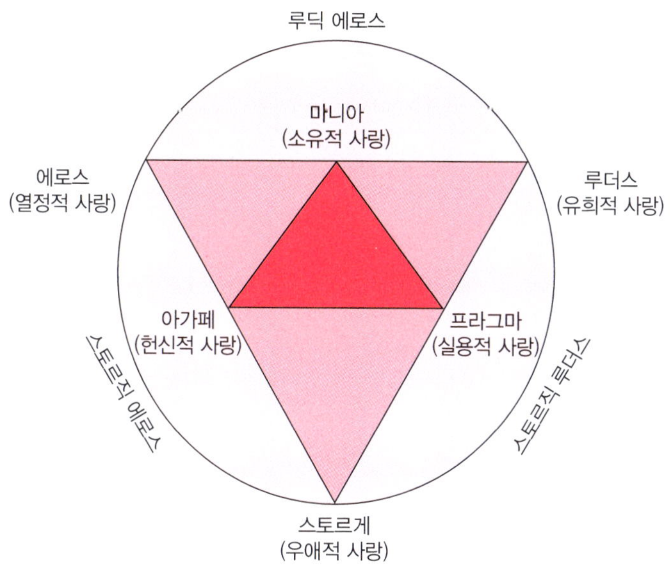

그림 3-5 사랑의 색깔

인간심리

제 2 장

HUMAN PSYCHOLOGY

동조, 복종, 순응

1. 동조의 유형

동조(conformity)는 우리가 다른 사람들의 행동이나 의견을 자발적으로 받아들이는 경향성을 말한다. 일반적으로 동조라는 용어는 부정적인 의미로 쓰이는 경향이 있지만, 반드시 부정적인 개념은 아니다. 즉 도로를 무단으로 횡단하는 무리를 따라 건너는 사람의 경우처럼 부정적이기도 하지만, 바다에 기름이 유출되었을 때 많은 사람이 자원봉사에 나선 경우처럼 긍정적이기도 하다. 보통 동조는 대부분 다수가 소수에게 사회적 영향을 행사함으로써 소수가 동조하는 경우다. 그러나 때로는 소수가 다수에게 영향을 줌으로써 다수가 동조하기도 한다.

1) 다수의 영향

(1) 암실에서의 실험

일찍이 Sherif(1935)는 암실에서 이루어진 실험에서 개인이 다른 집단 구성원들의 판단에 동조하여 자신의 의견을 바꾸는 현상을 입증하였다. 그는 이 실험을 위해 암실에 하나의 전등을 고정시켜 놓고, 실험 참가자로 하여금 그 불빛이 움직인 거리를 추정하도록 했다. 이때 암실에 고정되어 있는 불빛을 보면 그것이 아무렇게나 움직이는 것처럼 보이는데 이러한 착시를 자동운동현상(autokinetic movement)이라고 한다. 즉 암실에서 지각할 수 있는 것은 작은 불빛뿐이고 그것과 비교할 수 있는 준거가 없기 때문에 고정된 빛이 움직이는 것처럼 보인다.

실험은 두 조건에서 이루어졌다. 개인적 조건의 참가자들은 자신의 추정치를 다른 사람들과 공유하지 않았다. 반면, 집단적 조건의 참가자들은 자신의 추정치를 큰 소리로 말해서 다른 참가자들과 공유하고 이와 같은 과제를 반복적으로 수행했다. 그 결과 불빛의 움직임을 상대적으로 비교할 수 있는 기준이 전혀 없기 때문에, 모든 조건의 참가자들은 처음

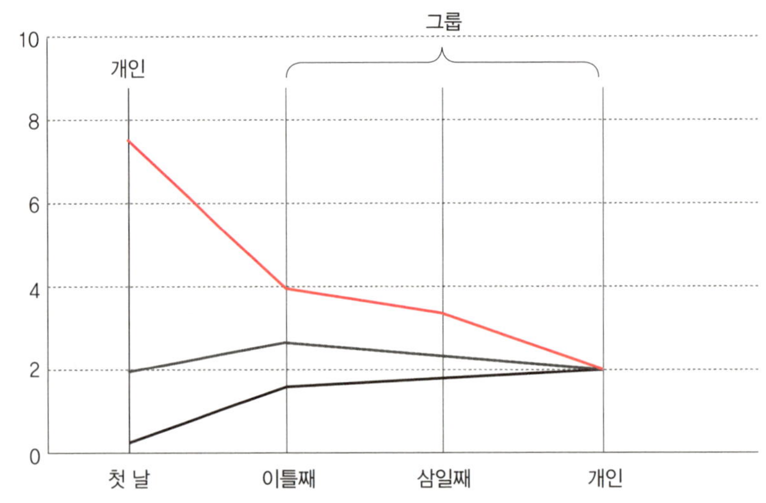

그림 3-6 Sherif(1935) 집단조건에서 얻은 결과

에는 매우 다양한 응답을 했다. 또한 개인적 조건에는 이와 같은 반응이 지속되었다. 그러나 불빛의 이동거리를 다른 사람들과 함께 공유한 집단적 조건에서는 [그림 3-6]에서와 같이 참가자들의 추정치가 점차 비슷해졌고, 나중에는 하나의 수치로 수렴했다.

흥미롭게도, 연구의 마지막 부분에서 홀로 암실에 있게 된 집단적 조건의 참가자들은 다른 사람들과 함께 있을 때 공유한 추정치를 계속 따르고 있었다. 더군다나 이러한 자동운동의 집단규범은 이전의 집단 구성원들이 지켜보지 않더라도 일 년이 지난 후에도 지속되었다. 이처럼 거리 추정치에 미치는 다른 사람의 영향은 강력했고 지속적이었다(Rohrer et al., 1954).

이러한 현상의 원인은 참가자들이 다른 사람들의 의견을 참조하여 자신의 기준을 정하기 때문이다. 이와 같이 답이 모호한 상황에서 발생하는 동조현상을 일상생활에서도 쉽게 찾아볼 수 있다. 예를 들어, 격식을 차려야 하는 낯선 레스토랑에서 식사를 할 때나, 시험문제가 어려워 다수의 학생이 고른 답을 정답이라고 믿을 때처럼 애매한 상황에서 타인의 행동은 유용한 정보가 된다. 이때 타인으로부터 받은 정보를 사실로 여기기 때문에 시간이 지나고 상황이 달라져도 그러한 믿음은 그대로 유지되는 경향이 있다. 이러한 특징 때문에 규범은 한 세대에서 다음 세대로 이어질 수 있고, 규범을 만든 원래 집단이 더 이상 존재하지 않아도 오랫동안 사람들에게 영향을 미친다. 따라서 이 실험은 규범이 만들어지고 공고하게 되는 과정을 잘 보여준다.

(2) 선분 길이 실험

Asch(1951, 1956)는 Sherif(1935)의 연구에서처럼 정답이 불확실한 상황에서는 누구나 동조할 수밖에 없다고 보고 정답이 분명한 상황에서도 이와 같은 동조현상이 나타나는지를 확인하고자 했다. 실제 Asch는 이 연구를 시작하면서 실험 참가자들이 집단의 동조압력에 저항함으로써 다수의 틀린 견해를 따르지 않고 자신이 생각하는 정답을 말할 것이라고 생각했다. 말하자면 각 개인은 독립적이고 자율적인 특성을 가진 존재라고 생각하고 있었다.

연구자는 간단한 시력검사 실험으로 알고 지원한 참가자들에게 선분 과제를 실시하였다. [그림 3-7]에서 보듯이, 이 과제는 기준이 되는 선분이 그려진 카드와 세 개의 선분이 그려진 카드를 이용하여 기준 선분과 길이가 같은 선분을 세 개 중에서 하나 고르는 것이었다. 이때 길이가 다른 다양한 선분을 개발하여 이와 같은 판단과제를 참가자들에게 여러 번 실시했다. 매 시행에서 실험자는 두 개의 카드를 제시하고 참가자들에게 대답하도록 했다.

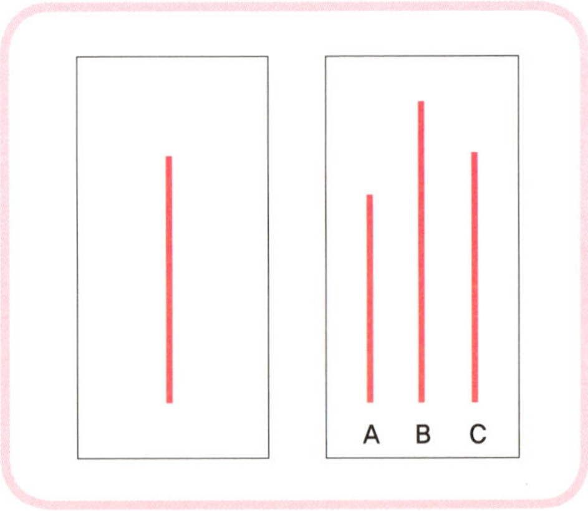

그림 3-7 Asch(1956)의 사용한 자극

한 명의 진짜 참가자는 여러 명의 실험 협조자들과 함께 테이블에 둘러앉아 과제를 수행했다. 이때 실험자는 진짜 참가자가 가장 나중에 대답할 수 있도록 앉는 자리를 배정했다. 처음 몇 번의 시행에서 모든 사람들이 실수 없이 대답하는 것을 지켜 본 후 실험자는 미리 짜 놓은 각본대로 실험 협조자들에게 틀린 답을 하게끔 지시했다. 그 결과 진짜 참가자들의 76%가 적어도 한 번 이상 틀린 답에 동조했다. 또한 진짜 참가자들이 한 수행의 41%가 틀린 답이었다. 실험 종료 후 참가자들에게 개인적인 판단을 다시 요구했을 때는 모두가 정답을 제시했다. 또한 집단압력이 없는 통제집단의 참가자들도 98% 이상 정확한 답을 선택했다. 이러한 결과는 연구자가 예측한 것과는 상당히 거리가 먼 결과다.

참가자들이 동조한 것은 그들이 실제로 선분의 길이를 잘못 지각했기 때문은 아니라는 점을 이러한 연구결과가 분명히 하고 있다. 즉, 너무나 명백한 상황에서도 많은 사람이 다수의 의견에 동조한다는 것을 이 연구는 보여주고 있다. 더군다나 다른 답을 말하더라도 큰 불이익이 주어지지 않는 실험실 상황에서도 뚜렷한 동조행위가 나타났다. 이것은 집단의 압력이 이보다 훨씬 더 강한 현실에서는 더 많은 동조현상이 나타날 수 있음을 시사한다. 이러한 상황에서 동조가 발생한 이유는 무엇보다도 자신의 집단으로부터 수용과 인정을 받고자 하는 욕구 때문이다. 이때 집단의 의견에 따르지 않는 사람은 배척과 따돌림을 받을 수 있기 때문이다.

2) 다수의 영향 결정 요인

(1) 만장일치

Asch(1956)의 실험에서 집단 내 단 한 명의 이탈자라도 있을 때 동조수준은 만장일치일 때 동조수준의 1/4로 줄어들었다. 이때 그 이탈자가 진짜 참가자 자신의 생각과 다른 제3의 대답을 한 경우에도 마찬가지였다.

만장일치가 깨졌을 때 동조가 줄어드는 이유는 무엇일까? 첫째, 단 한 명의 개인이 다수와 의견을 달리하게 되면 집단의 모든 압력을 혼자서 감당해야 한다. 의견을 달리하는 또 다른 사람이 있을 경우 그 압력은 분산된다. 둘째, 또 다른 이탈자의 존재를 알게 되면 다수의 의견에 대한 맹목적 신뢰감이 떨어지고 그래서 자신의 의견을 주장하기가 더 쉬워진다. Asch의 연구에서 참가자들은 정답이 분명한 과제이기 때문에 다른 대답을 하면 자신이 지각없는 바보 같은 사람이라고 생각하게 된다. 그러나 또 다른 이탈자가 나타날 경우 문제를 좀 더 합리적으로 바라보게 된다. 셋째, 소수집단의 크기가 커질수록 다수집단의 크기는 작아지므로 동조압력이 그만큼 줄어든다. 이러한 결과는 집단의사결정을 하는 경우에 최소한 한 사람이라도 다수의 의견과 다른 견해를 제시하는 것이 논의에 도움이 된다는 것을 시사한다.

(2) 집단의 크기

집단의 크기 또한 동조의 정도에 영향을 미친다. Asch(1951)는 집단의 크기에 따라 동조 수준이 어떻게 달라지는지 알아보고자 다수집단의 규모를 2명에서 16명까지 다양하게 변화시켰다. 또한 오직 한 명으로부터 반대의견을 접한 경우도 포함시켰다. 그 결과 [그림 3-8]에서 보듯이 집단의 크기가 3~4명일 때 최대의 동조효과를 얻을 수 있었다. 집단의 크기가 커질수록 일정 수준까지는 다수 집단의 영향력이 증가한다는 결과는 여러 가지 상황요인에 따라 달라진다. 주변 사람들이 하늘을 쳐다보고 있을 때 실험참가자가 어떤 반응을 보이는지 살펴본 연구(Milgram, Bickman, & Berkowitz, 1969)에서는 하늘을 올려다보고 있는 집단의 인원이 많을수록 동조 수준이 곡선 형태로 계속 증가하는 결과를 보였다.

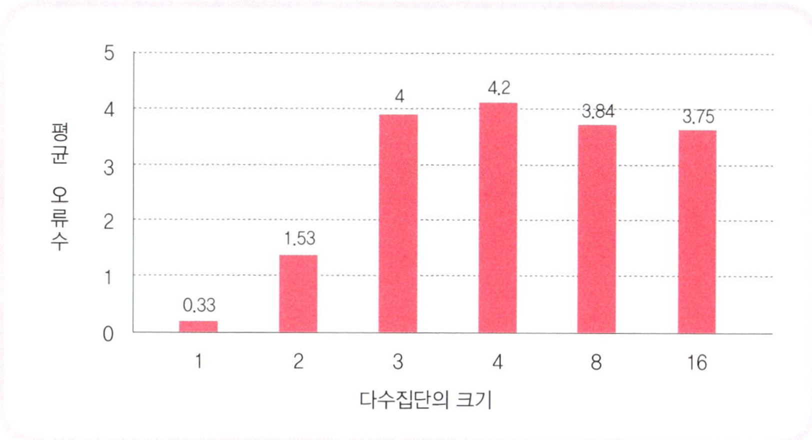

그림 3-8 집단의 크기와 오류의 수

(3) 응집성

집단구성원들이 서로에게 느끼는 매력으로 결속된 정도 혹은 집단에 대한 소속감을 지칭하는 개념이 응집성(cohesiveness)이다(Myers, 1997). 사람들은 자신이 좋아하거나 호감을 얻길 바라는 집단에게 거부당하는 것을 원하지 않기 때문에, 응집성이 높은 집단일수록 그 구성원들에 대한 동조 압력이 높고 구성원들 역시 그러한 집단의 영향에 더 잘 따른다. 예를 들면, 자신이 다니는 직장에 애정을 느끼지 못해서 언제라도 그만둘 생각을 하는 사람은 직장 내의 부당하거나, 불합리한 규정이나 규범 혹은 다수의 의견에 굳이 잘 따르려고 노력하지 않아도 된다. 반면에 사회적 지위와 명예가 보장되는 고위 공직자 집단은 그 직위를 유지하기 위해 지속적으로 노력할 것이고 그래서 자신이 속한 정권에 반대하는 의견을 내거나 행동을 하지는 않을 것이다. 학급에서 특정 학생을 따돌릴 생각이 없는 학생도 다른 학생들과 친분관계를 유지하기 위해 다수의 의견을 따라 따돌림에 동참할 수도 있다.

(4) 문화, 지위 그리고 개인차

문화권에 따라 동조를 다소 다르게 지각하는 경향이 있다. 개인과 집단의 정서적 거리에 따라 동조압력의 문화 간 차이가 있다. 흔히 북미와 유렵을 포함한 서구권 문화를 개인주의 문화로 지칭하고, 동아시아권의 문화를 집단주의 문화라고 지칭한다(Hofstede, 1980; Triandis, 1989). 일반적으로 아시아와 아프리카 등 집단주의 문화권에서의 동조량이 북미와 서유럽과 같은 개인주의 문화권에서의 동조량보다 더 크다(한규석, 1991). 가령 Bond와 Smith(1996)는 Asch의 실험절차를 이용하여 동서양 17개국에서 이루어진 133개의 연구결과를 종합적으로 살펴보았다. 그 결과 노르웨이와 같은 집단주의 문화권의 사람들이 프랑스와 같은 덜 집단주의적인 사람들보다 더 많이 동조했다.

좀 더 최근의 연구(Smith et al., 2006)에서 Asch의 실험절차를 사용하여 서로 다른 국가에서 이루어진 동조연구를 조사한 결과, 동조수준은 평균 31.2%로 나타났는데, 이때 북미나 북유럽과 같은 개인주의 문화권에서는 25.3%의 참가자들이 동조한 반면, 아프리카, 아시아, 남미, 오세아니아와 같은 집단주의 문화권에서는 37.1%의 참가자들이 동조했다. 이처럼 집단주의 문화권 사람들이 개인주의 문화권 사람들에 비해 더 동조하는 경향이 있다.

그러나 집단주의 문화권의 동조율에 대한 연구들은 그 결과가 일관되지 않다. 예를 들어 Frager(1970)는 Asch의 방식을 이용하여 일반인과 미국인을 비교하였다. 결과는 의외로 일본인에게 동조율이 25%로 나타나 미국인의 동조율보다 낮게 나타났다. 이 수수께끼는 나중의 연구들(Matsuda, 1985; Williams & Sogon, 1984)에 의해 풀렸는데 집단 구성원을 낯선 이, 아는 이로 구분하였더니, 낯선 이의 경우는 동조율이 떨어지지만, 아는 이일 경우에는 50% 이상으로 높게 나타났다. 즉 집단주의 문화권에서 사회 구성원의 행동을 구속하는 집단은 정서적 유대가 있는 내집단이며, 유대감이 없는 사람에 대하여는 훨씬 배타적인 행위가 나타나는 것이 여러 연구에서 관찰되고 있다(Han & Park, 1995).

일반적으로 지위가 높은 사람은 낮은 사람에 비해 영향력이 더 크기 때문에(Driskell & Mullen, 1990) 다른 사람들의 동조를 더 쉽게 유도할 수 있다. 반대로 사람들은 낮은 지위를 가진 사람의 의견에 동의하기를 적극적으로 거부하기도 한다. 여기에서 말하는 지위는 공식적 지위 이외에도 명성이나 인기 등 무형의 지위까지도 포함하는 개념이다.

한편, 사람들마다 사회적 압력에 반응하는 방식은 다를 수 있다. Asch의 연구에서 매 시행마다 항상 동조한 참가자가 있었던 반면에, 집단 압력에 전혀 굴복하지 않은 참가자들도 있었다. 쉽게 다수집단에 동조하는 사람들은 대개 권위주의적인 성격을 가진 사람들이다(Ardono et al., 1950). 이들은 인습과 보수적 가치 존중 성향 그리고 권위를 가진 사람에게 맞서지 않으려는 태도를 보이는데, 이러한 성향이 다수의 의견을 받아들이려는 경향성을 높인다. 또한 쉽게 동조하는 사람들은 자신들의 지각, 의견 및 전망에서 자신이 처한 상황이나 다른 사람들의 영향을 쉽게 받는다. 예를 들면, 자기검색(self monitoring)에서 개인차는 동조량에 영향을 미칠 수 있다. 자기검색이란 자기의 행동이 다른 사람의 눈에 사회적으로 적절한 것으로 보이도록 만들기 위해 의식적으로 자기관찰, 자기통제 및 자기관리를 하는 전략이다. 이 수준이 높은 사람은 상황에 부합하는 식으로 자신을 적절하게 표현함으로써 다른 사람들의 호의적인 평가를 얻고자 하여, 자신의 의도나 태도와는 달리 상황적 요구에 부응하는 식으로 동조할 가능성이 크다.

3) 소수의 영향

(1) 색 지각 실현

소수의 영향력을 가장 먼저 강조한 실험연구가 있다(Moscovici et al., 1969). 이 실험에서는 6명의 집단으로 이루어진 참가자들에게 밝기가 다른 청색 슬라이드를 보여 주고 그것이 무슨 색인지를 돌아가면서 말하도록 했다. 이때 2명이 실험 협조자이고 4명이 진짜 참가자였다. 실험 협조자들은 청색 슬라이드를 녹색 슬라이드라고 일관적으로 대답했다. 이와 같은 과제를 여러 번 반복한 결과 진짜 참가자들의 1/3이 적어도 한 번 이상 소수의 응답에 동조했다. 또한 그들의 전체 수행 중 8% 정도가 소수에 동조한 반응이었다. 이러한 결과는 소수가 다수에게 상당한 영향력을 행사했음을 입증하는 것이다.

(2) 결정요인

다수의 영향력과 마찬가지로 소수의 영향력도 여러 요인에 의해 달라질 수 있다. 먼저, 높은 일관성으로 소수가 영향력을 행사하기 위해서는 자신의 주장을 일관적으로 제시해야 한다. 왜냐하면 소수의 일관적인 행동은 다수에게 그들의 자신감과 확실성을 보여주는 하나의 신호가 될 수 있기 때문이다. 일관적인 소수는 다수가 좋아하지는 않지만 유능하고 정직하다고 평가받는 경향이 있다(Bassili & Provencal, 1988).

소수의 영향력에 관여하는 두 번째 요인은 논리성이다. 소수가 다수에게 영향을 미치기 위해서는 완고하거나 독선적으로 보이는 행동을 피해야 한다. 소수는 논리적 주장을 통해 다수의 의견을 효율적으로 정당하게 반박할 수 있어야 한다(Clark, 1990). 정연한 논리나 합리적 근거 없이 다수의 입장을 무조건 공격해서는 효과가 없다. 또한 논리적이고 일관적이지만 융통성이 없는 주장은 완고하다는 평가를 받기 쉽다. 그래서 소수집단이 자신의 입장을 반복적으로 주장하는 것보다는 어느 정도 융통성을 가지는 것이 더 설득적이다.

소수의 영향에 관여하는 세 번째 요인은 사회적 추세다. 소수의 주장이 사회적 추세와 일치할 때 더 큰 영향력을 가진다. 맥락적인 조건이 소수의 주장을 현실적으로 타당하고 바람직한 것으로 보이게 함으로써 다수가 쉽게 거부할 수 없게 만들기 때문이다.

네 번째 요인은 비관여성으로, 논의되는 문제가 다수의 구성원에게 개인적으로 크게 관련되어 있지 않거나 중요하지 않다면 소수의 주장이 받아들여질 가능성이 크다(Trost et al., 1992)는 것이다. 이는 그 문제가 다수집단의 가치나 태도 혹은 이해관계와 크게 관련되어 있지 않다는 것을 의미한다. 즉 소수가 주장해서 다수를 설득할 수 있는 문제가 크게 중요하지 않은 경우에 한정될 가능성이 있음을 시사한다.

다섯 번째 요인은 집단에 대한 기여도로, 이에 따라 그 영향력이 달라질 수 있다. 이단특혜(idiosyncrasy credits)는 지위가 높은 구성원은 집단에 크게 기여하고 충성심을 보임으로써 특별한 신용을 구축하게 된다. 그래서 그들이 집단의 규범을 어기거나 잘못을 할 때 이러한 신용을 사용함으로써 집단에서 자신의 지위가 낮아지지 않는다. 따라서 이러한 사람은 다수의 의견에 동의하지 않더라도 다른 구성원들에게 용인 받을 수 있다.

마지막으로 소수의 영향과 관련해서 다수와의 유사성 요인을 들 수 있다. 의견의 차이를 보이고 있는 특정한 행동이나 태도를 제외한 다른 대부분의 측면에서 소수가 다수와 유사할 때 더 큰 영향력을 가진다. 문제가 되는 부분에서만 다수와 차이를 보이는 소수를 단일 소수라고 하고 그뿐만 아니라, 다른 부분에서도 다른 소수를 중복 소수라고 한다. 이때 단일 소수는 중복 소수에 비해 더 큰 영향력을 행사할 수 있다.

2. 동조의 원인

1) 정보적 영향

(1) 정확성 추구

인간은 다른 사람과의 관계 속에서 적절한 행동을 하고자 노력한다. 때로는 주어진 상황에서 가장 정확하게 판단하는 것이 중요할 수 있다. 먼저, 사람들은 과제가 중요하고 어려울 때 정확히 판단하기 위해 더 동조하는 경향이 있다(Baron et al., 1996). 더욱이 사람들은 다른 사람이 고정관념을 사용하는 경우에도 정확성을 추구하기 위해 이를 참조한다.

또한 사람들은 어떤 문제를 다른 사람들에게 설명하는 책임을 자신이 져야 할 때, 강한 정확성 목표를 달성하기 위해 자신이 직면하는 규범적 압력에 대항한다(Quinn & Schlenker, 2002). 예를 들어, 어떤 문제를 사람들에게 설명하는 상황에서 보통 사람들은 청중의 지지를 얻고 싶은 욕구 때문에 그들의 입장에 동조하기 쉽다. 그러나 자신의 행동에 책임을 져야 하는 상황에서는 본인의 문제가 중요해지기 때문에 사람들은 정확한 결정을 하려는 동기가 증가하고 그래서 다수가 생각하는 틀린 의견에 동조하라는 압력에 저항한다. 한 사람만을 책임지는 상황뿐만 아니라 전체 집단을 책임지는 상황에서도 사람들은 반대하는 다른 사람들과 입장 차이가 클 때에도 독립적인 의사결정을 하고자 한다.

(2) 지각된 합의

개인이 지각하는 집단의 합의수준에 따라 그 개인의 반응이 달라질 수 있다. 연구자들은 개인이 다수나 소수의 메시지를 어떠한 방식으로 처리하는지 그리고 이때 그 메시지가 미치는 정보적 영향과 규범적 영향이 서로 다른지를 알아보고자 했다. 대표적으로 전향이론(Conversion Theory)은 다수와 소수가 서로 다른 두 과정을 통해 개인에게 영향을 미친다고 가정한다. 이 이론에 따르면 사람들은 다수의 의견이 자신과 잘 맞는지를 비교하는 데 주의를 집중한다. 이와 같은 비교과정에는 다수의 생각에 대한 세부적인 이유보다 자신의 의견과 일치하는지 여부가 중요한 판단 근거가 된다.

이와는 대조적으로 소수의 의견은 개인의 내적인 변화를 가져올 가능성이 높다. 일반적으로 소수는 집단으로부터 벗어난 일탈자로 보이기 때문에 대부분의 사람들은 자신의 의견이 소수일 때 그것을 밝히려고 하지 않는다. 이러한 상황에서 소수들이 자신의 의견을 일관적으로 주장하는 것은 이와 같은 일반적인 추세와는 대조적이다. 그래서 소수의 의견을 접한 사람들은 자신들의 신념이나 믿음이 타당한지를 신중하게 검토하게 된다. 그 결과 소수의 의견에 드러내 놓고 동의할 수는 없지만, 어느 정도 내적인 태도의 변화가 발생한다. 그리고 이러한 변화는 이후에 겉으로 드러나게 된다.

소수의 영향에 관한 또 다른 설명을 수렴-발산이론(Convergent-Divergent Theory)에서 찾을 수 있다. 이 이론에 따르면, 사람들은 대부분의 사람들이 자신과 같은 태도를 가질 것으로 기대하는 경향이 있다. 그래서 다수의 태도가 자신과 다르다는 것을 알게 되면 사람들은 놀라고 힘들어한다. 이것이 자기보호를 위해 주의의 초점을 좁히는 결과를 초래하고 그래서 대안적인 견해를 고려할 가능성을 차단하는 수렴적 사고를 촉발한다. 그 결과 다수의 영향은 새로운 생각을 촉발하지는 못한다. 반대로 사람들은 자신과 같은 의견을 가진 사람이 소수일 것이라고 생각하지 않기 때문에, 소수의 태도가 자신과 다르다는 것을 알더라도 놀라거나 힘들어하지 않는다. 그래서 다양한 대안적 견해를 고려할 수 있는 발산적 사고가 가능해진다. 이와 같은 식으로 소수의 의견은 개혁과 창조를 자극하고 혁신적인 생각과 우수한 의사결정을 가져온다.

2) 규범적 영향

(1) 규범의 종류

개인의 행동에 영향을 미치는 사회적 규범은 크게 서술적 규범과 명령적 규범으로 나눌 수 있다. 서술적 규범(descriptive norm)은 사람들이 특정 상황에서 어떻게 행동하는지를 보여주는 규범으로 이것은 효과적이고 적응적인 행동의 단서를 제공한다. 애매한 상황이나 새로운 상황에서 우리는 다른 사람의 행동을 보고 적절한 행동이 무엇인지에 관한 정보를 얻는다. 이때 동일한 상황에서 더 많은 사람이 동일하게 반응한다면, 우리는 그 행동이 바로 적합한 행동이라는 것을 좀 더 정확하게 알 수 있다.

반면, 명령적 규범(injunctive norm)은 사람들에게 특정 상황에서 어떻게 행동해야 하는지 규정해 주는 규범으로 이것은 사람들이 무엇을 해야 하는지를 구체화하기 때문에 집단의 도덕적 규칙이기도 한다. 이것은 승인과 거부 그리고 그에 따른 사회적 보상이나 처벌로 사람들을 동기화시키는 규범이다.

(2) 규범과 동기

사람들은 누구나 다른 사람과 밀접한 관계를 맺고 유지하려는 동기를 가지고 있다. 학교, 직장, 지역사회 등 여러 단위의 집단 속에서 우리는 다른 사람들과 좀 더 강한 유대관계를 유지할 때 더 안정적인 소속감과 심리적 만족을 느끼기 때문이다. 반대로, 자신이 속한 집단의 구성원으로부터 부정적인 평가를 받거나 거부를 당할 때 사람들은 심리적으로 불편한 상태를 경험하게 된다. 이와 같은 이유로 사람들은 자신이 가치 있다고 생각하는 집단과 자신을 동일시하고 그 집단의 수용을 받음으로써 긍정적 자기평가를 유지하고자 한다(Jones, 2000). 이처럼 다른 사람들의 인정과 수용을 바라는 동기 때문에 규범이 우리도 하여금 타인들의 기대에 따르도록 요구하는 힘을 발휘할 수 있다. 즉 이러한 동기는 우리가 집단의 규범과 일치하는 방향으로 느끼고 생각하며 행동하도록 만든다.

이때 우리는 비동조로 인해 발생하는 여러 부정적 결과 때문에 규범과 일치하는 식으로 행동해야 한다는 의무감을 느낀다. 실제 한 연구(Milgram et al., 1992)에서 참가자들은 지하철에 앉아 있는 승객에게 자리를 양보하라고 요청함으로써 지하철 좌석의 '선착순 혜택' 규범을 어겼다. 많은 승객들이 자리를 양보해 주었지만, 여기에서 중요한 것은 자리를 양보해 줄 것을 요청한 참가자들이 일부러 상황적 규범을 어겼음에도 불구하고 불안, 긴장, 창피와 같은 부정적 정서를 느꼈다는 것이다.

규칙 위반 과제를 몸소 실행한 Milgram(1992) 자신도 규범 위반이 마음을 괴롭히는 경험이었다고 서술했으며 '평소 우리가 사회적 규범을 어기지 못하도록 억제시키는 불안은 상당히 크다'고 결론지었다. 비슷하게 다른 구성원이 집단의 규범을 위반할 경우 사람들은 그 사람에게 집단의 규범을 따르도록 가르쳐 주고 규범을 위반한 기존의 방식을 바꾸도록 경고한다. 규범을 위반한 사람은 나머지 사람들로부터 배척되거나 한직에 배정되고, 심한 경우 그 집단에서 축출된다(Schachter, 1951).

3) 동조에 대한 저항

(1) 개성과 통제에 대한 욕구

동보에 저항하는 사람은 특히 자기개성을 유지하려는 욕구가 강하다. 우리는 다른 사람과 비슷하게 보이기를 원하지만, 자신의 정체성을 잃을 정도로 닮기를 원하는 것은 아니다. 한편에는 다수를 따르고 싶은 욕구가 있지만, 다른 한편에는 그들과 달라지고 싶은 욕구도 있다. 그래서 개성이 강한 사람은 강한 동조성향을 가진 사람들에 비해 집단의 압력이나 규범에 저항하는 경향이 더 크다. 다른 사람들과 다르고자 하는 욕구가 강한 사람은 규범적 영향을 덜 받는 반면, 집단의 의견과 일치하고자 하는 정확성의 욕구가 큰 사람은 규범적 영향을 더 많이 받는다(Cialdini et al., 2007).

개인이 집단 압력에 저항하는 또 다른 이유는 자신의 삶에 중요한 사건을 통제하려는 욕구와 관련된다. 대부분의 사람들은 자신에게 일어난 일이 무엇인지 판단하고 결정하고자 하는데, 때로 사회적 압력이 이러한 욕구와 부딪칠 때 그들은 다수에게 순응하게 된다. 결국 특정한 방식으로 행동하는 집단에 동의하는 것은 정상적인 선택이 아니고, 개인의 자유를 제한하는 것으로 보일 수 있다.

3. 복종

1) Stanley Milgram의 복종실험

(1) 실험절차

상관이나 웃어른과 같은 권위를 가진 사람의 지시나 명령에 따르는 행위를 복종(obedience)이라고 한다. 권위에의 복종에 관한 가장 유명한 Milgram의 실험연구를 살펴보도록 한다.

Milgram(1963, 1974, 1976)은 사람들이 권위를 가진 사람의 요구에 어떻게 반응하는지 알아보기 위하여 일련의 실험을 실시했다. 그는 기억에 관한 연구에 참여할 사람을 모집한다는 신문광고를 통해 교사, 회사원, 기술자, 노동자 등 다양한 직업의 일반인들을 모집했다. 모집된 일반인을 대상으로 제비를 뽑아 두 사람 중 한 명은 '학생', 다른 사람은 '선생'의 역할을 받았다. 실제 참가자, 즉 피실험자는 늘 '선생'의 역을 맡게 하였고, '학생' 역할은 실험 협조자가 수행했다. 선생은 학생들이 외워야 할 단어를 알려주고 이를 제대로 외우지 못하면 전기쇼크를 주어야 했다. 선생의 책상 위에는 전기쇼크 장치가 놓여 있었는데 이 장치에는 전기쇼크를 주는 여러 개의 스위치가 부착되어 있었다. 전기쇼크는 15V에서 조금씩 점증하여 450V까지 각기 다른 강도의 쇼크를 줄 수 있도록 되어 있었고, 그 강도에 따라 '약함', '매우 강함', '위험한' 등의 표찰을 붙여 놓았다. 학생은 옆방으로 가서 책상 앞에 앉아 두 손을 묶어 쇼크를 받게끔 하였고, 선생과의 교류는 인터폰을 통해 이루어졌다. 학생은 선생과 직접 보거나 다른 방법으로 이야기할 수 없었다.

실험이 시작되기 전에 학생은 자기 심장이 좀 약한 편이라고 이야기했으나 실험자는 쇼크가 그렇게 위험하지는 않으니 염려할 것 없다고 이야기 한다. 아울러 선생에게 그가 주게 되는 쇼크가 어떤 것인지를 알려주기 위함이라며 45V 크기의 쇼크를 주어 상황의 진실성을 맛보게 한 후, 쇼크의 효과는 일시적인 것이라고 말했다.

실험과제를 수행하는 동안 학생은 미리 짜놓은 각본에 따라 실수를 했고, 그때마다 선생은 전기쇼크를 주게 되었다. 쇼크는 그 강도를 매번 줄 때마다 높이게끔 되어 있었기 때문에 시간이 흐를수록 학생이 받을 쇼크는 강해졌고 그에 따라 선생은 신음소리, 고통을 호소하는 소리가 강해지는 것을 느낄 수 있었다. 이러한 학생의 고통은 각본에 따라 준비한 것을 녹음으로 들려주었다. 이를테면 75V 쇼크가 주어지면 신음을 하고, 300V에는 더 이상 대답을 하지 않고, 고성을 지르게 했다. 선생이 전기쇼크 주기를 망설이거나, 못 주겠다고 이야기하면 선생 옆에 앉아 있던 흰 가운을 입은 실험자(연구조교)는 "계속하세요. 실험을 위해 계속해야 합니다. 반드시 계속해야 합니다. 당신은 어떤 선택권도 없습니다. 계속해야만 합니다."의 네 문장을 차례로 필요한 만큼 사용했다. 이러한 명령에도 피실험자, 즉 선생의 역할을 한 참가자가 지시를 거부하면 실험은 종료되었다.

(2) 실험결과

선생 역을 맡은 참가자들 40명 모두가 300V까지 쇼크를 주었고, 3명 중 2명꼴로 450V(전기쇼크 최고치)까지 주었다. 물론 학생은 실제 쇼크를 받지 않았고 쇼크에 의한 고통은 꾸며져 녹음된 것을 들려주었기 때문에 모든 선생은 똑같은 고통의 반응을 경험했으나, 누구도 상황이 꾸며진 것임을 알지 못했다. 사실 많은 참가자들이 학생의 고통을 대하면서 갈등을 많이 호소하였고 실험을 계속한다는 것을 부당하다고 생각하여 항의를 하였다. 이들은 곤혹스러움을 느꼈고, 땀 흘리며, 긴장한 것이 역력했다. 실험상황이 실제 상황에서처럼 긴박했다는 것이다.

이 같은 결과는 전혀 예상하지 못한 것이었다. 실험절차만 알려주고 40명의 정신의학자들에게 실험참가자(즉 선생의 역할)들의 반응을 예측하게 했더니, 이들은 대부분의 사람들이 150V 이상 전기쇼크를 주지는 않으리라고 여겼고, 오직 4% 사람만이 300V 쇼크를 줄 것이며, 0.1%의 사람만이 450V 쇼크를 줄지 모른다고 예측했다. 이들 정신의학자의 예측은 참가자가 처한 상황의 힘을 간과하고, 쇼크의 강도가 참가자의 성격적 특성에 의해서 결정될 수 있다는 것을 무시한 예상이었다.

2) 복종에 영향을 주는 요인

(1) 근접성

근접성에는 두 가지가 있다. 먼저 선생 역할을 하는 진짜 참가자와 학생 역할의 실험 협조자 간의 근접성 정도가 복종에 큰 차이를 가져왔다. [그림 3-9]에서 보듯이([그림 3-10] 참고) 원격 반응 조건은 다른 방에 있는 학생의 음성을 들 수 없는 경우로 이때 40명 중 26명(65%)이 실험자(연구조교)의 명령에 끝까지 복종했다.

음성 반응 조건에서는 다른 방에 있는 학생의 불만을 실험실 벽을 통해 명확히 들을 수 있었다. 이때 25명(62.5%)이 끝까지 복종했다. 근접성 조건에서는 선생과 학생을 같은 방에 몇 미터 떨어뜨려 놓아 학생의 목소리를 듣고 그를 볼 수 있었다. 이때는 16명(40%)이 복종했다. 접근-근접성 조건에서는 근접성 조건과 동일하지만 학생의 손을 잡아 직접 전기충격판 위에 올려놓아 처벌을 가하도록 했다. 이 경우에는 12명(30%)이 끝까지 복종했다.

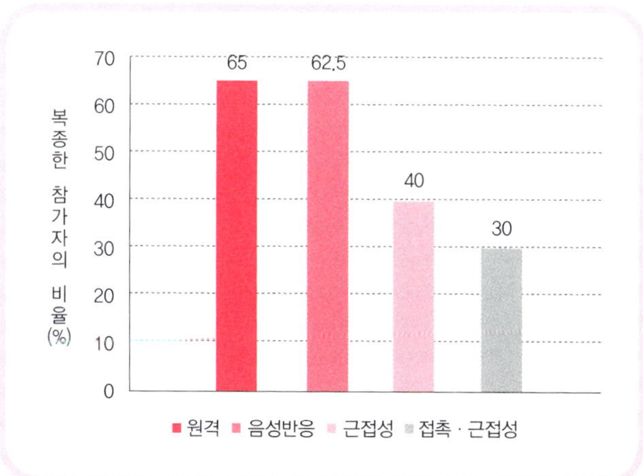

그림 3-9 학생과의 근접성 정도에 따른 복종비율의 차이

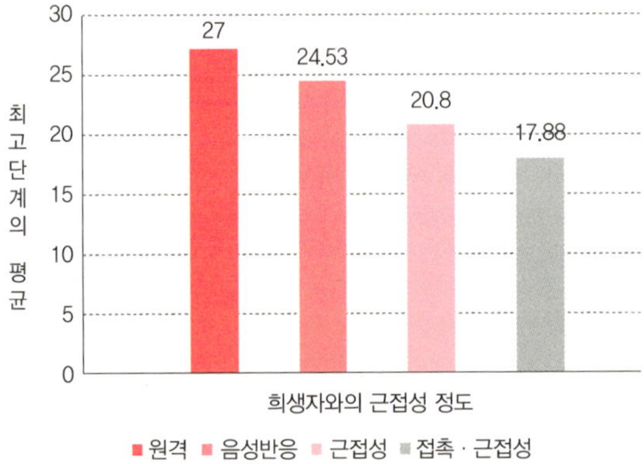

그림 3-10 학생과의 근접성 정도에 따른 처벌의 차이

선생 역할을 한 실험 참가자는 실험 협조자였던 학생뿐만 아니라 실험자(연구조교)와의 근접성에 따라서도 복종을 달리했다. 새로운 장소에서 이루어진 실험에서 실험자가 참가자(선생)에게 몇 걸음 떨어진 거리에 앉아 있었을 대 40명 중 26명(65%)이 실험자의 명령에 끝까지 복종했다. 이와 달리 실험자가 처음 지시를 한 후 실험실에서 나와 전화를 명령했을 때 9명(22.5%)만이 복종했다. 심지어 이 상황에서 몇몇 참가자(선생)들은 요구대로 전기충격을 높이고 있다고 답하면서도 실제는 낮은 전기충격을 가했으며, 정확한 실험절차를 벗어나고도 보고하지 않았다.

(2) 신분과 역할의 관계

권위를 가진 사람들은 특정 지위를 가지고 있고 거기에 해당하는 신분으로 역할을 수행한다. 그래서 사람들은 그런 신분을 가진 사람에게 복종한다. 실험자(연구조교)의 신분이나 역할이 변할 때에도 사람들은 그에게 복종할까? Milgram이 수행한 다양한 실험은 이 질문에 대한 하나의 대답을 제공한다. 그는 실험자와 학습자의 역할을 바꾸는 실험을 실시하였다. 그 결과 [그림 3-11]에서 제시되어 있다([그림 3-12] 참조).

먼저 실험자(연구조교)는 150V의 전기충격이 가해진 후 학생의 건강을 위해서 더 이상 실험을 진행하지 않겠다고 말했다. 이때 학생은 자신의 실험을 계속하고 싶다고 주장했다. 그 결과 단 한 명의 실험 참가자(선생)도 실험 협조자(학생)의 요구를 들어주지 않았다. 또 다른 실험에서 실험자(연구조교)가 실험실을 떠난 후 일반 참가자로 위장한 다른 실험 협조자(새로운 일반인)가 학생에게 전기충격을 가하라는 명령을 내렸을 때, 피실험자(선생)의 20명 중 4명만이 그 명령에 복종했다. 이 실험의 연장선상에서 진짜 참가자(선생)가 전기충격을 가하지 않을 경우 명령을 내린 실험 협조자(새로운 일반인)가 직접 전기충격을 주고자 했다. 그 결과 진짜 참가자(선생) 16명 중 5명이 이들의 행동을 물리적으로 막았다.

Milgram은 전기충격을 받는 학습자의 신분을 바꾼 경우 어떤 결과가 나타나는지를 알아보았다. 이를 위해 한 실험에서는 권위자(연구조교)가 학습자(학생)의 역할을 하고 학습자(학생)가 권위자, 즉 실험자(연구조교)의 역할을 했다. 150V의 전기충격이 가해진 후, 학생(원래는 권위자였던 연구조교)은 더 이상 못하겠다고 주장하면서 자신을 풀어달라고 말한 반면, 실험자(원래는 실험 참가자로 학생)는 계속 전기충격을 가하라고 명령을 했다. 그 결과 아무도 학습자(원래는 권위자였던 연구조교)의 명령을 따르지 않았다. 또한 두 명의 권위자(연구조교) 중에서 한 명은 전기충격을 계속 가하라고 명령하고, 나머지 한 명은 그만둘 것을 명령했을 때 어떤 참가자(선생)도 끝까지 전기충격을 주지 않았다.

또 다른 변형된 실험에서 두 권위자(연구조교) 중 한 명은 학습자의 역할을 하고, 나머지 한 명은 실험자의 역할을 하도록 했다. 이때 학습자는 150V에서 이제 충분하다고 주장하면서 실험을 그만두게 해 달라고 요청했다. 그러한 요청은 거의 무시되어 20명 중 13명이 끝까지 실험자(다른 연구조교)의 명령에 복종했다.

종합하면, 이러한 연구결과는 어떤 신분의 사람이 어떤 역할을 수행하느냐에 따라 사람들의 복종 정도가 달라진다는 것을 분명히 보여주고 있다.

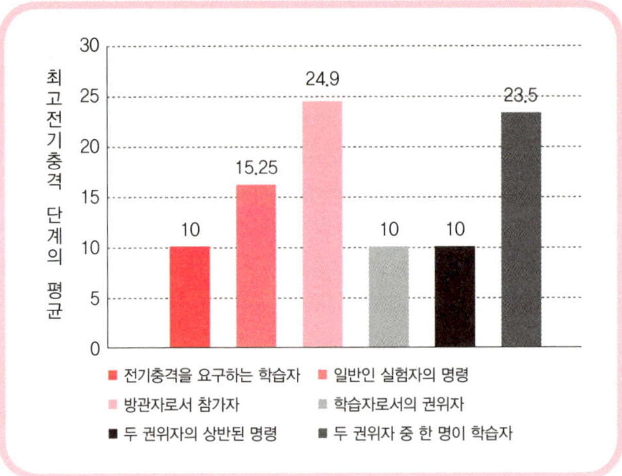

그림 3-11 신분과 역할에 따른 복종 비율의 차이

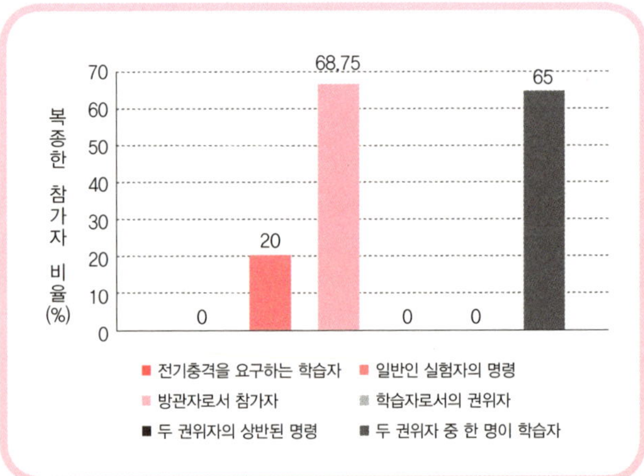

그림 3-12 신분과 역할에 따른 복종 정도의 차이

(3) 집단의 압력

명령에 따르는 것이 부적절하다는 명백한 지침을 제공받을 때 사람들은 그러한 명령에 덜 복종한다. 이와 같은 방법 중 하나가 불복종 모델, 즉 권위자의 명령에 복종하기를 거부하는 사람을 관찰할 수 있는 기회를 제공하는 것이다. 실제 불복종 모델은 아무런 의문도 갖지 않고, 권위에 복종하는 사람들의 경향성을 크게 감소시켰다. 권위자의 명령을 거부하는 사람을 한 명 혹은 그 이상 보았을 때, 사람들은 그 사람들과 함께하고자 하는 강한 경향성을 보이기 때문에 궁극적으로 권위자의 권력은 약해진다.

Milgram의 연구에서도 이와 같은 사실이 밝혀졌다. 하나의 변형된 실험에서는 한 명의 진짜 참가자와 두 명의 실험 협조자로 이루어진 세 명이 선생 역할을 했다. 이때 실험 협조자인 선생 1은 짝지어진 단어 쌍의 목록을 읽고, 실험 협조자인 선생 2는 학생의 답변이 맞았는지 틀렸는지를 진짜 참가자인 선생 3에게 말해 준다. 그리고 선생 3이 처벌을 가한다. 이때 선생 1과 선생 2는 어느 정도 실험이 진행된 서로 다른 시점에서 더 이상의 참가를 거부했다. 그 결과 40명의 참가자 중에서 4명(10%)만이 끝까지 복종했으며, 전기충격기기의 30단계 중 이들이 누른 최종 단계의 평균도 16.45였다. 즉 진짜 참가자들은 불복종하는 선생을 모델로 삼아 권위에 대한 복종을 떨어뜨렸다.

3) 복종에 대한 평가

권위자에 대한 복종은 긍정적인 측면과 부정적인 측면을 모두 가지고 있다. 먼저, 긍정적 측면에서 복종을 수반하는 위계적 구조는 생존적인 가치를 가지고 있다(Milgram, 1974). 우리가 한 개인으로서 제대로 기능하고, 살아남기 위해서는 스스로 결정하고 행동하는 능력을 갖춘 주체적 존재가 되어야 한다. 만약 언제 어떻게 행동해야 할지 스스로 판단하고 결정하지 못한다면, 그런 사람은 사회에 제대로 적응하기 어렵다. 집단 내에서 모든 개인이 다 주체적으로 판단하고 의사결정을 한다면, 집단 차원의 결정을 내리지도 못하고 그래서 공동의 목표를 위해 모두가 효율적으로 움직일 수가 없다. 그렇기 때문에 집단 구성원들은 자신의 결정권을 소수의 대표에게 위임할 필요가 생긴다. 그래서 권한을 위임받은 소수는 결정을 하고 권한을 위임한 다수는 그의 명령에 따라 행동하게 된다. 위계구조를 가진 집단은 물리적 환경의 위험, 경쟁하는 종의 위협 그리고 내부의 잠재적인 분열에 대처하는 데 큰 장점을 가지고 있다. 인간이 미력한 개인으로서 이와 같은 위협에 개별적으로 대처한다면 살아남지 못했을 것이다.

권위에 대한 복종은 부정적인 측면도 가지고 있다. 그중 하나가 책임전가로 이것은 비도덕적이거나 어리석은 명령에 복종한 사람들이 자신의 행위에 대한 책임을 명령권을 가진 권위자에게 전가하는 행위다. Milgram의 연구에서 실험자의 냉혹하고 어리석은 명령에 복종한 사람들은 "나는 단지 명령에 따랐을 뿐입니다."라고 자기방어를 했다. 현실상황에서도 책임을 다른 사람에게 암암리에 전가하는 행동을 확인할 수 있다.

이러한 상황에서 권위자의 명령에 노출된 사람에게 자신이 남에게 피해를 주는 일에 책임이 있다는 것을 상기시켰을 때 맹목적 복종은 감소했다(Kilham & Mann, 1974). 또한 우리가 권위자의 명령에 맹목적으로 복종할 수 있다는 것을 단순히 알기만 하더라도 그러한 복종은 줄어들 수 있다. 한 연구(Richard et al., 2003)에서 참가자들로 하여금 복종에 여러 연구 결과를 배우도록 하고 그것을 중요한 것으로 인식하도록 했을 때, 이러한 새로운 지식을 통해 자신의 행동을 바꾸는 사람도 있었다. 이러한 발견은 개인에 대한 교육이나 훈련이 파괴적인 복종에 대한 개인적 저항을 높일 수 있음을 시사한다.

4. 순응

1) 기본원리

(1) 호감의 원칙

우리는 살아가면서 사람들의 부탁을 들어주기도 하고 다른 사람에게 부탁하기도 한다. 사람들은 크게 부담스러운 것이 아니라면, 내키지 않는 일이라도 타인의 요구를 들어주는 경향이 있다. 이와 같이 타인이나 집단의 요청 혹은 압력에 응하는 행위를 순응(compliance)이라고 한다.

사람들은 다양한 방법으로 타인에게 영향을 주어 순응을 이끌어 낸다. 먼저, 인간은 자신이 좋아하는 사람의 요구에 응하기가 쉽다. 앞 장에서 살펴본 바와 같이, 신체적 매력이 높은 사람은 다른 사람들로부터 긍정적인 평가를 받기 때문에 자신의 부탁을 들어주도록 그들을 설득하기가 쉽다.

또한 유사성도 호감을 증가시켜 순응에 기여한다. 한 연구(Garner, 2005)에서는 우편으로 설문을 요청할 때 조사자의 이름을 응답자의 이름과 비슷하게 바꿔놓음으로써 응답률을 높일 수 있었다.

친숙성도 호감을 유발하는 요인 중의 하나다. 사람들은 익숙한 것을 좋아하기 때문에 단순노출만으로도 순응 가능성이 높아진다. 친숙성은 무의식적으로 형성된다. 한 실험(Bornstein et al., 1987)에서 참가자들에게 기억할 수 없을 정도로 빠른 속도로 몇몇 사람들의 얼굴을 보여 주었다.

그 후 스크린에 얼굴을 비춘 사람들을 실제로 만났을 때, 실험 참가자들은 화면에 얼굴이 더 자주 나타난 사람에게 더 큰 호감을 보였다.

마지막으로 칭찬은 사람들의 호감을 얻을 수 있는 간단한 전략 중 하나다. 칭찬이 진실인지 여부와 상관없이 사람들은 자신을 칭찬해 준 사람을 좋아한 연구도 찾을 수 있다(Drachman et al., 1978). 그렇기 때문에 평소에 아부나 좋은 말로 자신의 인상을 관리하는 경우도 생겨난 것이다.

(2) 일관성의 원칙

사람들은 자신의 기존 입장과 행동을 유지하려는 경향을 가지고 있어서 그것과 일치하는 일에 더 쉽게 순응한다. 즉 사람들은 일단 어떤 선택을 하거나 입장을 취하게 되면 그것을 계속 유지해야 한다는 일관성 압력을 받는다. 그런 압력 때문에 우리는 이미 내려진 결정을 정당화하고 자신이 옳은 결정을 내렸다고 확신한다. Moriarty(1975)는 도둑이 해변가에 있는 사람의 물건을 훔쳐가는 상황을 목격한 참가자들이 어떤 반응을 보이는지 관찰했다. 예상대로 대부분의 참가자들은 위험을 감수하면서까지 도둑을 잡겠다고 하지는 않았다. 그러나 한 집단의 참가자에게는 옆에 앉은 사람이 "제 물건을 봐 주세요."라는 간단한 부탁을 미리 하도록 했다. 그 결과 대부분의 참가자들은 그 부탁을 승낙했으며, 20명 중 19명이 도둑을 쫓아가 육탄전을 벌여 물건을 찾아왔다.

그렇다면 일관성은 어디에서 시작되는 것일까? 전념(commitment)에서 그 답을 찾을 수 있다. 일단 사람들이 상대방에 대하여 어떤 입장이나 태도를 취하도록 만들면, 그들로 하여금 그 상대방에 대하여 자동적이고 무조건적으로 행동하도록 유도하기 쉽다.

(3) 희귀성의 원칙

사람들은 제한적이거나 한정된 대상에 더 큰 가치를 부여하는 경향이 있다. 이것은 결핍이라는 정보에 초점을 두기 때문에 나타나는 현상이다. Worchel 등(1975)은 실험 참가자들에게 과자 단지에서 과자를 꺼내 맛본 다음 그 맛을 평가하도록 했다. 참가자의 절반에게는 10개의 과자가 들어 있는 단지를 주었고, 나머지 절반에게는 2개의 과자가 들어있는 단지를 주었다. 예상대로 10개의 과자를 공급받은 집단보다 2개의 과자를 받은 집단이 과자의 품질을 더 높게 평가했다. 왜냐하면 구하기 어려운 것은 보통 그 가치가 높기 때문에 사람들은 얻기 어려운 물건의 질이 높다고 생각하고 결정하기 때문이다.

또한 사람들은 얻기 어려운 대상에 대하여 선택의 자유를 잃었다는 느낌을 받는다. 이런 자유의 상실은 심리적 반발원리에 따라 그 대상을 더욱 간절히 원하게 만든다. 예를 들면, 사람들은 제한된 정보를 더 원하는 특성이 있기 때문에 어떤 정보를 검열하고 금지하면, 그 전보다도 해당 정보에 더 많은 호감을 보이면서 열렬히 원한다. 더욱이 이러한 희귀성의 원칙은 타인과 희귀한 자원을 두고 경쟁할 때 특히 효과적이다. 또한 전에는 흔했던 것이 귀해지면 그 가치가 더욱 높아진다. 같은 맥락에서 사람들은 원래 없었던 것보다는 있다가 없어진 것을 더욱 갈망하는 경향이 있다. 따라서 없어진 것들을 갈구하게 되는 그 과정에서 더욱 반항적으로 변할 수 있다.

(4) 상호성의 원칙

우리는 이전에 나에게 호의를 베푼 사람에게 더 순응하는 경향이 있다. 즉, 상대방의 호의에 대한 부채의식 때문에 그의 요구를 받아들이게 된다. 상호성은 타인과 신뢰를 구축하고 관계를 공정하게 만드는 과정을 통해 상대방이 나를 믿고 따를 수 있도록 하는 과정이다(Kellen & Ellard, 1999).

상호성의 원칙에는 인류 문화의 가장 보편적인 규범이 담겨 있다. 그래서 사람들은 상호성의 원칙에 따라 무언가를 받으면 갚아야 할 의무감을 느낀다. 상호성 원칙에 내재된 미래지향적 의무감 덕분에 다양한 종류의 지속적인 인간관계, 상호작용 및 교환이 가능하다(Tiger & Fox, 1989).

상호성의 원칙을 이용한 효과적인 전략 중 하나는 먼저 호의를 제공한 후 그 보답을 요구하는 것이다. 상호성의 원칙은 그 영향력이 강력해서 순응에 영향을 주는 다른 요인, 가령 호감의 원칙보다 더욱 강하게 작동한다.

(5) 사회적 증거의 원칙

이 원칙은 다수의 행동을 따르는 인간의 심리를 일컫는 말이다. 즉 사회적 증거의 원칙에 따르면, 사람들은 특정 상황에서 무엇을 믿고 어떻게 행동해야 할지 결정하기 위해 다른 사람들을 살펴본다. 일반적으로 사람들은 '가장 많이 팔린' 상품을 '가장 좋은' 상품이라고 생각한다. 다른 사람들이 많이 하는 행동을 옳은 행동으로 보는 경향은 대체로 적응적으로 작용한다. 사회적 증거에 부합하는 행동을 할수록 실수할 확률이 눈에 띄게 줄어들기 때문이다.

사회적 증거의 원칙은 상황이 불확실할 때 강하게 작용한다. 사람들은 애매모호한 상황에서 확신이 없을 때 다른 사람의 행동을 기준 삼아 의사결정을 내린다. 또한 사람들은 자신과 비슷한 사람을 따라할 확률이 높다.

(6) 권위의 원칙

사람들은 합법적 권위를 가진 사람에게 더 쉽게 순응하는 경향을 보인다. 합법적 권위란 타인에게 어떤 식으로 행동하도록 요구할 수 있도록 규범이나 제도적으로 인정된 권한이나 권위를 의미한다. 이처럼 합법적 권위가 기존의 제도에 의존한다는 점에서 강한 전략이라 할 수 있고 좀 더 합리적이고 수긍할 수 있는 전문성에 의지하는 권위를 부드러운 전략이라고 할 수 있다.

권위자에 대한 복종을 당연시하면 전혀 합리적이지 않은 명령에도 그대로 따르는 사태가 벌어진다. 권위에 자동적으로 순응하다 보면 권위의 실체가 아니라 그들의 직함과 복장 또는 자동차와 같은 단순한 상징에 순응하는 경향도 보인다. 이러한 현상을 방지하기 위해서는 권위의 상징에서 눈을 돌려 진짜 권위의 증거를 찾을 필요가 있다. 특정 분야에 지식이 풍부한 전문가의 말이더라도 진실성이 부족해 보이거나, 불리한 정보만을 제공할 때는 설득당하지 않도록 주의해야 한다(Van Overwalle & Heylighen, 2006).

2) 순응 전략

(1) 호감의 원칙을 이용한 전략

사람들은 때로 자신이 원하는 것을 가진 상대방을 설득하기 위해 아부(ingratiating)한다. Gordon(1996)에 따르면, 이와 관련된 기술 가운데 아첨(flattery)이 가장 좋은 방법이다. 이것은 어떤 일을 잘했거나 끝마쳤을 때 상대방을 그 이상으로 칭찬하는 것이다. 상대의 외모에 대한 칭찬, 긍정적인 비언어적 단서 제시, 작은 호의를 베푸는 것 등이 있다.

또 다른 방법은 자신과 상대방 사이에 우연히 있게 된 유사성을 계속 확인하는 것이다. 이것은 부탁하려는 내용과는 상관없이 사소하고 작은 부분에서 상대방과 나 사이에 비슷한 점이 있다는 것을 계속 확인함으로써 상대방의 호의를 끌어올리는 전략이다.

(2) 일관성의 원칙을 이용한 전략

일관성의 원칙을 이용한 전략 중의 하나는 문간에 발 들여놓기 기법(foot-in-the-door technique)이다. 이는 사람들에게 처음에는 작은 요구를 해서 그것에 응하게 한 다음 점차적으로 더 큰 부탁을 하는 것이다. 일관성의 원칙 때문에 사람들은 작은 요구에 응하게 되면 후에 더 큰 요구에 응할 가능성이 높아진다.

또 다른 전략은 낮은 공 기법(low-ball technique)이다. 이 기법은 야구에서 타자 부근에 뚝 떨어지는 낮은 공이 스트라이크처럼 보이기 때문에 많은 타자가 현혹되는 현상에서 그 이름을 따왔다. 이 기법은 불완전한 정보를 제시하여 동의를 얻은 다음 우연을 가장해서 완전한 정보를 알려주는 기법이다.

(3) 상호성의 원칙을 이용한 전략

상호성의 원칙을 이용한 전략으로 먼저, 문전박대 전략(door-in-the-face technique)이 있다. 상대가 양보를 하면 자신도 양보를 해야 한다는 심리적 부담감을 이용한 것으로 거절 후 양보(rejection-then-retreat) 전략으로도 불린다. 이 기법은 먼저 터무니없는 큰 요구를 하여 상대방으로 하여금 일부러 거절하도록 만든 다음 그보다 받아들이기 쉬운 작은 요구를 제안하는 방법이다.

또 다른 전략으로 덤 기법(that's-not-all-technique)은 높은 가격의 제품을 보여주고 바로 추가적인 제품을 주거나 조금 더 싼 가격으로 거래할 수 있다고 제안해서 구매하게 만드는 전략이다. 예를 들어, 편의점에서 도시락을 구입하면 음료수를 공짜로 제공하는 판매기법 또는 원 플러스 원(one-plus-one)이나 투 플러스 원(two-plus-one) 전략도 여기에 해당된다.

(4) 희귀성의 원칙을 이용한 전략

희귀성의 원칙을 이용한 전략 중 하나로 비싸게 굴기 기법(playing-hard-to-get-technique)이 있다. 이 기법은 말 그대로 상대방이 원하는 것을 가지기 어렵게 만드는 것이다. 예를 들면, 상품판매에서 자주 쓰이는 한정판매 전략이 이 원칙을 이용한 것이다. 이 방법은 구지자들이 사용할 수도 있는데, 자신을 원하는 기업이나 고용주가 또 있다는 것을 한 고용주에게 알리면, 그는 이 구직자가 채용할 만한 매력이 있는 사람이라고 인식하게 된다.

또 다른 전략은 급하게 끝내기 기법(fast-approaching-deadline-technique)이다. 사람들은 쉽게 얻을 수 있는 것보다 구하기 어려운 것을 더 가치 있게 여기는 경향이 있다. 이 기법은 사람들의 이러한 성향을 이용한 것이다. 예를 들어, 백화점이나 쇼핑몰에서 사용하는 마감기법(deadline technique)은 특별세일과 같은 문구를 이용해서 특정한 기간에만 세일을 실시함으로써 사람들의 소비를 유도하는 전략이다. 이 전략은 제품의 수량적 또는 시간적 제한이 있나는 인상을 주어 사람들로 하여금 구매요구에 순응하게 만든다.

(5) 보편성의 원칙을 이용한 전략

'10원만이라도' 기법(the even a penny will help technique)은 사람들이 자신을 좋은 사람으로 보이게끔 하려는 보편적인 경향에 근거를 둔다. 이 기법은 돈을 기부하는 자선행사에서 주로 사용된다. 예를 들어 독자 여러분은 크리스마스가 다가올 때 길거리에서 구세군 자선냄비를 보았을 것이다. 구세군이 종을 치면서 불우이웃을 돕자고 말할 때, 간혹 "10원도 괜찮습니다."라는 말을 들어본 적이 있을 것이다. 이때 정말로 10원만 내는 사람이 있겠는가? 틀림없이 10원 이상을 낼 것이다. 이는 사람들이 말 그대로 10원만 내는 자신을 참으로 바보스럽다고 생각하기 때문이다. 따라서 사람들은 자선 상황에서 규범적으로 적절한 무엇이든지를 제공하려 한다.

아울러 이 기법은 표현을 달리하여 여러 상황에 적용될 수 있다. 예를 들어 시장조사 설문지를 실시할 때 "한두 문항에만 응답하셔도 크게 도움이 될 것입니다."라든지 또는 고객과의 전화통화에서 "고객님께서 1분만 시간을 내주시면 저에겐 큰 힘이 될 것입니다."와 같은 표현을 들 수 있다.

제 3 장

HUMAN PSYCHOLOGY

공격성

1. 공격성

1) 공격성의 정의

우리는 일상에서 '공격'이라는 말을 흔하게 사용한다. 상대방에게 상해를 입히는 행위를 공격행동이라고 말하는 것은 물론이고, 경쟁상대를 누르고 승리하기 위해 교묘한 방법으로 상대방을 속이거나 궁지에 몰아넣는 행위도 공격적이라고 표현한다.

Eron(1987)은 공격성을 '타인에게 상처를 입히고 화나게 하는 행동'으로 정의했다. 이 정의는 특정 행동의 결과에 초점을 두어 공격성을 정의한 것이다. 또 다른 정의는 행동과 함께 행위자의 의도나 동기도 모두 고려한다. Aronson(2007)은 공격성을 '타인에게 상처나 고통을 주기 위해 의도적으로 하는 행위'라고 정의했다. 이때 주목할 점은 행동이 상대방에게 실제 고통을 주지 않더라도 그와 같은 의도가 있는 행동은 공격성에 해당한다는 점이다.

Bandura(1973)는 어떤 행동의 공격성 여부를 결정하기 위해서는 '관찰자의 사회적 명명'을 고려해야 한다는 입장이다. 이 정의는 사람들이 생각하는 공격성의 판단기준을 중시하는 것으로 그들이 공격적이라고 명명하는 행동은 공격행동이 된다.

또한 공격성은 행동과 의도를 포함하고 있다. 즉 상대방을 괴롭히고, 해친 어떤 사람의 행동 이면에 그를 괴롭히고, 해치며, 파괴하고자 하는 의도가 있었을 때 그 행동을 공격행동이라고 한다. 공격성에 대한 이러한 정의는 몇 가지 특징을 지닌다(Bushman & Huesmann, 2010). 첫 번째 특징은 공격성이 관찰가능한 행동이라는 점이다, 우리는 시비 끝에 다른 사람을 때리거나 모욕하는 사람을 볼 수 있다. 또한 타인의 평판을 깎아내리는 뒷이야기를 할 수도 있다. 그러나 타인을 해치는 상상이나 분노처럼 머릿속에만 일어나는 일은 관찰할 수 없으므로 그래서 공격성이 아니다. 두 번째 특징은 공격성이 사회적 행동이란 점이다. 공격하는 사람과 공격당하는 사람처럼 최소한 두 사람 이상이 관여될 때 그 행동은 공격적으로 될 수 있다. 허공을 향해 주먹을 휘두르거나 발길질로 분노를 표출하는 사람을 생각해 보자. 우리는 이 사람이 무언가에 몹시 화가 난 공격적인 사람이라고 생각할 수 있지만, 공격성에 대한 이 정의 따르면 그의 행동은 공격성으로 분류되지 않는다. 세 번째 특징은 타인에게 해를 입히고자 하는 의도는 공격성을 정의하는 데 충분조건이 아니라 필요조건이라는 것이다. 즉, 타인에게 상처나 고통을 주는 모든 행동이 공격성은 아니다. 아이에게 주사를 놓는 의사는 그 아이에게 고통을 주지만, 해하려는 의도가 없기 때문에 어느 부모도 의사의 행동을 공격적이라 비난하지 않는 것과 같다.

2) 공격성의 종류

타인에게 의도적으로 해를 입히는 공격성은 타인을 때리거나 언어적으로 모욕하는 것 혹은 뒤에서 비난하기와 같이 매우 다양한 형태로 나타날 수 있다. 이때 공격성의 형태란 공격성을 표현하는 방식에 따른 구분이다. 타인을 공격할 때 사용하는 수단 혹은 가하는 상해에 따라 공격성을 구분할 수 있다(Buss, 1961). 〈표 3-1〉에서 나타난 바와 같이, 물리적 공격은 상대방을 손이나 발로 때리고 차거나 밀치는 등 신체적으로 고의적 해를 가하는 행동이다. 반면, 고함을 지르거나 별명을 불러 놀리거나, 모욕하는 등 말로 상대방에게 해를 입히는 행동은 언어적 공격이다. 이 두 유형 이외에 타인의 사회적 관계에 의도적으로 해를 입히는 관계적 공격도 있다. 상대방을 험담하거나, 따돌리는 것 혹은 그 사람을 투명인간처럼 완전히 무시하는 것이 여기에 해당한다. 관계적 공격은 물리적 공격 이상으로 상대방을 장기간 괴롭힐 수 있다(Chen et al., 2008).

공격성은 직접적 공격과 간접적 공격으로도 구분할 수 있다. 타인에게 주먹을 휘두르거나, 눈앞에서 욕설을 내뱉는 것은 모두 직접적 공격으로 그 피해자가 직접적으로 존재한다. 반면에, 상대방이 없는 장소에서 그에 대한 나쁜 소문을 퍼뜨리거나 새 차에 흠집을 내는 것과 같은 행동은 간접적 공격에 해당한다. 때로 공격성은 전혀 무관한 사람에게로 향할 수도 있는데, 이것을 전이된 공격이라고 한다(Marcus-Newhall et al., 2000). 회사에서 상사에게 심한 질책을 받은 회사원이 가족에게 화를 내는 것이 이러한 공격의 한 예다. 전이된 공격은 공격 대상을 직접 공격하기가 어렵거나 보복의 가능성이 있을 때 발생하기 쉽다.

공격성에는 능동적 공격과 수동적 공격이 있다. 능동적 공격은 공격자가 대상자에게 적극적으로 상해를 가하는 것이다. 직접 상대방을 때리거나, 상대방이 없을 때 흉을 보는 것, 그를 모임이나 조직에서 배제하는 것이 그 예다. 수동적 공격은 상대방에게 도움을 주는 반응을 의도적으로 외면하는 것이다. 예를 들면, 상대방에게 중요한 메시지를 전달해 주어야 하는데 그것을 고의로 전달하지 않으면서 '깜빡 잊어버렸다'고 핑계를 대는 경우가 여기에 해당한다. 수동적 공격은 피해자가 공격자를 선불리 비난하기 어려운데 왜냐하면 그러한 행동이 실수인지 아니면 의도적인지 구별하기 어렵기 때문이다.

공격성은 그 표현방식에 따른 구분 이외에도 기능에 따라 적대적 공격과 도구적 공격으로 구분할 수 있다. 적대적 공격의 목적은 공격의 대상을 해치는 것으로 '뜨거운(hot)' 공격이라고 불린다. 자신을 기분 나쁘게 하는 친구에게 보복을 하는 것이나 자신을 좌절시킨 익명의 다수에게 무차별적으로 총격을 가하는 행동도 여기에 속한다. 반면, 도구적 공격의 목적은 다른 목적을 이루기 위한 수단, 즉 도구로 행동을 이용하는 것이다. 그래서 도구적 공격은 '차가운(cool)' 공격이라고 불린다. 비행청소년들이 골목길을 지나는 학생들을 공격해서 돈을 빼앗는 것이 여기에 해당한다.

〈표 3-1〉 공격성의 형태에 따른 분류

공격성 형태	공격성 종류
수단	물리적 공격 : 상대방에게 신체적 해를 일부러 가하는 행동
	언어적 공격 : 말로 상대방에게 상처를 입히는 행동
	관계적 공격 : 타인의 사회적 관계에 의도적으로 해를 입히는 행동
직접성	직접적 공격 : 직접 때리거나 눈앞에서 욕설을 하는 등의 행동
	간접적 공격 : 상대방이 없는 장소에서 욕하는 등 해를 입히는 행동
능동성	능동적 공격 : 공격자가 대상자에게 적극적으로 상해를 가하는 행동
	수동적 공격 : 상대방에게 도움을 주는 반응을 일부러 하지 않는 행동
기능	적대적 공격 : 공격의 대상자를 해치려는 목적으로 하는 행동
	도구적 공격 : 다른 목적을 이루기 위한 수단으로 하는 공격행동

2. 공격성 이론

1) 본능이론

공격성에 대한 본능이론(Instinct Theory)은 오래된 이론이면서 논란이 많은 이론이다. 이 이론의 핵심은 공격성이 학습보다는 본능적으로 유전적 요인에 의해 결정되고 그러한 행동이 모든 사람에게 동일하게 나타난다는 것이다. 또한 공격성은 인간과 동물을 포함한 대부분의 동물에게 공통적으로 존재하는 성향이다. Freud(1923)는 정신분석 이론에서 인간의 모든 행동을 무의식에서 찾으면서 인간의 공격성 역시 그 근원이 무의식에 있다고 주장했다. 그에 따르면 인간의 무의식 속에는 에로스라는 삶에 대한 충동과 타나토스라는 죽음에 대한 충동이 존재하는데 공격행동은 죽음에 대한 충동에서 비롯된다. Freud는 죽음의 충동은 타고난 것으로서 인위적으로 제거할 수 없기 때문에 자주 배출해 주어야 한다고 주장했다.

또한 비교행동학(ethology)에서도 인간의 공격성은 다른 동물과 마찬가지로 본능적이라고 설명한다. 비교행동학은 다른 동물과의 비교를 통해 인간의 특성을 밝히고자 하는 학문으로, 동물의 행동을 그들이 본래 살고 있는 물리적이고 사회적 환경 속에서 연구해야 한다는 입장을 취하고 있다. Lorenz(1966)는 동물에게 공격행동은 생존을 위해 중요한 기능을 하는 것으로 외부 자극에 의해 유발된다고 보았다. 예를 들면, 큰 가시고기의 수컷은 다른 개체의 붉은 색 배를 보면 공격행동을 한다. 큰 가시고기의 수컷은 번식기가 되면 배에 붉은 반점이 나타나는데 영토를 지키고 있던 수컷은 붉은 반점을 가진 다른 수컷 큰 가시고기를 발견하면 쪼아서 쫓아버린다. 물론 붉은 반점을 가지지 않은 암컷에 대해서는 이러한 공격행동을 보이지 않는다. 따라서 붉은 배는 큰 가시고기의 공격행동을 초래하는 유발자극이다. 또한 Lorenz에 따르면 공격성은 종의 생존을 위해 필수적이다. 동물은 자기영역을 침범하는 다른 동물을 공격함으로써 자신의 영토를 지켜 먹이를 확보한다. 이것은 동물 개체의 수와도 밀접한 관련성이 있다. 일정한 지역에 존재하는 동물 개체의 수가 필요 이상으로 늘어나면 서로 간에 공격행동이 급격히 증가하게 된다. 즉, 필요한 먹이를 확보하기 위해, 필요한 공간을 확보하기 위해 상대방을 공격하는 행동이 증가하는 것이다.

이처럼 비교행동학에서는 공격성을 개체의 생존에 기여하는 것으로 본다. 진화 사회심리학(evolutionary social psychology) 역시 이와 비슷한 입장을 취하고 있다. 이 입장에 따르면, 생존에 유리한 행동과 관련된 유전자는 살아남아 다음 세대로 전달된다. 유기체의 궁극적 목적은 생존과 유전자의 후손 전달이므로 공격성은 중요한 전략 중 하나다. 많은 동물들이 영역과 자원 그리고 새끼를 지키기 위해 공격행동을 하지만 거기에는 항상 보복이나 심지어 죽음까지 따라올 수 있는 위험이 숨어있다(Gillbert, 1994). 따라서 진화론적으로 공격행동은 그 자체로 목적일 수가 없다. 대신에 공격행동은 사회적 지위를 획득하기 위한 주요 수단으로 인간의 생존과 번식에 유리한 기능을 한다. 왜냐하면 지위는 생존과 번식을 위해 중요한 역할을 하기 때문이다. 동물 사회에서 지배 서열이 존재한다는 것은 특정 집단의 일부 세력이 핵심 자원에 접근할 수 있는 기회를 더 많이 누리고 있음을 뜻한다(Cummins, 1998).

본능이론은 공격성을 일정 부분 설명하지만 그 한계도 있다. Kuo(1930)의 고양이 실험은 본능이론을 반박하는 대표적인 연구다. 고양이는 쥐를 잡아먹는 대표적인 천적이지만, 이 실험은 고양이의 이러한 속성도 자란 환경에 따라 달라질 수 있음을 보여준다. 이 연구자는 태어난 지 얼마 안 된 새끼 고양이를 세 가지 조건에서 키웠다. 한 조건에서는 새끼 고양이를 쥐를 잡아먹는 어미 고양이와 같이 키웠다. 또 다른 조건에서는 새끼 고양이를 고립된 상태에서 키웠다. 마지막 조건에서는 새끼 고양이를 쥐와 함께 키웠다. 이 새끼 고양이들은 성장한 후 쥐에 대하여 다른 반응을 보였다. 이미 고양이와 같이 자란 고양이의 85%가 쥐를 공격하였다. 그러나 쥐와 함께 사육된 고양이는 17%만이 쥐를 공격하였다. 이 같은 결과는 공격성에 대한 본능이론과 배치된다.

2) 좌절-공격 가설

좌절-공격 가설(Frustration-Aggression Hypothesis)은 공격행동이 좌절에 의해 유발되고 공격행동 이면에는 반드시 좌절이 있다는 입장이다. 이 가설은 당시 정신분석학과 학습이론의 영향을 받았다. 정신분석학에 따르면 충동이 생겨 심리적 에너지 수준이 올라가면 사람들은 적절한 행동을 통해 그 수준을 낮춰 평형상태에 도달하고자 한다. 그런데 이런 행동이 방해를 받을 때 그들은 좌절을 경험하게 된다. 예를 들면, 사람들은 자신의 행동에 대한 언어적 모욕이나 위협, 물리적 공격을 받을 때 좌절하고 분노한다(Bandura, 1983). 이때 어떤 상황이 좌절을 야기하는지는 주관적일 수 있다. 가령 일반적으로 매력적인 목표도 특정 개인에게는 그렇지 않을 수 있고 그럴 경우 그는 그 목표에 따른 좌절을 경험하지 않을 수 있다.

좌절상황이 공격행동을 유발시킨다는 것은 Harris(1974)가 실험적으로 입증했다. 그는 우리가 영화관이나 도서관 혹은 터미널 등에서 줄을 서서 무엇인가를 기다리는 상황에서 좌절이 공격행동을 유발하는지를 실험했다. 참가자들이 줄을 서서 기다리는 동안 실험 협조자가 맨 앞에서 두 번째 사람 앞에 끼어들었을 때와 열두 번째에 끼어들었을 때의 반응을 관찰하였다. Harris는 열두 번째보다는 두 번째가 목표지점에 더 가깝기 때문에 좌절이 더 클 것이라고 가정하였다. 관찰 결과 가정한 대로, 열두 번째 사람보다는 두 번째 사람에게 끼어들기를 했을 때 사람들은 더 크게 반발했다. 말하자면, 자신이 선 줄에 끼어드는 것은 좌절을 불러일으키고 그것이 공격행동을 유발한 것이다.

좌절-공격 가설 역시 인간의 공격성을 일정 부분 설명하지만 그 나름의 약점도 있다. 우선 공격성이 생득적이라는 주장과는 달리 좌절과 공격성의 관계는 학습을 통해 이루어진다는 지적이 있다. 좌절에 부딪혔다고 해서 반드시 공격적 반응을 유발하는 것은 아니고 목표를 방해하는 장애물을 피해 돌아갈 수 있는 방법을 찾거나 회피하는 등 다양한 반응이 나올 수 있다. 이처럼 좌절에 대한 반응으로 공격행동을 할 것인가 비공격적 행동을 할 것인가는 경험을 통해 학습될 수 있다. 또 다른 비판은 좌절이 공격행동의 필요조건이 아니라는 것이다. 운동선수는 좌절하지 않아도 경기에서 승리하기 위해 공격적인 행동을 보인다. 또한 군인이나 경찰 등은 좌절과 무관하게 명령에 의해 공격행동을 보이기도 한다.

3) 사회학습이론

인간은 행동과 결과 간의 연계성을 모방을 통해서도 습득한다는 것이 사회학습이론(Social Learning Theory)의 핵심 주장이다(Bandura & Walters, 1963). 이와 같은 모방의 능력은 종(species) 특유의 능력이다. 사회학습이론가들은 다른 사람의 행동을 지각하고 그 행동을 재생할 수 있는 능력을 선천적으로 가지고 있다고 본다. 그들은 공격도 다른 사람을 모델로 삼아 모방한 결과라고 본다.

Bandura와 Walters(1963)는 유치원 아이들에게 동영상을 보여 주었다. 한 조건의 아이들에게는 한 성인 모델이 (보보 인형이라고 부르는)비닐

오뚝이 인형을 발로 차거나 고함을 지르는 등 난폭하게 가지고 놀고 그에 따라 보상을 받는 동영상을 보여주었다. 다른 조건의 아이들에게는 모델이 동일한 행동을 한 후 보상을 받지 못하는 동영상을 보여 주었다. 시청이 끝난 후 아이들에게 다른 방에서 많은 장난감을 가지고 놀 수 있는 기회를 제공하였다. 그 결과, 공격적 모델의 행동을 본 아동이 그렇지 않은 아동에 비해 동일한 보보 인형을 더 공격적인 방식으로 가지고 놀았다. 이러한 결과는 공격행동이 모방을 통해 증가한다는 것을 보여 준 고전적 자료다.

[그림 3-13]에서 보듯이 Bandura(1965)는 관찰학습이 이루어지는 네 가지 과정을 제시하였다.

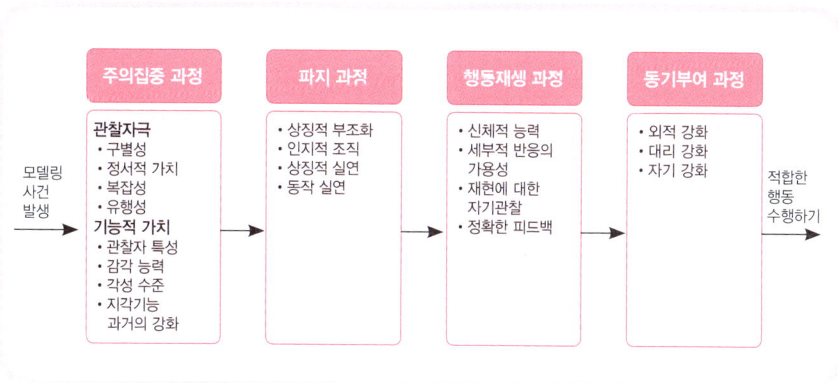

그림 3-13 사회학습이론에서 설명하는 관찰학습 과정

제1단계는 주의집중 과정으로 학습자가 관찰하는 행동에 주의를 기울여 가장 중요한 측면에 대한 정보를 끄집어내는 과정이다. 즉 모델의 공격행동에 주의를 기울이고 관찰하는 과정을 의미한다. 제2단계는 파지(encoding) 과정으로 학습자가 모델의 행동을 기억 속에 부호화하여 저장하는 과정이다. 그 행동에 대한 기억 없이 관찰의 효과가 나타날 수 없기 때문이다. 제3단계는 행동재생 과정이다. 이것은 반응을 인지적으로 재조직하는 과정으로 행동을 재생해서 그 성과를 잘 관찰한 후 자신의 행동을 수정하게 된다. 제4단계는 동기부여 과정이다. 이는 행동 수행 후에 뒤따라오는 효과에 따라 그 행동의 빈도가 증가하거나 감소한다. 모방한 행동의 결과가 가치 있으면 학습자는 그 행동을 다시 수행하고자 한다.

4) 인지 신연합이론

Berkowitz(1989)는 좌절-공격 가설을 수정하면서 인지 신연합이론(Cognitive-Neoassociation Theory)을 제안하였다. 그는 좌절의 결과로 공격이 발생하기 위해서는 적절한 상황적 단서가 필요하다고 주장했다. 이 이론에 따르면 사람들은 좌절이나 타인의 도발, 높은 불쾌지수 등 혐오 자극에 의해 부정적 정서를 경험하게 된다. 부정적 정서의 경험은 자동적으로 도피와 싸움 경향성을 활성화시킨다. 이 경향성에는 생리적 반응, 운동 반응과 인지적 요소가 연결되어 있으며, 도피 경향성은 공포를 야기하고 싸움 경향성은 분노를 야기한다. 이때 초기의 혐오 자극은 부정적 정서를 경험하게 할 뿐 특정 반응을 결정하지는 않는다. 그 반응은 유전적 요인, 과거의 경험, 상황의 영향력 등을 받는다.

이처럼 인지 신연합이론은 공격행동에서 인지의 중요성을 강조하고 있다. 또한 이 이론에 따르면 초기 원시적 반응은 나중의 고차원적인 인지적 사고 처리에 의해 바뀔 수도 있다. 자신이 어떤 감정을 경험하는지 인식하고 그런 감정을 초래한 원인이 무엇인지 판단하는 것과 같은 숙고의 결과로 분노와 공포는 더욱 분명하게 분화되고 행동은 강화되거나 억제될 수 있다. 같은 맥락에서 앞서 TV나 영화 등 폭력 장면이 공격행동에 미치는 효과에 대해서도 인지 신연합 이론은 사회학습이론과는 다른 설명을 제시한다([그림 3-14]). 이 이론에 의하면 아이들이 보는 폭력적인 장면은 그것과 연합되어 있는 공격적 사고와 행동 경향성을 활성화시킨다. 또한 우리가 목격하는 주인공의 폭력 행위는 우리에게 합리화의 빌미를 제공한다. 그러나 그 후 어떤 인지 처리를 하는지에 따라 공격성이 억제 혹은 증가할 수 있다.

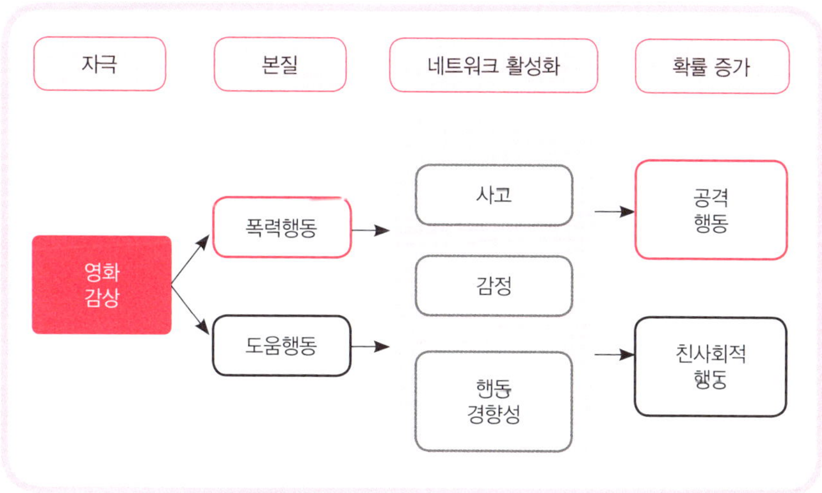

그림 3-14 대중매체 노출의 무의식적 효과

환경자극이 공격행동과 연합되어 있다는 사실을 보여주는 연구들이 있다. Berkowitz와 Lepage(1967)는 실험 중에 실험참가자를 도발하도록 실험 협조자에게 지시했다. 그 다음 참가자는 자신을 도발한 실험 협조자의 수행 결과에 따라 다양한 강도의 전기충격을 그에게 가했다. 이때 실험집단의 참가자에게는 총이나 칼과 같은 공격적 무기를 주변에 제시했다. 통제집단에는 배드민턴 라켓과 같이 공격과 상관없는 도구를 제시했다. 그 결과 실험집단의 참가자들이 더 강한 전기충격을 주었다. 이 결과는 공격적 의미를 가진 단서는 흥분상태의 사람들에게 공격행동을 더욱 강하게 촉발할 수 있다는 것을 의미한다. 즉 이와 같은 무기효과

(weapon effect)는 공격적인 사고, 정서 및 행동 경향성이 모두 기억 속에서 함께 연합되어 있음을 시사한다.

인지 신연합이론에 따르면, 폭력적인 게임에 반복적으로 노출되는 것 역시 공격성을 증가시킬 수 있다. 폭력적인 이미지에 반복 노출됨으로써 시청자의 공격성 연합 네트워크가 더욱 복잡하고 풍부해지기 때문이다.

5) 공격성 일반 모형

공격성 일반 모형(General Aggression Model)은 공격성에 대한 기존의 다양한 이론들을 전체적으로 통합하여 하나의 개념적인 틀을 제공한다(Anderson & Bushman, 2002). Anderson과 Bushman의 연구에 나타난

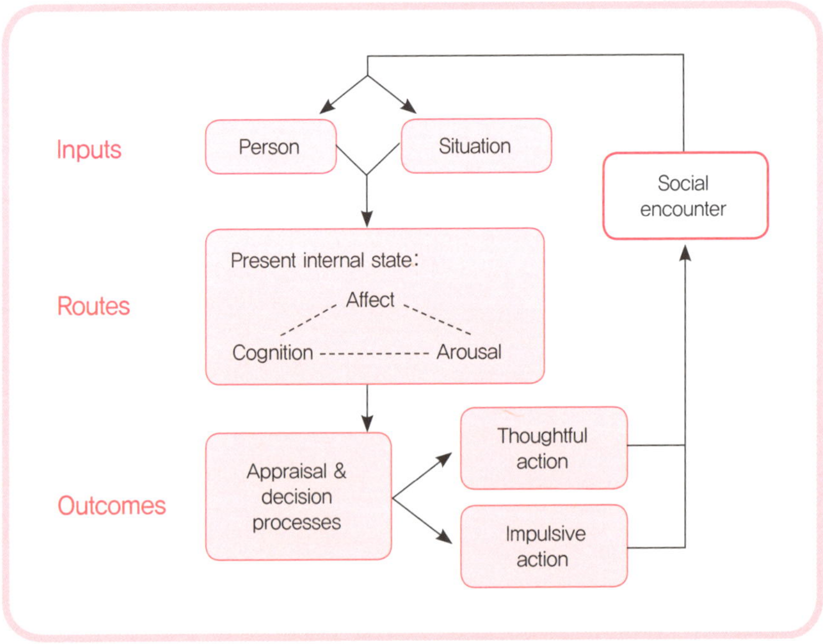

그림 3-15 공격성 일반모형

이 이론은 폭력적 컴퓨터 게임과 같은 환경변인이 개인의 공격적 인지구조를 활성화하여 공격적 사고를 촉발하고 결국 공격행동을 더 많이 하게 한다고 설명한다.

공격성 일반 모형은 사회적 상호작용이 진행 중인 사건, 즉 상황 속의 개인에 초점을 맞춘다. [그림 3-15]에서 보듯이, 이 모형은 공격행동을 개인과 상황이라는 두 요인의 투입 단계, 인지, 정서, 각성 등 개인의 현재 내적 상태를 지칭하는 경로 단계, 그리고 평가와 의사결정에 따른 결과 단계 등 세 단계를 포함한다. 투입 변수 중 하나인 개인 요인은 상황에 적용할 수 있는 성격 특질, 태도, 유전적 경향성 등을 포함하고 있다. 이 요인은 시간과 상황에 상관없이 안정적인데, 그것은 개인이 가진 도식, 각본, 기타 지식구조를 일관적으로 사용하기 때문이다.

지식 구조의 총합은 결국 개인의 성격이라고 할 수 있으며, 개인이 어떤 상황을 선택하고 회피할지에 관여한다. 상황요인은 도발이나 공격 단서와 같은 중요한 상황적 특징을 포함하여, 개인 요인과 마찬가지로 인지, 정서, 각성 상태에 영향을 줌으로써 공격성에 영향을 미친다.

경로단계는 개인의 내적 상태를 지칭하는 단계다. 개인과 상황이라는 두 투입 변수는 그것이 만들어 낸 현재의 내적 상태를 통해 최종 결과물인 행동에 이른다. 현재의 내적 상태는 인지, 정서, 각성 등을 포함한다. 예를 들면, 적대성 특질과 폭력 장면에의 노출은 공격적 사고, 공격적 정서 그리고 공격행동에 대한 접근성에 영향을 미친다. 현재의 내적 상태를 구성하는 이 세 가지 요인은 서로 강하게 연결되어 있으면서 영향을 주고받는다.

마지막으로 결과 단계에서는 평가와 의사결정이 이루어진다. 투입된 요인에 의해 나타난 인지, 정서 그리고 각성 상태에 기반을 두어서 어떠한 행동을 할 것인지 결정하게 된다. 이때 관여하는 정보처리 과정은 자동적 처리과정과 숙고적 처리과정 모두를 포함하고 있다. 자동적 처리과정은 자신의 내적 상태에 대응하는 방식으로 즉각적으로 결정하는 것을 의미한다. 반면에 숙고적 처리과정은 자신의 내적 상태를 재평가해서 행동을 결정하는 과정을 의미한다. 의사결정 과정을 통해 이 사건에서 마지막 행동이 결정된다. 그리고 이 마지막 결과는 사회적 만남을 통해 다음의 공격 사건에 다시 투입된다.

3. 공격성 유발요인

1) 환경적 요인

(1) 가정 및 또래 환경

아이들에게 가장 가까운 역할모델은 부모다. 아동의 공격성과 부모의 부적절한 양육방식 간에 관련성이 있다고 보고하는 연구가 많다. 한 연구(Eron et al., 1991)에 따르면, 부모가 아동을 비일관적으로 훈육하거나 차갑게 대하거나 혹은 심한 신체적 처벌을 한 가정에서 자란 아동은 지속적으로 공격성을 보였다.

아동은 성장하면서 가족뿐만 아니라 또래와 상호작용을 하면서 그들로부터 많은 영향을 받는다. 공격적 성향을 보이는 아동은 폭력을 거부하는 또래집단에게는 거절당하고 비슷한 성향을 지닌 친구들과는 어울리게 된다. 공격적 성향의 아동들이 모여 만든 또래집단은 그들 간의 상호작용과 모방 학습을 통해 더욱더 공격적으로 자란다.

(2) 문화적 차이

문화는 보다 더 큰 맥락으로 사람들의 공격성에 영향을 미칠 수 있다.

가령 한 연구(Bushman & Huesmann, 2010)에 따르면, 말레이시아 문화에서 젊은이들은 체면이 깎이는 것 같은 특정한 상황에서 충동적인 공격을 통제할 수 없다고 여긴다. 이런 문화 속에서 젊은이들은 자신의 공격행동이 가져오는 결과로부터 좀 더 자유로울 수 있다. 이처럼 특정 상황에서 사람들이 통제력을 잃는 것은 당연하고 정상적이기 때문에 폭력이 뒤따르는 것을 당연하다고 여긴다면 이러한 문화에서는 폭력적 행동이 더 빈번할 수 있다. 반면, 영국 문화는 젊은이들이 자신의 폭력을 통제할 수 있으며, 당연히 스스로의 행동에 대한 책임 역시 져야 한다고 생각한다.

또한 개인주의와 집단주의 문화에서 공격성이 어떻게 다른지에 대해서도 많은 흥미를 가지고 있다. 동료에 대한 공격행동을 국가별로 비교한 연구(Bergeron & Schneider, 2005)에서는 개인주의 문화일수록 공격행동의 지표에서 더 높은 순위를 차지했다. 개인주의 문화에 비해 집단주의 문화에서는 여리 사회직 관세나 백락이 개인의 행동에 더 많은 영향을 미치기 때문에 공격과 같은 타인에게 해를 가하는 행동을 억제하는 요인들이 더 많기 때문이다.

(3) 대중매체의 영향

좌절-공격 가설은 공격성을 대리적으로 해소할 수 있다고 주장한다. Freud의 본능이론에 기반을 둔 정화가설에 따르면, 좌절로 인해 내부에 쌓인 공격적 에너지를 폭력매체의 시청과 같은 대리적 방식으로 해소함으로써 이후에 그 좌절을 야기한 사람을 공격할 가능성이 낮아진다. 그러니 이 이론이 타당하다면 누구나 일정한 시간마다 폭력매체를 접하게 함으로써 폭력을 감소시킬 수 있다.

한편, 사회학습이론은 학습이나 경험에 의해 공격행동이 획득된다고 설명하는 이론이다. 이 이론에 따르면, 폭력적인 매체의 노출이 많을수록 공격성은 증가한다. 즉 이 두 가설은 폭력매체 시청의 효과에 대해 정반대적 이론을 제시하고 있다.

2) 상황적 요인

(1) 불쾌사건

사람들은 비판이나 공격을 당하면 종종 공격적으로 반응한다. 즉 도발은 우리가 타인에게 공격성을 보이는 가장 강한 원인 중 하나이며, 상대가 의도적으로 자신에게 피해를 입혔다고 생각할 때 공격적 반응은 더욱 커진다. 다양한 도발 중에서도 업신여김이나 모멸감은 매우 강력한 효과가 있다(Harris, 1993). 또한 부당한 비난 역시 공격적 반응을 일으키는 강력한 도발 중 하나다.

타인에게 거절당하는 사회적 상황 역시 강한 스트레스와 함께 공격적 반응을 유발한다. 사회적 고립은 공격행동을 초래하는 강력한 요인 중 하나다.

불쾌한 사건은 비사회적 상황에서도 자주 발생한다. 가령 기상청은 6월부터 9월까지 기온과 습도를 조합하여 사람들이 느끼는 생활기상지수, 즉 불쾌지수를 제시한다. 불쾌지수가 80이 넘으면 누구나 불쾌감을 느낄 수 있다. 실제로 높은 기온과 습도는 사람들의 공격성을 유발하는 불쾌사건이다.

(2) 각성 상황

각성 수준이 올라가면 사람들은 공격성이 더욱 강해진다. 도발이나 폭력매체뿐만 아니라 스포츠도 사람들의 각성 수준을 높인다. 결승전의 결승골은 사람들의 심장박동과 혈압을 증가시킨다. 이런 각성 상태에서 상대방 팀의 도발은 종종 더 강한 공격행동을 유발한다. Zillmann(1983)은 이러한 현상을 흥분전이이론(Excitation Transfer Theory)으로 설명한다. 이 이론에 따르면, 어떤 사건으로 발생한 흥분은 쉽게 수그러들지 않고 그 다음에 발생하는 사건으로 넘어가 영향을 미친다. 이때 이후의 사건이 도발적인 특성을 가지고 있으면 전이된 흥분은 공격적 반응을 증가시킬 수 있다. 즉 이전의 흥분상태를 인지하지 못할 때, 그리고 지금의 각성상태를 지금 발생한 사건으로 귀인할 때 공격성은 더욱 커진다.

(3) 공격 탈억제 요인

도발적이거나 각성 수준을 높이는 상황이라고 하더라도 대부분의 사람들은 자신의 공격충동을 잘 억제한다. 그러나 술은 억제를 약화시킨다. 음주와 공격성의 관계에 대한 여러 연구를 메타 분석한 결과, 둘 사이에는 정적인 상관이 있었다. 술에 취한 실험참가자는 통제집단에 비해 도발에 더욱 공격적으로 반응했다(Bushman & Cooper, 1990). 이에 대한 가능한 설명 중 하나는 음주로 인해 공격성 통제가 약해진다는 것이다.

자아고갈이론(Ego-Depletion Theory)은 인간의 뇌가 자기 통제를 위해 많은 포도당을 필요로 하는데 알코올이 그런 포도당을 감소시켜 자기 통제가 약화된다고 설명한다. 또한 알코올은 판단의 시야를 좁히는 특성이 있어 술에 취한 사람들은 눈에 띄는 도발적 상황에 더욱 민감하게 반응한다(Giancola & Corman, 2007).

그뿐만 아니라 알코올은 사람들의 자의식(self-awareness)을 감소시킴으로써 공격에 대한 자기의 기준을 망각하도록 한다(Hull, 1981). 술에 취한 사람들은 당장 눈앞에 닥칠 미래를 생각하지 못하는 것처럼 보일 때가 있다.

3) 개인적 요인

(1) 성격적 특성

공격성에 영향을 미치는 성격적 특성 중의 하나가 사이코패스 성향이다. 이 성향은 타인의 고통에 무감각하고 죄책감을 느끼지 않으며, 공감능력이 결여되어 있다. 이러한 성향의 사람은 누군가를 해치는 것보다 주로 자신의 목적을 이루는 것에 초점을 맞추기 때문에 주로 도구적 공격행동을 보이지만(Nouvision et al., 2007) 자신의 목적이 방해받는 좌절상황에서는 적대적 공격도 한다(Blair, 2010). 비록 이런 기질의 사람들은 정서적 반응이 약하고 타인에 대한 공감 능력이 떨어지지만, 상대의 관점에서 생각하도록 주입시키면 그들의 공격수준도 감소할 수 있다(Van Baardwijk et al., 2009).

공격성과 관련한 또 다른 성격 요인이 자기애(narcissism)이다. 자기애 성향이 높은 사람은 스스로의 가치와 성취를 과대평가하는 경향이 있다. 이러한 사람은 자신의 자아가 위협받을 때 공격적으로 변한다. 특히 공적인 상황에서 모욕을 당할 경우 더욱 공격적 반응을 보인다.

(2) 생물학적 특성

생물학적으로 각성 수준이 낮은 사람이 더 공격적으로 행동하는 경향을 보인다. 반사회적 성격장애나, 사이코패스 성향을 가진 사람들은 심장박동, 혈압, 피부전도로 측정한 각성수준에서 일반 사람들보다 낮았다(Raine, 1993). 15세 소년들을 대상으로 한 연구(Raine et al., 1995)에서도 낮은 각성 수준과 10년 후 범죄에 가담할 확률 간의 관련성이 있었다. 이에 관한 사회 · 인지적 해석에 따르면 각성 수준이 낮은 사람은 공격적 행동 각본을 평가하는 동안 부정적 정서를 경험할 확률이 낮아 그 각본대로 행동할 가능성이 높다(Anderson & Heusmann, 2003).

4. 공격성 감소방안

1) 행동적 접근

(1) 처벌

대다수의 사회는 공격성을 줄이기 위한 주요 전략으로 처벌을 사용해 왔다. 친구들과 싸운 학생들에게 요구하는 반성문에서부터 범죄자를 교도소에 보내는 것까지 다양한 장면에서 다양한 처벌이 존재한다. 처벌을 하는 한 가지 이유는 공격행동으로 누군가에게 피해를 준 가해자 역시 처벌을 통해 피해를 받는 것이 당연하다고 생각하기 때문이다. 처벌을 하는 또 다른 이유는 공격행동의 예방과 관련이 있다. 자신의 공격행동이 발각되어 처벌을 받을 수 있다고 생각할 때, 사람들은 그 행동을 자제할 가능성이 높기 때문이다.

처벌의 효과를 극대화하기 위해서 충족되어야 할 조건이 있다(Berkowitz, 1993). 우선, 처벌은 공격행동이 발생한 후 가능한 한 즉시 주어져야 한다. 둘째, 처벌은 처벌 대상에게 혐오감을 줄 만큼 충분히 강력해야 한다. 셋째, 처벌은 대상자에 상관없이 일관적으로 적용되어야 한다. 넷째, 처벌은 그 당사자에게 정당한 것으로 지각되어야 한다. 마지막으로, 처벌은 받는 공격행동을 대체할 수 있는 바람직한 행동을 제시할 수 있어야 한다. 그러나 이러한 조건을 충족하는 처벌을 집행하는 것은 오늘날 사법체계에서는 극히 어려운 일이다. 보통 처벌은 공격행동 이후

몇 달에서 몇 년까지 지연된다. 또한 동일한 형태의 범죄라고 하더라도 그 형량은 범죄의 내용과 범죄자의 특성 등에 따라 다르기 때문에 처벌에 대한 일관성과 정당성을 확보하는 것 또한 어렵다.

이상적 조건에서 시행된 처벌조차도 공격성을 일시적으로 억누르는 임시방편뿐일 수 있다. 가령 한 연구에서는 집에서 부모에게 물리적 처벌을 받으며 자란 아이는 학교에서 다른 아이들에게 더 공격적으로 행동했다(Lefkowitz et al., 1978).

(2) 행동개입

행동수정(behavior modification)은 비공격적 행동을 강화하는 하나의 원리인데, 이 원리를 사용한 프로그램이 '좋은 행동 게임(Good Behavior Game)'이다. 이것은 집단 개인 프로그램 중 하나로 교실에서의 부적절한 행동을 교정하고 학업수행을 향상시키는 데 사용되어 왔다. Kleinman과 Saigh(2011)는 26명의 다인종 청소년들로 이루어진 수업시간에 이 프로그램을 실시하였는데, 수업시간에 돌아다니거나, 고함을 지르고, 욕설을 내뱉어서 정상적으로 수업을 받을 수 없는 교실에서 이 게임을 시작하면서 학생들에게 수업 시간 중 금지할 세 가지 표적행동으로 언어적 훼방, 신체적 훼방, 그리고 자리뜨기를 지정했다. 이런 행동을 하지 않을 경우 사탕과 피자가 보상으로 주어졌다. 6주간의 시행 후 학생들의 금지 행동은 눈에 띄게 개선되었으며, 사후 관찰에서도 그 효과는 유지되었다.

비공격적 행동을 촉진하는 또 다른 개입방법이 사회적 기술 습득(social skills training)이다. 공격적 행위자들은 사회적 상황에서 필요한 분노 조절이나 협상과 같은 사회적 기술이 부족하다. 그들이 사회적 기술을 습득하게 함으로써 그들의 공격성을 감소시킬 수 있다. Schneider와 Byrne(1987)이 개발한 프로그램에서는 아이들에게 12주 동안 다양한 훈련을 실시하였다. 아이들은 장난에 비공격적으로 반응하기, 좌절 상황에서 과도하게 행동하지 않기, 그리고 다른 사람의 감정과 반응을 정확하게 읽는 기술을 배운다. 또한 대인관계에서의 의사소통 방법, 거절에 대한 대처 및 스트레스 관리도 훈련받는다.

공격행동을 하는 사람들의 정서적 각성 수준을 낮추기 위한 행동 개입에는 이완법(relaxation training)이 있다. 이 기법은 사람들의 분노와 각성 수준을 감소하고 이완하는 훈련을 통해 적대적인 공격성을 줄이고자 하는 기법이다. 대부분의 이완 훈련은 깊은 호흡, 평화로운 초원처럼 이완에 도움을 주는 이미지의 시각화, 몸의 모든 근육을 긴장시켰다가 이완시키기 등을 수반한다. 점진적 근육 이완법(progressive muscle relaxation)은 직접적으로 생리적 반응을 완화시킴으로써 공격반응을 감소시키고자 한다. 바닥에 등을 붙이고 누워서 두 팔을 자연스럽게 늘어뜨린다. 그 후 지시에 맞춰서 이마, 얼굴, 팔 등 각 근육별로 짧은 시간 긴장시켰다가, 완화하는 것을 반복한다. 이러한 훈련법은 심장박동, 혈압의 감소와 신체적 공격의 유의미한 감소결과를 보였다(Lopata, Nida, & Marable, 2006).

행동 개입의 또 다른 형태가 자기지시훈련(self-instructional training)이다. 이 훈련은 누군가가 도발했을 때 사람들로 하여금 마음속으로 자신에게 이야기를 건네도록 하는 것이다. 가령 상대방이 도발할 것 같은 때는 '나는 이 상황을 다스릴 수 있어.', 상대방의 도발에 직면하는 순간에는 '진정하고 일단 긴장을 풀자', '넌 이런 상황에서 자신을 증명하려 할 필요 없어', 도발을 받은 후에는 '이완시키고 모든 것들을 느리게 할 때가 왔어.', '나는 자제력을 잃지 않겠어.'라는 말을 자신에게 한다. 갈등이 해결된 후에는 '이 문제는 내가 생각한 만큼 어렵지 않았어.'라고 스스로에게 이야기할 수 있다. 갈등이 해결되지 않은 상태에서는 '이 상황이 해결되려면 어느 정도 시간이 걸리는 것이 당연해.'라고 스스로를 진정시킬 수 있다.

마음 챙김 훈련(mindfulness training)은 도발적인 상황에서 주의를 내면으로 옮기고 심신을 이완함으로써 공격행동을 억제하도록 도와준다.

2) 정서적 접근

(1) 공감

일반적으로 가해자와 피해자의 물리적 거리가 클 때보다는 작을 때 공격행동이 덜 일어난다. 거리가 가까울 때 상대방의 고통을 직접 볼 수 있고, 이것이 가해자에게 죄책감과 같은 심리적인 고통을 야기할 수 있다. 이처럼 피해자에 대한 공감은 공격성을 감소시키는 역할을 할 수 있다.

성인은 물론 아동을 대상으로 한 연구들이 공감의 효과를 입증하고 있다. 대부분의 연구에서는 정서를 유도하는 상황을 만들어 놓고 그 상황에 대한 아동의 자기보고, 공감적인 표정이나 몸짓을 통해 공감을 측정한다. 한 연구에서는 콜롬비아의 학생을 대상으로 학교폭력에 관한 조사를 실시했다. 연구자들은 사회·정서적 요인, 가족과 학교 요인, 가난이나 불평등, 지역사회의 폭력 수준 등 환경 요인이 학교폭력에 미치는 영향을 알아보았다. 그 결과 사회·정서적 능력 중 하나인 공감 수준이 낮은 학생은 그 수준이 높은 학생에 비해 공격성 수준이 더 높았다(Chaux, Molano, & Podlesky, 2009).

3) 인지적 개입

(1) 귀인

귀인은 공격행동을 할 것인지 결정하는 상황에서도 일어난다. 한 연구에서(Ohbuch & Kambara, 1985) 참가자들은 한 쌍을 이뤄 서로 전기충격을 주고받았다. 이때 파트너가 가하는 전기충격의 강도와 의도를 참가자들에게 알려주었다. 절반의 참가자들은 파트너의 의도에 상응하는 강도의 전기충격을 받았지만, 나머지 절반은 파트너의 의도와 반대되는 강도의 전기충격을 받았다. 즉 나머지 절반 중 일부는 자신이 강한 전기충격을 받아 고통스럽지만, 파트너는 약한 충격을 주고자 했다고 알고 있었다. 나머지 일부는 자신이 약한 전기충격을 받았지만 파트너는 강한 충격을 주고자 했다고 알고 있었다. 차례가 바뀌었을 때, 참가자들은 자신이 받은 전기 충격의 강도보다 파트너의 의도를 더 중시했다. 자신에게 약한 충격을 주고자 한 파트너에겐 실제 받은 충격이 컸더라도 약한 충격을 주었지만, 자신에게 강한 충격을 주려고 한 파트너에겐 받은 충격이 약했더라도 강한 충격을 주었다. 이와 같은 발견을 고려할 때, 공격성을 감소시킬 수 있는 한 가지 방법은 상대방의 행동을 의도치 않은 것으로 귀인하는 것이다.

공격성을 감소시키는 또 다른 인지 요소로 사과가 있다. 대형마트에서 카트로 부딪친 사람이 사과를 하면 그 사람을 공격하기가 쉽지 않다. 이때 사과가 진실하게 보이고 사과하는 사람의 설명이 납득이 갈 경우 우리의 반응은 덜 공격적으로 된다(Schumann, 2014).

(2) 용서

용서는 나에게 피해를 입힌 사람을 처벌하려는 욕구를 버리고, 대신에 그에게 도움을 주는 방향으로 행동하려는 의도다. 용서를 한다는 것은 무엇보다도 공격성의 감소를 포함한다. 용서는 상대방에 대한 자신의 공격성 욕구를 감소시킬 뿐 아니라(McCulloung et al., 2003), 본인의 심리적 안녕감도 강화시킨다(Karrenmanss et al., 2003).

그러나 용서가 모든 맥락에서 동일하게 작동하는 것은 아니다. 한 연구에서 연구자들은 107명의 참가자에게 직장동료, 친구, 애인이나 배우자가 최근에 규칙을 위반한 경우를 기술하게 했다. 그 결과 규칙을 위반한 상대방이 후회와 유감을 표현할 때 용서할 가능성은 더 커졌고, 공격성은 감소했다(Karrenmanss et al., 2003).

HUMAN PSYCHOLOGY

인 · 간 · 심 · 리

제 4 부

집단 이해하기

인간심리

제 1 장

HUMAN PSYCHOLOGY

갈등과 친사회적 행동

1. 갈등이론

갈등은 우리가 일상생활에서 매우 흔하게 겪는 일이다. 사람들은 서로 이해관계가 대립할 때 종종 더 많은 이득을 얻기 위해 충돌한다. 또한 그들은 서로에 대한 경쟁심 때문에 갈등하기도 한다. 갈등(conflict)은 행동, 목표 혹은 생각의 불일치로 인해 개인이나 집단의 이해관계와 양립할 수 없는 식으로 상대방이 행동할 때 나타난다. 갈등의 원인은 크게 물리적이고 환경적인 측면을 반영하는 외적요인과 개인의 심리적인 측면을 반영하는 내적 요인으로 구분할 수 있다. 이러한 요인들은 사람들로 하여금 협동 대신 경쟁을 선택하게 만듦으로써 궁극적으로 서로 갈등하게 만든다. 다음은 갈등을 설명하는 이론을 살펴보고자 한다.

1) 현실갈등이론

사람들은 자신이 원하는 만큼의 자원을 소유하고자 한다. 왜냐하면 우리는 누구나 주어진 목표를 달성하기 위해서 인력이나 자원이 필요하기 때문이다. 그래서 자원이 부족하거나 희소할 경우 사람들은 가능한 한 자신이 더 많은 자원을 소유하고자 한다. 그래서 자원을 어떻게 분배할지와 관련해서 갈등이 생길 수밖에 없다.

현실갈등이론은 이처럼 희소한 자원을 두고 개인이나 집단이 서로 경쟁함으로써 갈등이 발생한다는 입장이다(Jackson, 1993; Levine & Campbell, 1972). 특히 집단 간 경쟁이 매우 중요한 문제로 다루어졌는데, 이는 갈등이 발전함에 따라 내집단의 연대감과 우월의식은 커지는 반면, 외집단에 대해서는 적대감, 비호의적 태도 그리고 고정관념이 증가하면서 궁극적으로 갈등이 생기기 때문이다.

같은 맥락에서 집단 내 구성원들 간의 갈등은 낮은 성과 때문에 발생할 수도 있다. 낮은 성과는 궁극적으로 그 집단이 이용할 수 있는 자원의 양을 상대적으로 낮추는 결과를 초래한다. 그래서 빈약한 성과와 그에 대한 부정적 피드백은 집단 구성원들을 위협하고 서로 불만을 갖도록 만들어 그들 사이의 갈등을 증폭시킨다. 한 연구(Peterson & Behfar, 2003)에서 특정 과목을 팀 단위로 수강하는 대학생들을 대상으로 그들이 경험한 갈등의 정도를 측정하였다. 이 과목의 담당자는 각 팀이 수행한 성적을 보여준 후 그들이 겪는 갈등을 알아보았다. 그 결과는 예상했듯이 좀 더 부정적인 피드백을 받은 집단이 그 후에 더 많은 갈등을 겪었다. 또한 피드백을 받기 전부터 원래 갈등 수준이 높던 집단은 그 이후에 더 많은 갈등을 겪었다고 보고했다. 이러한 갈등을 감소시키려는 능동적인 조치가 취해지더라도 학생들은 그와 같은 조치에 저항하는 것으로 나타났다. 이처럼 성과 수준이 낮거나 원래부터 갈등적인 집단은 이후에 갈등을 겪을 가능성이 더 높다.

자원의 부족은 한 개인에게 국한된 경우에도 그것과 관련된 갈등을 발생시킬 수 있다. 예를 들면, 한 개인이 두 가지 이상의 과업을 수행할 수 있을 만큼 충분한 자원을 가지고 있지 못할 때 그것은 사람들 간의 갈등을 유발하는 요인이 되기도 한다.

2) 동기적 접근

협동을 막고 갈등을 발생시키는 원인에는 개인 내부적 요인과 외부적 요인이 있다. 이 두 가지 요인은 명확한 경계를 가지기보다는 특정 맥락 속에서 서로 영향을 주고받는다. 이와 관련된 하나의 개념이 동기다. 사람들이 협동하지 않고 경쟁하는 심리적 동기를 구성하는 요인으로 가장 많이 언급하는 것이 탐욕과 배신에 대한 두려움이다(Combs, 1973).

먼저 탐욕은 자신이 마땅히 기대할 수 있는 것 이상을 요구하거나 소망하는 것이다. 사람들은 자신이 타인이나 과업에 들인 노력의 양을 실제 그 노력이 자신에게 가져다줄 수 있는 이익의 양보다 더 크게 지각하는 경향이 있다. 그래서 탐욕은 자신이 투자한 것과 받아야 하는 것을 객관적으로 평가하는 것이 아니라, 자신이 투자한 것을 과대평가함으로써 협동하지 못하는 결과를 초래한다. 이처럼 한 개인이 다른 사람들과의 관계 속에서 상대방의 이익을 부당하게 뺏고자 할 때 갈등이 발생할 수 있다.

그러나 이러한 입장은 탐욕에 따른 갈등이 관계적 맥락에 따라 달라질 수 있다는 점을 잘 설명하지 못한다. 즉 외부 상황에 대한 개인의 내적 해석에 따라 탐욕은 달라질 수 있다. 이에 또 다른 연구자들은 사람들이 자신의 이익을 추구하면서 보이는 공격 행동을 대인 간 혹은 집단 간 맥락 속에서 설명하고자 했다(Pruitt & Rubin, 1986). 그들의 설명에 따르면 대인 간 갈등은 한 개인이 상대방과 상호작용을 할 때 느끼는 개인적 박탈감(egoistic deprivation) 때문에 발생한다. 개인적 박탈감이란 자신의 이익과 직접적으로 관련이 되어 있으며 내가 갖고자 원하는 것을 타인이 가지고 있을 때 발생하는 박탈의식을 말한다.

또한 집단 간 갈등은 상대 집단의 방해 때문에 자신이 속한 집단이 정당한 이득을 받지 못한다는 집단적 박탈감(paternalistic deprivation) 때문에 생긴다. 집단적 박탈감은 자신이 속한 집단과 동일시가 이루어지면서 내집단 구성원들이 갖고자 하는 것을 외집단 구성원이 가지고 있을 때 발생하는 박탈의식을 말한다.

경쟁심의 또 다른 요인은 상대방의 배신에 대한 두려움이다. 협동을 하면 전체적으로는 이익이 커진다는 것을 알지만 상대방에 대한 신뢰의 문제가 제기될 때 배신에 대한 두려움이 생긴다. 이것은 상대방이 배신할 경우 자신이 떠안아야 할 손실에 대한 두려움으로 이러한 두려움이 클수록 협동보다는 경쟁을 선택할 확률이 높다. 사람들은 이러한 불상사를 막기 위해 상대방의 도덕성과 같은 내적인 특성을 고려한다. 그러나 상대방이 전반적으로 도덕적이라 하더라도 자기와의 특정 관계 속에서도 그렇게 행동할 것이라고 보장할 수는 없다. 대신에 주어진 관계에서 상대방으로 하여금 믿을 만하게 행동하도록 함으로써 자신의 협동에 보답하도록 만드는 것이 중요하다. 즉 배신에 대한 두려움은 서로에 대한 신뢰를 어떻게 형성하느냐에 따라 해결할 수 있다.

사람들은 탐욕이나 배신에 대한 두려움 때문에 협동하는 것이 자신에게 공정한 선택이 아니라고 지각하게 된다(Tabinia et al., 2008). 그러나 이것이 늘 불공정성을 초래하는 것은 아니다. 가령 최후통첩게임(Ultimatum Bargaining Game)에서는 둘 중 분배자의 역할을 하는 한 사람이 공동의 자원을 어떻게 분배할지 먼저 제안하면 상대방이 그 제안을 수용할지 여부를 결정한다. 그렇기 때문에 탐욕이나 배신에 대한 두려움이 있더라도 분배자가 합리적인 제안을 하고 상대방이 그것을 수용하면 분배자와 상대방 모두가 만족하는 결과를 가져올 수 있다(Vandijk, De Cremer, & Handgraaf, 2004). 그러나 분배자가 불공정한 제안을 하거나 상대방이 합리적인 제안도 거부하면 양자 간의 협동은 점점 멀어진다.

결국 경쟁심을 구성하는 탐욕과 배신에 대한 두려움은 상대방과의 상호작용에 따라 암묵적으로 결정되는 경향이 있다. 이러한 점에서 볼 때 갈등은 한 개인의 독립적인 특성으로 결정되는 것이 아니라 서로의 관계에 의해 결정된다고 할 수 있다. 이때 주어지는 정보, 가령 상대방의 입장이나 주어진 문제와 관련된 전반적인 상황을 알려주는 정보가 갈등을 다루는 데 영향을 미칠 수 있다.

3) 상호의존이론

상호의존이란 둘 이상의 개인이나 집단이 자신의 목표를 달성하기 위해서는 상대방의 도움이 필요한 상황을 말한다. 각자의 독립성이 줄고 상호의존이 커지면 갈등도 커질 수 있다. 왜냐하면 한 개인이나 집단의 역할과 지위에 따라 자원 배분이 달라질 수 있고 이것이 각자에게 영향을 미치기 때문이다. 반대로 자원이 희소하더라도 상호의존 없이 서로 독립적인 상태에 있다면 갈등은 발생하지 않을 것이다. 때로 집단 간의 상호작용은 협동적인 관계로 발전할 가능성도 내포하고 있다(Schelling, 1980).

상호의존이론(Interdependence Theory)은 개인이나 집단 간의 상호 교환적 관계를 모델로 한다. 이 이론은 게임이론(Colman, 2003)에 근거해서 만들어진 것으로 사람들이 협동하거나 경쟁하는 데 영향을 미치는 요인을 밝히고자 한다. 이 이론에서는 상호의존의 형태를 다음의 몇 가지로 구분한다.

그중 하나가 제로섬(zero-sum)으로 이것은 순전히 경쟁적 관계를 의미한다. 이 유형은 자기에게 유리한 결과를 추구할수록 상대방은 필연적으로 손해를 봐야 하기 때문에 이러한 관계에서는 갈등이 발생하기 쉽다. 예를 들면, 제로섬의 경쟁상황에서 한쪽이 불공정한 행동을 하거나 부적절한 권력을 남발하고 사실과 다른 내용을 유포하는 등 악의적인 행동을 한다면 갈등이 발생한다.

다른 유형으로 자신의 이득을 최대화하기 위해서 당사자들 간에 협동해야 하는 공생적 관계의 단순 협동이 있다. 예를 들면, 2인 3각 경기에서는 두 사람이 협력하지 않으면 어느 한쪽도 결승점에 도달할 수 없다. 이처럼 완전히 협력하는 관계에서는 상대방의 이익을 뺏고자 하는 동기가 약하고 상대방의 이득이 곧 자신의 이득이기 때문에 갈등이 쉽게 발생하지는 않는다. 그러나 상대방이 협력을 제대로 하지 못하거나 상호작용의 결과가 만족스럽지 못할 때 그 원인을 상대방의 무지나 무능으로 돌리는 등 편향적 귀인을 하면 갈등이 생겨날 수 있다.

또 다른 유형은 딜레마(dilemma)로 이것은 선택할 수 있는 대안은 두 가지인데 어느 것을 선택해도 바람직하지 않은 상황을 의미한다. 개인이나 집단의 상호의존 상황에서 제로섬이나 단순 협동처럼 완전히 경쟁하거나 협력해야 하는 경우는 드물다. 사람들이 서로 협력하는 상황에서는 대부분 자신에게 더 많은 이득을 가져다주면 협력을 선택하고, 상대와 경쟁하는 경우에는 자신도 경쟁을 선택하는 혼합된 동기를 가진다. 이러한 넌제로섬(nonzero-sum)은 전쟁의 위협, 파업, 협상 등의 장면에서 쉽게 찾아볼 수 있다.

4) 이중관심모형

이중관심모형(Dual Concern Model)은 서로의 이득에 차이가 있을 때 사람들은 강요, 문제해결, 양보, 무반응 그리고 타협 등 다섯 가지 전략 가운데 하나를 선택함으로써 협동이나 경쟁이 이루어진다고 본다. 즉 사람들이 자신과 상대방이 얻을 결과에 대하여 갖는 관심의 크기에 따라 어떤 전략을 선택할지 예측할 수 있게 해 준다.

[그림 4-1]에서 보듯이, 자기 자신이 얻을 결과와 상대방이 얻을 결과

에 모두 관심이 낮을 때는 무반응 전략이 나타난다. 상대방이 얻을 결과에는 관심이 많은 반면, 자신이 얻을 결과에 관심이 낮으면 양보 전략을 선택한다. 자신이 얻을 결과에 관심이 높고 상대편이 얻을 결과에 관심이 낮다면 강요 전략을 사용한다. 그리고 자신이 얻을 결과와 상대편이 얻을 결과에 모두 관심이 높을 경우에는 문제해결 전략을 사용한다.

그림 4-1 이중관심모형

5) 갈등과정모형

갈등은 고정되어 있기보다는 사람들의 상호작용 속에서 여러 국면을 거치면서 변화한다. 갈등과정모형(Forsyth, 1983)에 따르면 갈등은 역동적인 주기 형태를 띠면서 진행한다. [그림 4-2]에서 보듯이 일반적으로 갈등은 의견 불일치, 대결, 격화, 진정 그리고 해소의 순서를 거친다. 먼저 갈등의 당사자들은 서로의 의견이 다르다는 것을 알고 난 후(의견 불일치 국면) 자신의 생각이 옳고 상대방이 틀렸다고 가정하면서 자신을 지지하는 증거나 세력을 확보하고자 한다(대결 국면). 자신의 의견에 대한 합리화가 어느 정도 이루어지고 증거가 수집되면 상대방을 공격하면서 자신의 감정을 폭발시킨다(격화 국면). 그 다음 감정이 가라앉으면서 갈등은 소강상태로 들어간다(진정 국면). 마지막으로 자신의 입장을 되돌아보면서 서로의 차이를 이해하고 갈등을 해결하고자 한다(해소 국면).

그러나 때로 갈등은 이와는 다른 진행을 보이기도 한다(Pinkley, 1990). 즉 인지적으로나 감정적으로 갈등적인 관계에 있는 사람들은 종종 그와 같은 갈등을 잠정적인 상태로 가지고 있을 수 있다. 그러다가 특정 사건이나 문제를 계기로 그동안 표출되지 않고 잠복하고 있던 갈등이 행동으로 나타난다. 이때 두 당사자는 충돌하거나 충돌을 회피하면서 의식적으로 멀리하는 행동을 보인다. 또한 이러한 갈등은 어느 정도 시간이 지나면서 다시 잠잠해져 소강상태를 보인다. 그러다가 또 다른 사건으로 인해 소강상태에 있던 갈등이 다시 폭발하여 충돌이 벌어진다. 이처럼 갈등은 표출과 소강상태를 반복하는 양상을 보이면서 진행한다. 그래서 갈등의 정도가 고조되어 서로 간에 극단적인 파괴행위를 보이기도 하고 때로는 갈등 상황이 서서히 약화되어 소멸할 수도 있다.

이처럼 갈등은 즉흥적으로 나타나기보다는 축적되었다가 특정 사건을 계기로 서로 충돌하는 경우가 대부분이다. 이처럼 감정적으로 비호의적인 관계에 있거나, 인지적으로는 의견을 달리하고 있더라도 그것이 반드시 갈등으로 이어지지 않는 이유는 갈등의 발생을 저지하는 요인이 있기 때문이다. 가령, 가치관, 성격, 태도, 욕구와 같은 내적인 특성이나 집단의 규범, 외부에 알려지는 것에 대한 두려움, 시간적 제약, 사회적 위치 등과 같은 외적이거나 관계적인 요인들이 있을 수 있다. 그러나 때로는 이러한 요인들이 지속적으로 작용함에도 불구하고 특정 사건을 계기로 갈등이 발생한다. 사소한 의견 대립이나 상대방을 자극하는 말 또는 행동이 갈등을 촉발할 수 있다. 이처럼 갈등의 출발점은 대개 갈등을 저지하는 요인이 약화되었을 때, 아니면 문제가 너무나 명백해서 서로 간의 대립을 피할 수 없을 때다.

갈등을 표출하는 하나의 행위는 때로는 단지 빙산의 일각일 수도 있다. 그동안 갈등을 촉진하는 요인과 저지하는 요인의 상호작용 속에서 후자의 힘이 상대적으로 더 강했기 때문에 갈등은 잠복된 상황에서 축적되어 왔다고 할 수 있다(Mikolic, Parker, & Pruitt, 1997). 따라서 갈등을 자극하는 요인과 저지하는 요인은 무엇인지 그들을 구체적으로 분석하고 이해하는 것은 갈등을 관리하는 데 중요한 열쇠가 될 수 있다. 또한 이러한 요인에 대한 구체적인 분석은 갈등이 발생할 수밖에 없는 기본적인 이유를 밝히는 데도 도움이 된다. 마지막으로 어떠한 요인이 갈등을 약화시키는지 혹은 갈등의 해결점을 찾는 데 도움을 주는지 알 수 있게 해 줌으로써 충돌을 미연에 방지하는 데 기여한다.

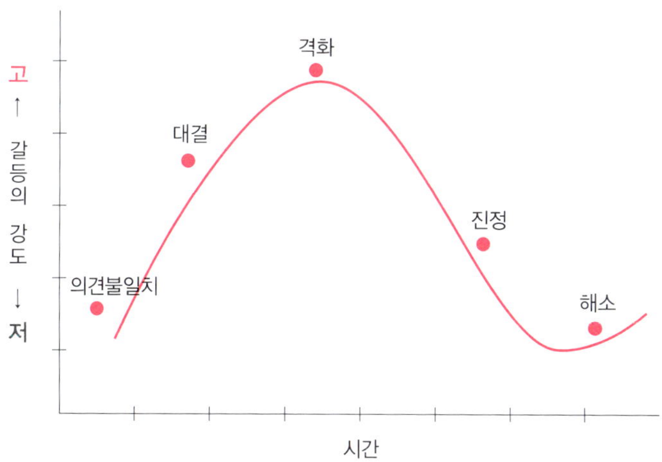

그림 4-2 갈등과정모형

2. 딜레마 게임

1) 죄수의 딜레마 게임

(1) 게임의 내용

전형적인 죄수의 딜레마 게임(prisoners' dilemma game)은 다음과 같다. 어떤 범죄에 대한 물적 증거는 없고 오직 범인의 자백에 의해서만 죄를 입증해야 하는 상황에서 범죄를 함께 저지른 것으로 의심되는 두 명의 용의자 A와 B를 검거하여 심문을 한다. 두 사람은 서로 의견 교환을 할 수 없도록 분리된 곳에서 각자 심문을 받는다. 이때 심문자가 "만약 당신이 범죄를 부인하고 당신 친구가 자백한다면 당신 혼자만 징역 10년형에 처해질 것이고, 당신과 당신 친구 모두가 자백한다면 징역 5년형에 처해질 것이고, 그리고 두 사람 모두 범죄를 부인하고 버틸 경우 수사방해죄로 징역 1년형에 처해질 것이오."라고 제안한다(〈표 4-1〉).

이 경우 대다수의 용의자들은 자백을 하게 된다. 왜 용의자들은 범죄를 부인함으로써 더 적은 처벌을 받을 수 있는 기회를 놓치는 것일까? 왜냐하면 심문이 끝난 후 용의자 A는 용의자 B가 범죄를 부인한 경우와 자백할 경우에 자신은 어떻게 해야 하는가를 생각하면서 확률적으로 자신에게 덜 위협이 되는 경우를 선택하기 때문이다. 자신이 부인을 하고, B도 부인을 하면 모두 1년형이라는 가장 이상적인 결과가 나오지만, B가 부인할 것이라고 보장할 수 없다. 이때 B가 자백을 할 경우 자신은 10년형이라는 무거운 처벌을 받아야 한다. 반대로 자신이 자백을 한다면 B가 부인을 할 경우에는 석방되거나 B가 자백을 해도 자신이 부인할 때 받는 10년형보다는 적은 5년형을 받게 된다. 그래서 자백이 부인보다 덜 위협적이다. 물론 두 사람을 분리하지 않고 협상하도록 하면 그들은 모두 부인함으로써 가장 효과적인 결과를 가져올 것이다.

〈표 4-1〉 죄수의 딜레마 게임에서의 이득/손실 구조

	침묵(B)	자백(B)
침묵 (A)	1년형/1년형 (−1, −1)	B석방/A 10년형 (−10, 0)
자백 (A)	A석방/B 10년형 (0, −10)	5년형/5년형 (−5, −5)

전형적인 죄수의 딜레마 게임은 두 용의자가 서로 협력하기나 배신할 경우 동등한 이익이나 피해를 입는 것으로 가정한다. 그러나 관련 당사자들 간에 힘의 불균형이 존재할 때가 많다. 가령 한쪽이 상대적으로 영향력이 더 커서 다른 쪽의 운명을 결정하는 데 더 큰 힘을 발휘할 수 있다. 이처럼 상대방의 운명에 대한 통제는 처벌이나 위협과 관련된 능력으로 힘의 중요한 원천이다(Bacharach & Lawler, 1981). 또한 한 개인이 상대방에게 의존하는 정도가 다를 수 있다. 상대방에 대한 의존 정도는 힘의 또 다른 원천이다. 이때 영향력이 큰 쪽이 적은 쪽에 비해 더 많은 이득을 얻거나 더 적은 피해를 입을 가능성이 높다.

(2) 내쉬 균형

사람들은 상호의존적 조건에서 협동보다 경쟁을 더 많이 하는 가장 큰 이유는 단일하거나 단기적인 상황에서는 경쟁이 더 유리하기 때문이

다. 용의자들은 상대방이 협력과 배반 가운데 어떠한 선택을 하든지 자신은 배반을 선택하는 것이 확률적으로 더욱 유리하다. 그러나 장기적으로 보면 협동은 협동을 낳고, 경쟁은 경쟁을 낳기 때문에 결국 경쟁 전략은 서로에게 손해를 가져올 뿐이다(Deutsch, 1982). 이와 같은 현상을 죄수의 딜레마의 또 다른 유형인 공유지의 비극(the tragedy of the commons)에서 찾아볼 수 있다. 공유지의 비극은 지하자원이나 수자원처럼 공동체가 함께 사용해야 할 자원을 시장의 기능에 맡겨 두면 사람들이 계속 경쟁을 함으로써 궁극적으로 자원이 고갈될 수 있음을 보여준다.

가령 한 어촌은 인근 해역에서 모든 마을 사람이 고기를 잡을 수 있는 공유지를 가지고 있다. 마을 사람들이 자기 이익을 최대화하기 위해 물고기를 남획하면 인근 해역의 물고기는 곧 고갈된다. 때문에 마을 사람들은 서로 협조해서 어획량을 규제하기로 약속했다. 이때 다른 사람들이 모두 어획량 규제를 지킨다면 나는 마음껏 고기를 잡아서 더 큰 이익을 얻을 수 있다. 왜냐하면 사람들은 타인의 행동을 예측하여 자신에게 가장 적합하고 유리한 대안을 선택하기 때문이다. 이처럼 경쟁자의 대응에 따라 최선의 선택을 하면 사람들은 자신의 선택을 바꾸지 않는 균형상태, 즉 내쉬 균형(nash equilibrium)[12] 혹은 우월전략균형 상태에 이른다. 죄수의 딜레마 상황에 놓인 사람은 이미 타인의 행동을 예측하고 그것에 따라 자신의 행동을 선택하기 때문에 그 행동을 바꾸는 것이 매우 어렵다.

12) 수학자 존 내쉬(John Nash)의 이름을 딴 것으로 그는 '개인이 각자의 일에 최선을 다할 때 집단의 이익이 최대가 된다.'는 애덤 스미스(Adam Smith)의 이론을 뒤엎고, '개인이 다른 사람에게 영향을 미칠 때 전체의 이익을 위해 행동해야만 집단의 이익이 최대가 된다.'고 주장하였다. 내쉬 균형이란 사람들은 타인의 행동을 예측하여 자신에게 가장 적합하고 유리한 대안을 선택함으로써 양자 간 균형 잡힌 선택이 이루어진다는 것을 말한다.

2) 치킨게임

치킨게임(game of chicken)이란 원래 미국의 젊은이들이 하던 게임에서 유래한 말로, 두 대의 자동차가 마주 보고 정면으로 돌진하다가 위험을 피하고자 먼저 핸들을 돌리면 지게 되는 게임이다. 이 말은 어떤 사안에 대해 대립하는 두 집단 중 한쪽이 그것을 포기하면 상대방에 비해 좀 더 손해를 보게 되지만, 양쪽 모두 포기하지 않는 경우 최악의 결과가 벌어지는 상황이다.

〈표 4-2〉에서 보듯이 치킨게임도 죄수의 딜레마와 같이 선택에 따른 이득/손실 구조를 도식으로 표시할 수 있다. 먼저 이 게임에 참가한 두 사람 A와 B가 핸들을 틀 경우를 회피, 그대로 진행할 경우를 직진이라고 하면 여기에서도 네 가지 경우의 수가 나온다. A와 B 모두 핸들을 틀었을 경우에는 무승부, A만 핸들을 틀었을 경우 B가 승리하며, B만 핸들을 틀었을 경우에는 그 반대로 A가 승리한다. 마지막으로 두 사람 모두 그대로 직진했을 경우에는 차량이 충돌하는 결과를 가져온다. 이때 회피를 0점, 승리를 5점, 패배를 −5점, 충돌을 −10점이라고 한다면 〈표 4-2〉와 같은 결과를 얻는다.

치킨게임은 제로섬 게임의 성향이 강하기 때문에 상대방과 협력할 여지가 크지 않다. 그래서 경쟁이 심화될 경우 어느 한쪽 혹은 둘 모두 파국으로 치달을 가능성이 높다. 마주 보고 달리는 두 차가 핸들을 돌리지 않는다면 남는 것은 충돌하는 길밖에 없다는 것은 분명한 사실이다.

〈표 4-2〉 치킨 게임에서의 이득/손실 구조

	회피(B)	직진(B)
회피(A)	비김/비김 (0, 0)	패배/승리 (−5, 5)
직진(A)	승리/패배 (5, −5)	충돌/충돌 (−10, −10)

3. 협동의 영향요인

1) 상대방의 선택

딜레마 상황에서 한쪽의 선택은 상대방의 선택에 영향을 받는다. 한쪽의 선택을 프로그램화하여 각 전략에 참가자들이 보이는 반응을 살펴본 결과(Harford & Solomon, 1967), 'All D전략'으로 불리는 완전 경쟁전략(100% 경쟁)보다 완전 협동전략(100% 협동)이 더 많은 협동반응을 가져왔다. 또한 80% 협동전략이 완전 협동전략보다 참가자의 더 높은 협동 수준을 이끌었다. 이것은 참가자들이 상대방의 완전 협동전략을 선의로만 해석하는 것이 아니라, 나약하거나 순진한 것으로 여겨 오히려 이용하는 것으로 보인다. 또한 초기에 협동한 이후 경쟁으로 변하는 경우보다 경쟁에서 협동으로 변하는 경우가 상대방의 협동을 더 잘 이끌어 냈다.

딜레마 상황에서 사용할 수 있는 완전 경쟁전략은 궁극적으로 불리하다. 왜냐하면 상대가 이 전략을 채택할 때 내가 할 수 있는 최선의 선택

역시 배신인데, 이러한 상황에서 협력하는 것은 나에게 전혀 유리하지 않기 때문이다. 문제는 협동이 필수적인 상황에서 이와 같은 경쟁은 장기적으로는 모두에게 불리한 결과를 가져온다는 점이다.

다른 전략은 맞대응 전략(tit-for-tat strategy)이다. 이 전략은 초기에 협동을 한 후 그 다음부터는 상대가 이전 시행에서 선택한 것을 그대로 밟아가는 것으로 상대가 협력하면 계속 협력하고 배신하면 같이 배신하는 전략이다.

맞대응 전략은 모두가 늘 배신하지 않을 때 합리적이지만, 어느 한쪽의 배신은 뒤이어 배신을 낳음으로써 누구도 복수의 소용돌이에서 벗어날 수 없다는 한계를 가지고 있다. 이러한 문제를 해결할 수 있는 또 다른 전략이 관대한 맞대응 전략(generous tit-for-tat strategy)이다.

이것은 상대의 처음 배신은 용서하고 계속해서 두 번 혹은 세 번 배신을 할 경우에 보복하는 전략이다. 이 전략은 맞대응 전략이 가지는 복수의 무한궤도에서 벗어날 수 있는 용서의 장치를 가지고 있다. 관대한 맞대응 전략은 공동의 이득을 극대화하는 데 가장 유리한 전략이다.

2) 상호성

상호성은 상대방으로부터 받은 만큼 상대방에게 똑같이 보답하는 것이다 대부분의 사람들은 상호성의 원칙을 따르기 때문에 남들이 자신에게 한 만큼을 상대방에게 되돌려주려고 노력한다. 만약 자신이 받은 만큼 돌려주지 않는 개체가 더 많은 이득을 얻는다면 상호성이 발달할 수 있을까? Trivers(1971)는 상호적 이타주의(reciprocal altruism)라는 개념으로 이 현상을 설명했다. 이것은 상대방이 나에게 호의를 베풀면 나도 그 상대에게 호의를 베푸는 것이다. 그래서 상호적 이타주의는 순수한 의미의 이타주의가 아니라, 보답을 기대하는 이기적 동기에서 비롯된다. 그의 설명에 따르면, 두 개체가 상호작용하는 횟수가 증가할수록 그들이 협동할 확률은 높아진다.

일반적으로 사람들은 상호관계에서 보이는 보상구조(reward structure)에 따라 다르게 행동한다. [그림 4-3]에서 보듯이 한 연구(Rubin & Brown, 1975)에서 두 사람의 이해가 상충되지 않는 비경쟁상황(개별적 보상구조)에서는 협동을 선택하는 비율이 80% 정도였지만, 치킨게임(경쟁적 보상구조) 상황에서는 협동의 비율이 50~60%로 감소했고, 죄수의 딜레마(혼합적 보상구조)에서는 30% 안팎으로 나타났다. 즉 죄수의 딜레마 상황에서 사람들이 보이는 지배적인 반응은 협동보다는 경쟁이었다. 흥미로운 점은 사람들이 자신의 이득을 최대화하기보다는 상대방과 비교하여 더 많은 이득을 얻고자 한다는 것이다.

Velez(2015)가 수행한 최근의 연구에서도 협동은 상호적인 경향이 강했다. 연구자는 참가자들로 하여금 같은 팀원과 한 조를 이루어 비디오 농구 게임을 하도록 했다. 이때 협조적인 조건의 팀원은 상대팀을 이기기 위해 참가자에게 적극적으로 도움을 제공하면서 게임을 했다. 비협조적 팀원은 공을 패스하지 않는 등 도움을 제공하지 않는 방식으로 게임을 했다. 통제집단의 참가자들은 이와 같은 비디오 농구 게임을 하지 않았다. 그 다음 이 세 조건의 참가자들은 자기 팀원 및 상대 팀원과 죄수의 딜레마 게임을 했다. 이 게임에서 참가자들이 팀원에게 기부한 액수를 측정하였다. 그 결과 [그림 4-4]와 같이 자기 팀원이 협조적일 때 참가자들은 그 팀원에게 더 많은 기부를 했다. 또한 이 조건의 참가자는 상대 팀원이 상호적으로 행동하지 않을 것이라고 기대하면서도 그에게 많은 기부를 했다. 이때 참가자들은 자신이 기부를 많이 할 경우 자신에게 협조적인 팀원도 똑같이 기부를 많이 할 것으로 기대한 반면, 비협조적인 팀원은 상대적으로 덜 상호적일 것으로 기대했다. 이러한 결과 역시 협동은 상호적인 현상임을 보여주는 사례라고 할 수 있다.

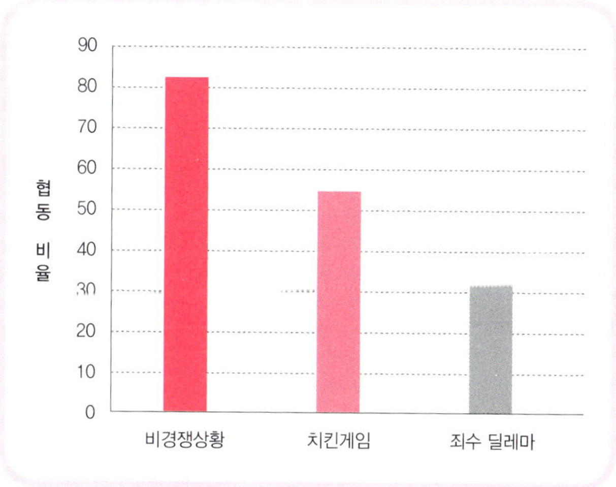

그림 4-3 조건별 협동 비율의 차이

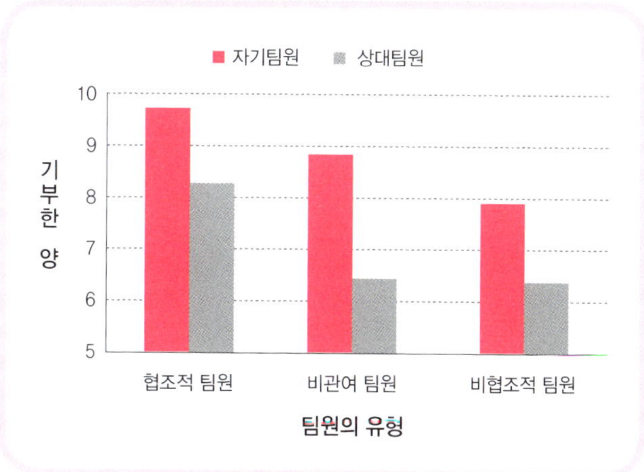

그림 4-4 팀원의 유형이 기부에 미치는 영향

3) 의사소통

협동과 경쟁에 영향을 미치는 또 다른 요인으로 의사소통을 들 수 있다. 상당수의 갈등은 서로에 대한 인식의 차이나 소통상의 문제에 기인한다. 가령 집단은 독자적인 정보원에 의지하거나 정보 전달 경로의 독특성 때문에 현실에 대하여 각기 다른 관점을 가질 수 있다. 또한 지위가 높다고 생각하는 집단이 지위가 낮다고 지각하는 집단에게 명령을 받거나 의존해야 할 경우 갈등이 발생한다.

한편, 상대방의 행동에 대한 잘못된 귀인도 갈등의 주요 원인이다. 잘못된 귀인이란 상대방의 행동 뒤에 숨겨진 의도를 잘못 유추하는 것을 말한다(Baron, 1989). 사람들은 자신의 이해관계가 좌절되었을 때 왜 그런 일이 일어났는지 알고자 한다. 이때 그 원인을 다른 사람들이 고의적으로 방해했기 때문이라고 귀인하면 강한 갈등이 발생하게 된다.

의사소통의 왜곡 또한 갈등의 중요한 원인 가운데 하나다. 이는 일반적으로 사람들이 사용하는 단어의 차이, 불충분한 정보의 교환 및 의사소통 경로 때문에 발생한다(Habermas, 2015). 특히 의사소통의 왜곡은 수직적 의사소통 과정에서 빈번히 일어난다. 왜냐하면 정보가 집단 간의 여러 채널을 거치는 과정에서 왜곡되거나 모호해지기 쉽기 때문이다. 또한 각 집단의 구조적 특성과 상황이 서로 다를 때는 그들이 사용하는 단어의 의미가 갖는 난해성 때문에 의사소통에 곤란을 겪기도 한다.

또한 의사소통으로 인한 갈등은 어떤 집단이 전달해야 할 정보를 의도적으로 전달하지 않을 때도 발생한다. 정보는 매우 중요한 권력 기반 중의 하나가 될 수 있기 때문에 보다 큰 권력을 확보하기 위해서 다른 집단에게 정보를 전달하지 않고 보류할 수 있다.

의사소통의 경로도 갈등을 다루는 데 중요한 영향을 미칠 수 있다. 최근 연구(Chen & Tseng, 2016)에서는 학생들에 대한 정책과 관련하여 모두가 승리할 수 있는 방안을 모색하는 조건인 기능적 갈등과 자신의 입장과는 확고하게 반대적인 사람과 토론을 해야 하는 역기능적 갈등에서 면대면 소통과 문자메시지로 하는 소통의 효과를 알아보았다. 연구 결과, 기능적 갈등의 경우 면대면 소통이 문자 메시지보다 더 효과적인 반면, 역기능적 갈등에서는 문자 메시지의 효과가 더 컸다.

4) 개인적 특성

죄수의 딜레마에 빠진 사람들은 대개 자신의 이익을 극대화하는 선택을 하지만 누구나 그런 것은 아니다. 사람들은 대인관계에 대하여 지향하는 바가 다를 수 있다. 여기에는 자신의 이익을 최대화하는 개인주의적 유형, 쌍방의 이익을 최대화하는 협동적 유형 그리고 상대방보다 많은 이익을 추구하는 경쟁적 유형이 있다(Kuhlman & Marshello, 1975).

각 유형의 사람들에게 맞대응 전략을 사용하는 상대방과 죄수의 딜레마 게임을 하도록 했다. 그 결과 협동주의자, 개인주의자 그리고 경쟁주의자 순서로 협동을 더욱 많이 선택했다. 경쟁주의자들은 상대방의 행위에 관계없이 협동반응을 거의 보이지 않았다. 이와 달리 협동주의자들은 상대의 행위에 따라 자신의 선택을 민감하게 바꾸는 유연성을 보였다. 따라서 경쟁주의자들은 다른 사람들도 경쟁주의라 여기는 반면, 협동주의자들은 타인을 협동주의자라 여기지만 그들의 변화에 따라 융통성 있게 대처한다.

한편 Luft(1961)에 따르면, 개인의 성격적 특성 중에서 자신이나 타인에게 잘 알려져 있는 개방 영역에서는 갈등이 드문 반면, 자신만 알고 있는 비밀 영역이나 타인만 알고 있는 무지 영역에서는 잠재적 갈등이 존재하며, 자신과 타인 모두 모르는 미지 영역에서 갈등이 존재한다. 이 모형은 대인관계에서 자신을 다른 사람에게 노출시키고 그로부터 피드백을 받을수록 개방 영역이 확장되어 갈등이 감소한다고 가정한다. 여기에 중요한 요인 중의 하나가 사회적 기술이다. 사회적 기술이 뛰어난 사람은 자기 개방을 잘할 뿐만 아니라 다른 사람과의 소통도 잘할 수 있다는 점에서 유리하다.

4. 친사회적 행동

1) 도움행동의 결정

(1) 1단계: 상황에 주의집중하기

창 밖에서 비명 소리를 들었을 때처럼 예상하지 못한 위기의 순간에 우리는 무슨 일이 일어났는지 그리고 어떻게 해야 하는지 확신하기 어렵다. 그래서 상황에 대한 주의를 집중할 필요가 있다.

Darley와 Batson(1973)은 첫 단계에 중요성을 검증하기 위해 현장실험을 실시하였다. 참가자들은 종교인 교육과정에 소속된 학생들로 그들은 낯선 사람에게 도움을 줄 것 같은 사람들이었다. 연구자는 참가자들로 하여금 서로 이야기를 나누면서 특정 건물로 걸어서 오도록 했다. 이때 한 집단에게는 그 건물에 도착하기까지 시간이 많이 남아 여유가 있다고 말한 반면, 다른 집단에게는 지금처럼 걸어가면 그 건물에 정확히 도착할 수 있다고 말했다. 마지막 집단에게는 늦었으니 서둘러야 한다고 말했다. 그리고 참가자들이 걸어가는 도중에 실험 협조자가 출입구에서 쓰러져서 기침하여 신음하고 있었다. 연구 결과, 주변 상황에 주의를 기울이기에 너무 바쁜 사람은 명백한 위기 상황도 제대로 인지하지 못해 도움 행동의 수준이 상대적으로 낮았다([그림 4-5] 참조). 이처럼 상황에 주의 집중하는 것은 도움행동의 중요한 첫 단계이다.

그림 4-5 시간조건에 따른 도움행동의 차이

(2) 2단계: 상황을 정확하게 파악하기

사건에 주의를 기울인다고 해도 정보가 불완전하고 제한적이기 때문에 어떤 일이 일어났는지 정확히 파악하기는 어렵다. 상황이 심각한지 아닌지를 판단하기에 모호한 경우 대부분의 사람들은 편안하고 수고스럽지 않은 쪽으로 판단해 행동을 취하지 않을 가능성이 높다(Wilson & Petruska, 1984).

또한 우리는 주변에 다른 사람들이 있을 때 그들의 행동을 관찰해서 상황을 판단하는 사회비교를 한다. 그래서 다른 사람들이 그 상황에 별다른 반응을 보이지 않을 때 우리도 그 상황에 대응하기 어렵다. 한 연구(Latane & Darley, 1968)에서는 한 방에 참가자가 혼자 있거나 최대 세 명이 있도록 장치를 하고 설문지를 작성하도록 했다. 몇 분 후 환기구를 통해 설문지를 작성하고 있는 방으로 연기가 밀려오도록 작동을 시작했다. 이때 혼자 있던 참가자 75%는 하던 일을 멈추고 방에서 나와 방에 연기가 나온다고 알렸지만, 세 사람이 같이 있을 때에는 38%만이 이 문제를 알렸다. 심지어 방에 연기가 자욱하게 깔려 앞을 보기 힘든 상황에서도 62%의 사람들은 설문지를 계속 작성했다. 이 연구는 상황을 파악할 때 주변 사람들의 영향을 받을 가능성이 높다는 것을 보여준다.

(3) 3단계: 도와야 할 책임 결정하기

많은 위기 상황에서 책임은 명백하다. 만일 책임이 명백하지 않은 상황이라면 사람들은 리더 역할을 하는 사람이 책임을 져야 한다고 생각한다(Baumeister et al., 1988). 예를 들면, 위기 상황에서 주변에 아무도 없고 자기 혼자만 있을 때 자신이 도움을 제공하지 않아서 그 사람에게 큰 피해나 문제가 발생한다면 그 책임을 자신이 떠맡아야 한다. 그러나 주변에 사람이 많으면 그런 책임을 혼자 질 필요가 없다. 이처럼 주변에 사람들이 많아서 각자에게 주어지는 책임감의 분산으로 인해 도움행동이 줄어드는데 이것을 방관자 효과(bystander effect)라고 한다(Latane & Darley, 1970).

(4) 4단계: 필요한 지식과 기술 결정하기

사람들이 돕겠다고 결정하더라도 어떻게 도와야 할지 모른다면 친사회적 행동이 일어나지 않는다. 어떤 위급상황은 모든 사람들이 대처하는 방법을 알고 있을 정도로 단순할 수 있다. 그러나 도로 갓길에 고장난 차가 서 있다면 차를 수리하는 방법을 알지 못하는 한 그 차의 운전자를 도와줄 수 없다. 이처럼 위급한 상황을 돕기 위해 특별한 기술을 필요로 할 때에는 주변의 사람들 가운데 일부만이 도움을 줄 수 있다.

(5) 5단계: 도움행동을 결정하기

사람들이 이전의 네 단계 결정을 끝내더라도 도움행동에 참여하기로 결정할 필요가 있다. 최종 단계에서의 결정은 도움행동이 부정적 결과를 가져올 수 있다는 두려움 때문에 이루어지지 않을 수도 있다. 사람들은 자신이 도움행동이 가져올 긍정적 혹은 부정적 측면을 따져볼 수 있다(Fritzsche et al., 2000). 도움행동에 대한 보상은 도움을 준 사람에게 만족을 줄 수 있지만 여러 종류의 비용이 따를 수도 있다.

2) 도움행동의 영향요인

(1) 외적요인

도움행동에 영향을 주는 외적요인에는 도움을 필요로 하는 사람에게 얼마나 호감이 가는지와 유사성이 있다. 예를 들어, 외모가 친사회적 행동에 영향을 미치는데 신체적으로 매력적인 사람이 좀 더 쉽게 도움을 받을 수 있다(Benson et al., 1976). 또한 사람들은 자신과 비슷한 사람을 도와줄 가능성이 상대적으로 더 높다. 사람들은 나이와 인종이 자신과 비슷한 사람에게 더 쉽게 도움을 베푼다(Shaw et al., 1994).

사람들은 주변의 사람들이 하는 행동을 모방하는 경향이 있다. 특히 그들은 자신이 좋아하고 친밀한 사람일수록 모방의 정도는 더 크다. 이러한 모방이 갖는 효과 중의 하나가 친사회적 행동을 증가시키는 것이다. van Baaren 등(2004)의 연구에서 한 조건의 연구자는 참가자의 팔과

다리의 자세와 신체적 특징을 흉내 내면서 6분 동안 대화를 나누었고, 다른 조건의 연구자는 모방을 하지 않은 채 대화만 나누었다. 그 다음 연구자는 실수로 바닥에 여러 개의 펜을 떨어뜨렸다. 그 결과 흉내 낸 조건의 참가자들은 모두 펜을 줍는 것을 도왔지만 그렇지 않은 조건의 참가자들은 1/3만이 도움을 주었다. 즉 모방이 친사회적 행동을 증가시킨다는 것이다. 더욱이 모델링이 친사회적 행동에 기여할 수 있다. 사람들은 다른 사람이 기부하는 장면을 보면 친사회적 행동을 더 많이 했다(Macauley, 1970).

(2) 내적요인

우리가 느끼는 기분은 행복하거나 슬프거나 혹은 화가 나는 등 다양하다. 이러한 정서는 대개 긍정정서와 부정정서로 나뉜다. 일반적으로 긍정정서는 다른 사람을 도우려는 경향을 증가시키는 반면, 부정정서는 이러한 경향성을 감소시킨다(Forgas, 1998).

또한 정서는 냄새의 영향도 받는다. 기분 좋은 향기는 긍정정서를 유발하고 이는 행동에 영향을 미친다. 쇼핑몰의 손님들은 빵가게와 같은 좋은 향이 나는 가게 근처에 있을 때 낯선 사람이 떨어뜨린 펜을 주워주거나, 잔돈을 바꾸어 주는 도움행동을 더 많이 했다(Baron, 1997). 반면, 자기의 문제에 골몰하는 우울한 사람은 친사회적 행동을 할 가능성이 적었다(Amato, 1986).

도움행동과 관련된 또 다른 내적 요인이 공감(empathy)이다. 공감은 다른 사람을 우리라는 운명 공동체의 틀 속에서 보게 함으로써 타인을 돕는 행동을 곧 자신을 위한 행동으로 생각하게 만든다. 그래서 공감은 양자관계에서 상대방을 자신의 관점에서 이해하는 것이다. 즉 공감은 다른 사람의 감정에 대한 정서적 · 인지적 반응으로 이루어져 있으며 연민과 문제를 해결하려는 욕구 그리고 다른 사람의 관점에서 바라볼 줄 아는 능력을 포함한다(Batson et al., 2003). 반면에, 동정심(sympathy)은 자신의 입장에서 타인을 타인으로 지각하는 것이다. 예를 들면, 내 주위의 누군가가 다리를 다쳐서 어렵게 걸어가고 있다면, 동정심은 그 사람을 불쌍하게 여기는 마음이고, 공감은 그 사람과 그의 노력을 당사자의 입장에서 공유하는 것이다.

3) 도움을 받는 행위

사람들은 도움을 받을 때 항상 기뻐하거나 감사하지는 않는다. 도움을 받는 사람이 불쾌하게 반응할 수 있고 심지어 화를 낼 수도 있다. 신체적으로 장애가 있는 사람은 도움을 몹시 필요로 할 수 있지만 도움을 받았을 때 다소 불쾌할 수 있다(Newsom, 1999). 도움이 필요하거나 도움을 받는 상황은 자신이 신체적으로 문제가 있다는 점을 상기시키기 때문에 도움을 주는 사람과 자신을 비교함으로써 부정적인 정서를 경험할 수도 있다. 일반적으로 사람들은 도움을 받았을 때 자존감에 상처를 입을 수 있다.

도움을 받은 사람이 불쾌함을 느낄 때에는 그것이 갖는 긍정적 측면이 모호할 때가 많다. 도움을 받는 것이 자신에게 불쾌감을 줄 때 사람들은 나중에 그와 같은 경우가 닥치면 스스로 문제를 해결하겠다는 동기를 갖게 된다(Lehman et al., 1995). 실의에 빠지거나 무능하게 보이고 싶은 사람은 없기 때문에 이처럼 자립하겠다는 동기는 의존성을 줄일 수 있다.

한편, 도움을 받을 때 최선은 자신이 필요하기 때문에 도움을 받는다고 긍정적으로 생각하는 것이다(Ames, Flynn, & Weber, 2004). 이러한 경우 도움을 받은 사람은 상호성의 규범에 따라 나중에 똑같이 친절한 행동으로 보답하겠다는 동기를 갖게 된다.

인간심리

제 2 장

HUMAN PSYCHOLOGY

집단 간 관계

1. 사회정체성

1) 이론적 설명

한 사람의 자기개념은 개인정체성과 사회정체성으로 이루어져 있다. 개인정체성은 성격, 외모, 학력 등과 같이 그 개인의 고유한 특성에 근거해서 자기를 개념화하는 것이다. 반면에 사회정체성(social identity)은 자신을 자신이 속한 집단과 동일시함으로써 집단구성원으로 자기를 인식하는 것을 말한다. 즉 자신이 어떤 집단의 구성원이라는 의식, 집단소속감에 따른 가치 그리고 정서적 의미로부터 비롯되는 자기개념이다(Tajfei, 1978).

개인은 국가, 학교, 지역, 직업 등 다양한 사회적 범주에 속함으로써 그 집단을 기반으로 자신과 세상을 지각하는 인식의 틀을 구성한다. 따라서 한 사람의 자기개념은 개인을 강조하는 상황이나 맥락에서는 개인정체성에 근거하지만 소속집단이 두드러지는 상황에서는 사회정체성에 기반을 두어서 이루어진다.

(1) 사회정체성 이론

사람들이 어떻게 사회정체성을 형성하고 그것에 기반해서 행동하는가를 설명하는 것이 사회정체성 이론(Social Identity Theory)의 기본 목표다. 즉 이 이론은 사회정체성이 개인의 지각과 행동에 어떠한 영향을 미치는지 그리고 그것이 개인 및 집단 간의 관계에 어떠한 영향을 미치는지를 밝히고자 한다. 이와 같은 사회정체성은 몇 가지 과정을 거쳐서 이루어진다(Ellemers & Haslam, 2015).

그 첫 번째 과정이 사회적 범주화다. 이것은 개별적인 사람들을 집단으로 묶는 과정이다. 이때 같은 범주에 속한 사람들은 집단을 규정하는 동일한 속성을 가지고 있다고 사람들은 생각한다. 가령 우리나라 사람들은 출신 지역을 중심으로 사람들을 묶는 경향이 강한데 이때 각 지역 출신의 사람들이 모두 동일한 어떤 특징을 공유하고 있다고 생각한다. 이처럼 우리는 한 집단 내에서는 그 구성원들 사이에 존재하는 유사성에 초점을 맞추고 다른 집단에 속한 사람들과의 비교에서는 그들이 갖는 차이점을 강조한다.

두 번째 과정은 사회비교 과정이다. 사람들은 집단이 가지는 특성을 다른 집단과의 상대적 비교를 통해 해석하고, 그 가치를 평가한다. 사람들은 개인적인 특성을 평가하는 것과 같은 방식으로 다른 집단과의 비교를 통해 집단의 특성이 좋은지 혹은 나쁜지를 결정한다. 우리는 자신과 같은 출신 지역의 사람들이 신뢰할 만하거나 솔직한지를 다른 지역 출신의 사람들과 비교해서 판단한다.

세 번째 과정은 사회적 동일시 과정이다. 출신 지역을 중심으로 사람들을 범주화할 때 자신이 어느 범주에 속하는지를 아는 것처럼 사람들은 범주화를 통해 자신이 어느 집단의 구성원인지를 깨닫게 된다. 또한 자신이 속한 집단의 독특한 특성이 가치 있다고 판단할 때 사람들은 그 집단에 정서적인 중요성을 부여한다.

사람들은 자신이 속한 집단에 더 관심을 둘수록 그 집단에 근거한 사회정체성을 더 강조한다. 동시에 그들은 내집단을 외집단보다 더 긍정적으로 평가하려는 강한 경향성을 보인다. 즉 자신이 그 집단과 얽혀있기 때문에 자신들의 집단을 다른 집단보다 더 긍정적인 방향으로 차별화할 수 있는 방안을 강구하고 싶어 한다. 또한 강한 사회정체성을 가진 사람은 개인적 의사결정을 따르기 보다는 자신이 속한 집단의 결정에 자발적으로 따르려는 동기도 강하다(Turner, 1985).

(2) 자기범주화 이론

사회정체성 이론은 사람들이 내집단 구성원을 외집단 구성원보다 더 편애하는 현상을 잘 설명할 수 있는 이론이다. 자기범주화 이론은 개인의 인지적 관점에서 기존의 사회정체성 이론을 더 보완할 수 있는 이론이다(Turner et al., 1987). 즉 이 이론은 사람들이 자신을 특정 집단 구성원으로 정의하는 조건을 설명하는 데 초점을 두고 있다.

우리는 서로 다른 기준에 따라 매우 다양한 범주에 속할 수 있다. 국가라는 기준에 따르면 한국인이고, 사회적 지위로 범주화하면 대학생에 속하며, 대인 관계적 차원에서는 독특한 개인이다. 자기범주화 이론에 따르면, 자기지각에서 우세한 범주화는 범주 내 구성원들 간의 차이보다 범주 간 차이가 클 때 그 범주 수준에서 이루어진다(Turner & Oakes, 1989). 가령 자신을 서울 출신이라는 범주에 포함시키는 것은 이 지역 출신들 간의 차이, 즉 범주 내 차이가 강원도나 충청도와 같은 다른 지역 출신들과의 차이인 범주 간 차이보다 더 적기 때문이다. 일단 특정 수준에서 자기범주화가 이루어지면 사람들은 그 범주 내 구성원들 간의 유사성과 범주 간 차이를 더 크게 지각한다. 그래서 같은 범주 내에 있는 사람들은 자기를 분리된 독특한 개인이 아니라 서로를 대체할 수 있는 구성원으로 지각한다. 이것을 탈개인화(depersonalization)라고 하는데 이것은 집단적 행동을 가능하게 할 뿐만 아니라 집단응집력, 대인 간 매력 그리고 사회적 협동의 근간이 된다(Hogg, 1992).

주어진 상황에서 어떤 자기범주가 가장 적합한지를 결정하는 또 다른 기제가 범주의 상대적 접근 가능성과 범주의 적합성이다. 상대적 접근가능성(relative accessibility)은 특정 상황에서 어떤 범주를 이용하기가 쉬운가에 따라 범주화가 달라질 수 있음을 의미하는 개념이다. 이 개념은 주어진 상황을 많이 고려한다는 점에서 매우 맥락적이다. 예를 들면, 스포츠 경기를 관람하는 상황에서는 자신을 우리 팀과 상대방 팀으로 범주화하는 것이 가장 용이하다.

범주의 적합성(category fit)은 특정 범주가 지각자의 현재 목표나 욕구 그리고 목적에 얼마나 잘 부합하는가의 문제다. 즉 지각자가 주어진 범주에 대하여 얼마나 개인적 의미를 부여하는가의 문제다. 예를 들면, 어떤 사람은 프로야구경기에서 각 팀 사이의 응원방식이 다른지를 알아볼 수 있다.

2) 주요 효과

(1) 내집단 편애

사회범주화 과정에서 내집단과 외집단에 대한 구별이 생기면서 사람들은 자신의 자존감을 고양시키기 위해 내집단을 긍정적으로 인식하고 외집단을 부정적으로 인식하게 된다. 이 과정에서 내집단의 긍정적인 특성을 더 많이 드러내기 위해서 외집단을 폄하하고 내집단을 편애하게 된다. 이렇게 외집단보다 개인이 속한 내집단에 대해서 상대적으로 호의적인 태도를 보이는 것을 내집단 편애(in-group favoritism)라고 한다. 즉 외집단과 비교해서 내집단의 구성원, 특성, 그리고 생산성을 더 좋게 평가하는 경향성으로 이것이 종교, 문화 및 국가적 수준에서 이루어질 때 그것을 자민족중심주의라고 부른다.

자기범주화에 따라 긍정적인 사회정체성을 유지하기 위해서는 내집단을 편애하는 것만큼 외집단을 폄하할 필요가 있다. 이러한 외집단의 폄하는 자신의 자존감을 높이는 하나의 수단일 수도 있다(Fein & Spencer, 1997).

(2) 상대적 박탈감

사람들은 다른 사람보다 더 우수하고 중요한 자원을 더 많이 갖기를 원한다. 또한 자신이 속한 내집단이 외집단에 비해 여러 중요한 자원에서 비교우위에 있기를 원한다. 그런 때로 이러한 바람과는 반대로 현실은 개인적으로나 집단적으로 타인이나 외집단에 비해 상대적으로 열등한 위치에 있을 수 있다. 이때 사람들은 상대적 박탈감(relative deprivation)을 느낄 수 있는데 이것은 다른 사람이나 집단의 구성원들과 비교하여 자신이 원하는 것을 덜 가지고 있다고 느끼는 상실감이다(Walker & Pettigrew, 1984).

이때 비교 단위가 개인인 경우와 집단인 경우에 따라 개인적 박탈감과 집단적 박탈감으로 구분할 수 있다. 상대적 박탈감 개념은 객관적 상실에 의한 절대적 박탈감보다 다른 사람과의 비교를 통한 박탈감이 개인의 행동에 더 큰 영향을 미친다는 점을 강조하는 개념이다.

〈표 4-3〉에서 보듯이 집단 비교 수준에서 느끼는 상대적 박탈감을 네 가지 종류로 구분할 수 있다(Runciman, 1966). 사람들은 자신이 속한 집단 내에서 서로를 비교할 수 있고 그러한 비교에 따라 만족감이나 박

탈감을 경험할 수 있다. 또한 자신의 집단을 다른 집단과 비교해서 이와 같은 경험을 할 수 있다. 그중에서 다른 집단과의 비교에서는 만족하지만 자기가 속한 집단 내에서는 불만족을 느끼는 개인적 박탈감은 집단 내 문제를 야기하는 주요 원인이 될 수 있으나 집단 간 갈등의 주요한 원인이 되지는 않는다. 그러나 자신의 집단에서는 상대적으로 만족하지만 다른 집단과의 비교에서 불만족을 느끼는 집단적 박탈감은 집단 간 갈등을 일으키기 쉽다. 이러한 박탈감은 사회적 정의에 대한 요구와 정치적 행동을 야기하는 주요한 원인이 된다(Walker & Mann, 1987).

〈표 4-3〉 집단 비교에 따른 상대적 박탈감의 종류

비교 집단과 비교 결과		외집단	
		상대적 만족	상대적 박탈
내집단	상대적 만족	이중적 만족감	집단적 박탈감
	상대적 박탈	개인적 박탈감	이중적 박탈감

(3) 사회정체성 관리 전략

사람들은 일단 특정 집단에 속하면 그 집단이 다른 집단보다 더 우수하고 뛰어나길 바란다. 우수한 집단에 속한 사람들은 긍정적인 사회정체성을 계속 유지하려는 동기를 가지고 있다. 그러나 지위가 낮거나 열등한 집단에 속한 사람들은 다양한 방식을 통해 자신의 사회정체성을 긍정적으로 유지하고자 한다.

그 하나의 방법이 개인적 이동인데 이것은 개인이 자신에게 속한 집단을 떠나는 것이다. 이는 자신이 원래 속한 집단과의 상호작용을 그만두거나 심리적 거리를 최대한으로 두고 더 우월한 집단에 속하고자 시도하는 것이다. 예를 들면, 다문화 국가에서 소수민족의 2세들은 자신들의 낮은 사회경제적 지위를 벗어나 좀 더 상위계층에 속하고자 노력하는 경우를 말한다.

그러나 개인적 이동이 힘들거나 불가능할 때 사람들이 취할 수 있는 또 다른 방법은 심리적 전략을 사용하는 것이다. 예를 들면, 사람들은 자신이 속한 집단이 특정 차원에서 지위가 낮거나 열등할 때 내집단이 상대적으로 우월한 다른 특성을 찾거나 만들어서 비교하고자 한다.

또 다른 방법은 비교대상을 자신보다 좀 더 열등한 집단으로 바꿈으로써 자신의 사회정체성을 긍정적으로 유지할 수 있다. 프로야구팀 중에서 자신이 지지하는 팀이 중위권 성적을 거두고 있을 때 상위팀보다는 하위권 팀과 비교함으로써 심리적 불편함을 덜 수 있다.

마지막 방법은 내집단을 열등하게 하는 비교 기준의 의미를 다르게 해석하는 것이다. 이는 현재 집단의 열등한 특성을 열등하지 않게 재해석하고자 하는 것일 수도 있다.

이러한 방법뿐만 아니라 특정 비교 차원에서 내집단이 상대적으로 열등할 때 사람들은 집단 간 경쟁과 갈등을 통해 내집단의 현재 지위를 바꾸기 위해 노력할 수 있다. 예를 들면, 노동자들은 노동조합을 만들어 자신의 근무여건과 급여수준을 개선하고 한다. 이와 같은 사회적 변화는 개인적인 수준이 아니라 전체 집단의 수준에서 이루어진다는 점에서 개인적 이동과는 다른 특성을 가지고 있다.

2. 편견

1) 편견의 원인

편견(prejudice)은 사전 접촉이 없는 다른 사람이나 집단에 대하여 가지는 부정적인 태도다. 편견의 기본적 요인 중 하나가 범주화에 따른 내외집단의 구분이다. 사회적 상황에 대한 범주화는 우리의 지각, 인지와 기능의 본질적인 기초를 형성한다. 한편으로 이러한 범주화는 세상의 수많은 정보를 효율적이고 자동적으로 처리하는 데 기여한다. 다른 한편으로는 이와 같은 범주화가 집단 간 편향과 같은 인지적 편향을 야기할 수 있다. 사람들은 내집단에 기반을 둔 사회정체성을 긍정적으로 유지하기 위해 외집단에 대한 고정관념과 부정적 평가를 보이는 경향이 있다. 특히 외집단이 내집단의 목표 달성에 위협적인 요소로 작동할 때 그 외집단에 대한 편견이 발달할 수 있다. 이 외에도 직접적인 접촉이나 종교와 같은 요소가 편견을 일으키는 요인으로 작동할 수 있다.

(1) 고정관념

사람들은 특정 범주의 몇몇 사례가 가지는 특성을 그 범주의 모든 사람에게 일반화하는 경향, 즉 고정관념(stereotypes)을 가지고 있다. 고정관념은 특정 집단이나 사회적 범주 내 구성원들이 가지는 특성이나 성질, 가령 사회적 역할이나 성격적 특질을 인지적으로 일반화시킨 신념이나 기대이다(Schneider, 2004). 또한 고정관념은 그와 같은 특성이나 성질이 그 집단을 다른 집단과 구분하게 해 주고 그 집단의 구성원들이 모두 일관적으로 공유하고 있다는 신념이다. 따라서 고정관념은 보통 부정적이며, 변화에 대한 저항력이 크다.

고정관념을 촉진하는 요인은 집단 내 획일성을 지각할 때 관여하는 편향이다. 사람들은 내집단 구성원들을 좀 더 독특하고 개별적으로 지각하여 내집단이 보다 더 다양하고 복잡하게 구성되어 있다고 보는 반면, 외집단 구성원들은 서로 더 획일적인 것으로 지각하는 외집단 동질성 편향(outgroup homogeneity bias)을 가지고 있다(Judd & Park, 1988). 이러한 편향으로 인해 사람들은 내집단 구성원 한 사람의 행동을 나머지 구성원들에게 모두 일반화할 수 있다. 이러한 일반화는 특히 고정관념과 관련되고 부정적인 행동에서 이루어질 가능성이 높아 사람들은 외집단의 이러한 행동을 선천적이며 사회적으로 위험한 것으로 지각할 수 있다.

이와 같은 외집단 동질성 편향도 상황에 따라 달라질 수 있다. 자신이 상대적으로 소수집단에 속해 있다고 느낀 사람들은 내집단을 더 동질적으로 지각한 반면, 자신이 다수집단에 속해 있다고 느낀 사람들은 외집단 동질성 편향을 보였다(Simon & Brown, 1987).

범주화는 내외집단에 대한 기억에서도 차이를 유발한다. 사람들은 내집단 구성원과 외집단 구성원의 행동을 서로 다른 추상화 수준에서 부호화하여 저장한다. 이것은 언어적 집단 간 편향(linguistic intergroup bias)이라고 한다. 추상적인 단어는 더 포괄적이면서 그 대상에게 고유하고 변경할 수 없는 특징을 기술한다. 이런 점에서 추상적 단어로 내집단 구성원의 긍정적 행동을 기술하고 외집단 구성원의 부정적인 행동을 기술하는 것은 집단 간 편향을 드러내는 하나의 지표가 된다.

(2) 집단 간 위협

편견의 또 다른 요인으로 집단 간 위협을 들 수 있다. 집단 간 관계에서 서로의 이해관계가 상충되어 서로 갈등을 겪을 때 외집단에 대한 편견이 발달하기 쉽다. 앞에서 살펴본, 상대적 박탈감 유형 중 집단적 박탈감은 외집단 때문에 내집단의 목표 달성이 좌절되었을 때 느끼는 박탈감이다. 또한 현실갈등이론에서 지적하듯이 그것을 어떻게 분배할 것인가와 관련해서 경쟁과 갈등이 생길 수밖에 없다. 이때 두 집단이 부정적으로 상호의존적인 상태에 있으면 외집단은 내집단의 목표가 실패할 경우 사람들은 그 외집단에 대하여 강한 분노, 좌절, 공포, 불안과 같은 부정적 정서를 경험하게 된다.

(3) 개인차 요인

어떤 사람은 다른 사람에 비해 특정 집단에 대한 편견이 더 강하고 편견의 변화에도 더 저항적이다. 이와 같은 개인차를 가져오는 요인 중 하나가 직접적인 접촉이다(Fiske, 1998). 사람에 따라 외집단 구성원과 직접적으로 접촉한 정도가 다르고 그들에 대하여 가지고 있는 정보 역시 동일하지 않다. 이와 같은 직접적 접촉의 정도의 차이는 외집단에 대한 태도 전반에 영향을 미칠 수 있다.

또 다른 요인으로는 권위주의적(authoritarianism) 성격이다. 권위주의적 성격에는 권위자에 대한 맹목적 순종, 경직된 사고방식, 관습주의와 보수주의, 애국주의, 자신의 기준에 동조하지 않는 사람에 대한 공격성과 같은 특징이 있다. 이러한 성격의 소유자는 특정 대상에 대한 적개심과 공격적 행위를 정당화하기 위해 고정관념과 편견을 이용한다.

편견에 관련한 또 다른 성격 특성으로 사회적 지배 성향(social dominance orientation)이 있다(Sidanius & Pratto, 1999). 이 개념은 자신의 내집단이 외집단을 지배하고 그들보다 우월하기를 바라는 성향을 의미한다. 이러한 성향은 자신의 집단이 최고가 되어야 한다는 요소와 종속된 집단은 그러한 상태로 남아 있어야 한다는 불평등 지향 요소로 이루어져 있다. 그래서 이러한 성향이 강한 사람들은 세상은 무자비할 정도로 경쟁적인 곳이기 때문에 강한 집단이 약한 집단을 지배하는 것은 당연하고 적합하다고 생각한다. 또한 그들은 사회의 위계적 구조를 인정하면서 외집단에 대한 내집단의 권한, 지배 및 우월성을 유지하고 한다. 사회적 지배 성향이 강한 사람들은 자신의 우월한 지위에 대해 도전하고 자원의 공정한 분배를 주장하는 집단의 구성원들에게 편견을 가지고 있다. 또한 그들은 종속된 집단의 불리한 지위를 정당화하기 위해 능력주의, 새로운 노동관, 고정관념과 같은 신화를 이용한다.

2) 인종 · 성 · 민족에 대한 편견

편견의 대상에 따라 그 내용은 매우 다양하고 복잡하다. 가령 사람들은 인종이나 성과 같이 생물학적 특성으로 구분되는 집단에 대하여 편견을 가질 수 있고, 민족이나 국가와 같은 범주를 기반으로 외집단 구성원들에 대한 편견을 발달시킬 수도 있다. 우리는 사람들을 인종이나 민족으로 범주화하고 그에 따라 각 인종에 대한 고정관념과 편견을 발달시킨다. 북미와 유럽은 물론이고 아프리카에서도 민족이나 인종 간 갈등이 첨예한 것을 볼 때 인종이나 민족에 대한 고정관념과 편견은 지구상의 대부분 지역에 있다고 할 수 있다. 인종에 대한 편견을 다룬 연구는 상당수가 흑인에 대한 백인의 편견을 다루었다(Fiske, 1998; Kruger, 1996).

이러한 고정관념이 사회적으로 바람직하지 않다고 여겨질 때 그것은 흔히 의식적으로 통제되고 억압된다. Devine(1989)은 억압된 고정관념을 알아보기 위해 식역하 점화 자극(subliminal priming stimuli)을 이용하였다. 여기에서 식역하에 대한 개념을 이해하기 위해서는 인간의 감각기관을 통해 들어오는 자극에 대한 지각과정을 이해해야 한다. 우선, 절대역은 자극이 존재한다는 것을 아는 데 필요한 자극의 최소 강도로 개인이 감각을 경험할 수 있는 가장 낮은 수준이다. 절대역에서 자극에 대한 반응은 100%가 아니라 50%를 유지한다. 즉 어떤 경우에는 반응이 일어나고 어떤 경우에는 반응이 안 일어나는데, 그 수준이 바로 50%이다. 사람이 '뭔가 있다'와 '없다' 간의 차이를 탐지할 수 있는 수준이 바로 그 자극에 대한 그 사람의 절대역이다. 감각체계는 자극 에너지가 절대역에

도달하지 못하면 반응하지 않는다.

식역하란 절대역과 밀접하게 관련되어 있는데 이 용어 자체가 '절대역 아래'를 의미한다. 자극의 강도가 절대역 아래에 있기에 자극은 탐지될 수 없는 것이다. 그러나 식역하 지각은 의식적인 인식수준 아래에서 제시된 자극임에도 불구하고 사람의 행동과 감정에 영향을 줄 수 있다는 생각을 반영한다. 따라서 식역하 점화 자극은 의식적으로 지각하여 처리하는 과정을 거치지 않고, 무의식적으로 특정 자극에 대한 일반적인 반응을 자동적으로 이끌어 내는 자극이다. 연구자는 한 집단에게는 흑인에 대한 고정관념을 나타내는 '검은(black)'과 같은 단어를 짧은 시간 동안 제시한 반면, 다른 집단에는 흑인에 대한 고정관념과는 무관한 단어를 제시하였다. 그리고 참가자들에게 어떤 인종의 사람인지 알려지지 않은 인물이 수행하는 몇 가지 활동을 기술문 형태로 제시하고 그가 얼마나 적개심을 갖고 있는지 평가하게 하였다. 그 결과 흑인에 대한 고정관념을 점화시킨 집단의 참가자들이 이 인물의 적개심을 더 높게 평가했다. 참가자들 중에서 흑인에 대한 고정관념이 약한 사람들도 동일한 양상을 보였다. 흑인은 적개심이 강하다는 고정관념의 점화가 그 영향을 미친 것으로 해석할 수 있다. 이처럼 고정관념은 의식적인 수준이 아닌 무의식적인 수준에서도 판단에 영향을 주는데 이를 암묵적 편향(implicit bias)이라고 한다.

편견은 내외집단에 대한 정보처리의 편파적인 영향을 주기고 하고, 외집단과의 상호작용을 회피하게 만들 수도 있다. 또한 편견은 그 대상이 되는 사람들의 과업적인 수행의 차별을 가져오기도 한다.

3. 집단 간 정서와 차별

1) 집단 간 정서

우리가 개별적인 존재로 있을 때와 집단의 구성원으로 있을 때 경험하는 정서가 다를 수 있다. 집단 간 정서이론(Intergroup Emotion Theory)에 의하면 집단적 맥락에서 사람들은 개인이 아닌 집단 구성원으로서 상황을 평가하고 정서를 경험하며 행동한다(Smith, 1993). 왜냐하면 이러한 과정에서 개인정체성보다는 사회정체성이 더 두드러지기 때문이다. 이때 사람들은 자신이 속한 집단의 구성원들이 지닌 견해를 참조 기준으로 삼는다. 더군다나 집단 간 상호작용은 한 번으로 끝나는 것이 아니기 때문에 그 과정에서 이루어지는 일련의 행동이 구성원들에게 지속적으로 영향을 미친다. 따라서 집단 간 상호작용에서 사람들이 경험하는 정서를 살펴보는 것은 단순히 외집단에 대한 편견 이상의 정보를 제공할 수 있다.

(1) 맥락과 정서

특정 집단에 대한 고정관념은 그 집단 구성원들에게는 하나의 위협으로 작동함으로써 그들의 수행에 부정적인 영향을 줄 수 있다. 이처럼 고정관념 위협(stereotype threat)은 자신이 부정적인 고정관념의 대상이 된다는 것을 아는 것만으로도 지적인 능력을 검증하는 시험을 비롯한 상황에서 자신의 잠재력을 제대로 발휘할 수 없는 경우를 말한다(Steele & Aronson, 1995). 또한 고정관념과 편견의 위협을 받는 사람은 자신의 정체성을 숨기거나 버리고 싶어 한다. 이를 탈동일시(dis-identification)라고 하는데 고정관념이나 편견 때문에 위협을 주는 영역을 자신의 정체성에서 배제시킴으로써 더 이상 그 영역에서 성취를 신경 쓰지 않게 되는 현상을 말한다.

한편, 현실적인 이유로 갈등이 발생하면 양쪽 집단은 서로 간 접촉에 대하여 불안을 느낄 수 있다. 경쟁적인 구도 속에 있는 집단은 지배와 착취, 폭력이나 억압과 같은 부정적 정서를 경험할 가능성이 높다. 이 경우 사람들은 상대방과의 만남을 상상하는 것만으로도 거부에 대한 공포, 자신의 이익이 침해당할지도 모른다는 생각, 외집단에 의한 착취 등 다양한 이유 때문에 불안을 경험할 수 있다. 집단 간 불안 이론(Intergroup Anxiety Theory)에 따르면 이와 같은 불안이 외집단에 대한 편견을 촉발하는 요인이 된다. 또 다른 맥락에서 집단 간 상호작용은 내외집단 모두에게 불안을 증가시킬 수 있는데 왜냐하면 이러한 맥락에서 서로에 대한 평가 압력이 강해지기 때문이다(Richeson & Shelton, 2007). 그래서 대개 사람들은 집단 사이의 원만한 관계를 위해서 스스로를 조절하는 전략을 사용한다.

(2) 지배 · 피지배 집단의 정서

집단 간 관계에서 구성원들이 경험하는 정서는 지배와 피지배 등 내집단의 지위와 관련된다. 예를 들면, 지배집단의 구성원들은 내집단이 합법적으로 외집단을 지배했다고 인식할 때는 자긍심을 느낄 수도 있지만, 이러한 긍정적 정서 못지않게 죄책감과 수치심 같은 부정적 정서도 경험할 수 있다. 보통 집단적 정체성이 높은 사람들은 내집단의 행동을 미화하기 위해서 내집단의 책임을 줄이고 외집단을 비난하거나 외집단에 가한 피해를 합법화하는 경향이 있다(Wohl & Branscombe, 2008). 또한 이들은 내집단 구성원들의 다양성을 강조하면서 잘못을 저지른 사람들은 내집단의 진정한 구성원이 아니라고 평가한다.

이처럼 문제를 일으키거나 싫은 사람이 외집단 구성원이 아니라 내집단 구성원일 때 더 부정적으로 평가하는 경향성을 검은 양 효과(black sheep effect)라고 말한다(Marques et al., 1988). 이것은 자신의 집단정체성을 위협하는 내집단 사람들에게 더 부정적으로 반응함으로써 궁극적으로 긍정적 사회정체성을 유지하기 위한 반응이다. Abrams 등(2003)은 규범에서 일탈한 행동인 경쟁 집단에 대해 긍정적 평가를 하는 내집단원 또는 외집단원에 대해 평가하도록 하였다. 그 결과, 규범에서 일탈하는 행위를 한 내집단원을 외집단원보다 더욱 부정적으로 평가하였다.

2) 차별

때로 사람들은 외집단에 대한 편견을 가지고 있을 때 그것을 행동으로 실행한다. 보통 사람들은 집단에 소속되면 내집단 구성원들에게 보다 더 많은 자원을 제공하고 평가를 더 좋게 하거나 혹은 새로운 인원을 선출할 때 내집단 구성원의 사람을 선호한다. 그에 비해서 외집단 구성원들은 이와 같은 기회나 혜택으로부터 배제되기 쉽다. 이처럼 차별(discrimination)은 자신과 다른 인종, 종교 및 국가의 구성원을 다르게 대하는 것이다. 차별은 보통 편견을 행동으로 표출한 것이기 때문에 거부된 집단의 구성원들을 부정적이고 적대적으로 그리고 해를 주는 방식으로 대한다. 부정적인 취급에는 직접적인 피해, 비협조, 비언어적 무시나 배척, 평가절하 등 다양한 형태가 있다. 특히 집단의 힘이 동등한 경우보다 불균형적인 경우 지배집단이 소수집단의 구성원들에게 차별을 할 기회가 증가한다.

차별이 상대적으로 쉽게 감소하거나 사라지지 않는 이유 중의 하나는 그것이 주로 집단적인 범주를 수반하고 있기 때문이다. 개인 간-집단 간

불일치 효과(interindividual-intergroup discontinuity effect)에 의하면 사람들은 개인 간 수준보다 집단 간 수준에서 이루어지는 상호작용에서 훨씬 더 경쟁적이고 덜 협조적이다(Insko et al., 2001). 이러한 현상에 대한 두 가지 가능한 설명이 있다.

첫째, 개인적 수준보다는 집단적 수준에서 사람들은 더 큰 탐욕과 함께 더 큰 두려움을 느끼기 때문이다. 외집단에 대한 신뢰수준이 낮기 때문에 그 집단이 경쟁적으로 나올 때 내집단이 협동하면 가장 적은 몫을 받을 것이라는 두려움을 가질 수 있다. 또한 다른 모든 구성원들이 협동하는 상황에서 사람들은 경쟁을 통해 가장 많은 몫을 추구하는 경향을 보일 수 있다.

둘째, 협동과 경쟁의 동기는 혼합된 상황에서 집단적 의사결정이 경쟁적 반응을 촉발하기 때문이라는 것이다.

4. 집단 간 관계 개선

1) 집단 간 접촉

일반적으로 집단 구성원들 간의 직접적인 접촉을 증가시키는 것만으로 편견을 감소시키는 효과가 있다. 왜냐하면 두 집단의 구성원들이 접촉할 기회가 많을수록 상대방에 대한 이질감과 불안감이 감소하고 부정확한 정보를 통해서 형성된 고정관념을 바로잡을 수 있는 기회가 증가하기 때문이다. 따라서 물리적으로나 시간적으로 근접해 있는 것만으로도 이러한 정서적 · 인지적 측면에서의 불리한 여건을 상당 부분 개선할 수 있다.

그러나 집단 간 접촉이 편견의 감소를 가져오기 위해서는 몇 가지 선행조건이 필요하다(Cook, 1988). 첫째, 접촉 상황이 위계적 상황이 아닌 지위가 동등한 조건에서 이루어져야 한다는 것이다. 지위와 권력에서 집단 간 우열의 관계가 형성된 조건에서 접촉의 증가는 오히려 상대방에 대한 불신을 증가시킨다.

둘째, 두 집단 구성원 사이에 상호 협조적인 관계를 형성할 수 있도록 공동의 목표를 세우는 것이다 이를 통해 두 집단의 차이점을 부각시키기보다는 공동으로 추구해야 할 가치를 동일시하게 함으로써 집단 간 경계를 보다 더 약화시킬 수 있다. 또한 공동의 목표는 집단 간 상호의존성을 높임으로써 경쟁보다는 협동을 추구하려는 동기를 고취시킨다.

마지막으로 접촉하는 집단 구성원들 모두 편견과 고정관념이 잘못된 것이며 상호 간에 협동하는 것이 중요하다는 것을 사회적 규범, 권위자 그리고 관습을 통해 분명히 하면서 집단 간 평등을 지지하고 장려할 필요가 있다. 이러한 조건이 충족될 때 사람들은 집단 간 평등과 협동을 자신의 가치와 신념으로 내면화함으로써 집단 간 접촉에 의한 편견의 감소 효과가 향상된다. 즉 고정관념과 편견이 부정적이며 이를 극복하는 것이 바람직한 가치라고 인식하고 그것을 내면화할 때 그것을 극복하려는 노력을 할 수 있다. 이것이 고정관념과 편견을 해소하기 위한 교육적 및 제도적 장치가 필요한 이유다.

2) 범주화 기법

집단구별과 관련된 범주화를 다른 방식으로 유도함으로써 기존의 집단 간 이질감이나 갈등을 줄일 수 있다. 〈표 4-4〉에서 보듯이 범주화의 종류는 다양하다. 먼저, 재범주화(re-categorization)란 특정 수준에서 이루어진 범주화 때문에 구분된 내외집단을 상위의 수준에서 하나의 집단으로 묶음으로써 상위 집단의 소속감을 공유하도록 하는 방법이다. 그래서 보다 작은 규모의 내집단 구성원들에 대하여 가지는 긍정적 신념과 감정 및 행동을 외집단 구성원들에게도 동일하게 적용할 수 있다. 그러나 재범주화의 한계점은 두 집단이 상위범주가 아닌 다른 수준의 범주에서 자신을 범주화할 때 집단 간 반목과 갈등이 재점화될 수 있다는 것이다. 이는 사회적 맥락에 따라 가장 적합한 수준의 범주화는 달라지기 때문이다.

이러한 문제를 해결할 수 있는 방법이 교차범주화(cross-categorization)다. 이 방법은 현재 내외집단 간에 긴장을 일으키는 집단의 정체성과는 관련이 없으면서 내외집단 모두에게 공통적인 차원이나 주제에 기초하여 새로운 공동의 집단정체성을 만드는 것이다.

범주화 관련 또 다른 기법으로 외집단의 구성원을 그 집단의 전형적인 구성원으로 지각하기보다는 그 집단과 무관하게 하나의 개인으로 보는 탈범주화(de-categorization)가 있다. 이것은 집단정체성의 현저성을 떨어뜨리는 것으로 우리와 그들이 아닌 나와 너라는 서로 구별되는 개인으로 서로를 지각하는 것이다. 즉 이것은 내외집단의 구성원을 분리된 개인으로서 보고 개별화된 반응을 요구하는 것이다.

범주화와 관련된 또 다른 모형이 집단 간 상호 차별화 모형(mutual intergroup differentiation model)이다. 이 모형은 서로가 다른 집단정체성을 가지고 있으면서 협동적인 관계를 유지할 때 집단 간 편향이 감소할 것이라고 가정한다. 또한 이 이론에 따르면 협동적인 관계 속에서 이루어지는 집단 간 접촉은 외집단에 대한 태도의 변화를 가져오고 이러한 변화는 집단 간 경계가 두드러지고 분명할 때 외집단의 모든 구성원들에게 일반화될 수 있다.

마지막으로 개인화 모형(personalization model)은 외집단 구성원에 대한 좀 더 친밀하고 그 사람의 자기(self)와 관련된 정보를 입수하는 것과 관련된다. 그래서 개인화는 외집단의 구성원을 더 개별화되고 분화된 방식으로 볼 뿐만 아니라 외집단 구성원으로서 그 개인이 가지고 있는 자기와 관련된 정보에 대해서도 초점을 맞춘다. 또한 개인화된 상호작용에서는 집단의 구성원보다는 한 개인의 특성이 더 두드러진다. 그래서 외집단 구성원을 지각할 때 그의 개인적 인상이 집단 고정관념보다 더 큰 영향력을 행사한다. 이때 개인화가 외집단 구성원이라는 정보 없이 이루어진다면 외집단의 특정 구성원에 대한 지식이나 인상을 다른 구성원에게 일반화할 수 없다. 그래서 개인화는 외집단에 대한 사회정체성이 어느 정도 현저한 상태에서 이루어질 필요가 있다.

〈표 4-4〉 범주화의 종류와 특징

범주화의 종류	특징
재범주화	내외집단을 상위의 단위로 통합하여 범주화함으로써 집단 간 편견을 감소시키는 방법
교차범주화	내집단과 외집단이 공통으로 가지고 있는 특성에 기초하여 또 다른 범주를 만듦으로써 집단 간 편견을 줄이는 방법
탈범주화	집단에 대한 범주를 약화시켜 외집단의 구성원을 하나의 독특한 개인으로 보고 지각함으로써 편견을 줄이는 기법
집단 간 상호 차별화	각 집단이 가지고 있는 내집단 정체성을 유지하면서 동시에 상호 협동적인 분위기를 조장하여 상호작용함으로써 집단 간 편향을 줄이는 방법
개인화	외집단의 구성원이 가지는 자기와의 유사성에 기초하여 그를 개별화되고 분화된 방식으로 지각함으로써 외집단에 대한 차별을 해결하는 방법

3) 상위목표의 설정

내외집단이 대립적이거나 경쟁적인 목표가 아니라 하나의 공통된 목표를 가지고 있을 때 그들은 서로 접촉을 증가하고 정보를 교류하며 공통의 가치를 가지게 되는데 이것이 집단 간 갈등을 완화할 수 있다(Sherif, 1966). 이때 공동의 상위목표(superordinate goals)는 한 집단의 노력과 자원만으로는 달성하기가 불가능하고 내외집단이 동시에 참여할 때 달성할 수 있는 목표를 말한다. 상위목표가 집단 간 편견을 줄이고 협동을 가져온다는 연구가 있다(Sherif, 1966). 이 연구에서 10대 소년들을 두 집단으로 범주화해서 몇 가지 경쟁적인 목표를 추구하도록 했다. 이처럼 한쪽 집단의 승리는 곧 다른 쪽 집단의 실패를 의미하는 상황에서 집단 간 편견과 차별이 첨예하게 드러났다. 그 다음 연구자들이 두 집단의 구성원들에게 한 집단의 힘만으로는 해결할 수 없는 공동의 과제를 주었을 때 비로소 갈등은 완화되고 협동이 증가하는 변화가 일어났다.

4) 반복적 노출과 행동적 실천

일단 편견이 형성되면 그것에 반하는 실제 사례를 경험하더라도 원래의 편견을 바꾸거나 버리기가 쉽지 않다. 인지적 틀이 일단 형성되면 그것은 하나의 체계를 이루기 쉽다. 이때 우리는 그러한 체계를 현실적 상황에 맞추어 바꾸기보다는 현실을 그 체계에 맞추는 경향이 약하지 않다. 따라서 편견에 반하는 사례(case)를 지속적으로 그리고 편견을 지속하려는 인지적 저항을 넘어설 정도로 많이 경험하도록 하는 것이 중요하다.

참 / 고 / 문 / 헌

정태연, 이장주, 박준성, 전경숙, 허성호(2016), 사회심리학, 학지사.

차재호, 염태호, 한규석(1996), 한국심리학회, 한국심리학회(편), 한국심리학회 50년사, 서울: 교육과학사.

한규석(1991), 사회심리학 이론의 문화특수성, 한국심리학회지: 사회 및 성격, 6(1), 132-155.

한규석(2017), 사회심리학의 이해, 학지사.

Abelson, R. P.(1981), Psychological status of the script concept. American psychologist, 36(7), 715.

Abrams, D., Rutland, A., & Cameron, L.(2003). The development of subjective group dynamics: Children's judgments of normative and deviant in group and out group individuals. Child development, 74(6), 1840-1856.

Adorno, T. W., Frenkel-Brunswik, E., Levinson, D. J., & Sanford, R. N.(1950), Theauthoritarian personality. New York, 633.

Alicke, M. D.(2000), Culpable control and the psychology of blame. Psychological bulletin, 126(4), 556.

Allport, G. W.(1924), Eidetic imagery. British Journal of Psychology, 15(2), 99.

Ames, D. R., Flynn, F. J., & Weber, E. U.(2004), It's the thought that counts: On perceiving how helpers decide to lend a hand. Personality and Social Psychology Bulletin, 30(4), 461-474.

Anderson, C. A., & Bushman, B. J.(2002), The effects of media violence on society. Science, 295(5564), 2377-2379.

Asch, S. E.(1955), Opinions and social pressure. Scientific American, 193(5), 31-35.

Baldwin, J. M.(1897), Social and ethical interpretations in mental development: A study in social psychology. Macmillan.

Bandura, A.(1982), Self-efficacy mechanism in human agency. American psychologist, 37(2), 122.

Bandura, A., & Walters, R. H.(1963), Social learning and personality development.

Bargh, J. A., Chen, M., & Burrows, L.(1996), Automaticity of social behavior: Direct effects of trait construct and stereotype activation on action. Journal of personality and social psychology, 71(2), 230.

Baron, R. M., & Boudreau, L. A.(1987), An ecological perspective on integrating personality and social psychology. Journal of personality and social psychology, 53(6), 1222.

Bassili, J. N., & Provencal, A.(1988), Perceiving minorities: A factor-analytic approach. Personality and Social Psychology Bulletin, 14(1), 5-15.

Bergeron, N., & Schneider, B. H.(2005), Explaining cross-national differences in peer-directed aggression: A quantitative synthesis. Aggressive Behavior: Official Journal of the International Society for Research on Aggression, 31(2), 116-137.

Brewer, M. B., & Gardner, W.(1996), Who is this" We"? Levels of collective identity and self representations. Journal of personality and social psychology, 71(1), 83.

Brochu, P. M., & Morrison, M. A.(2007), Implicit and explicit prejudice toward overweight and average-weight men and women: Testing their correspondence and relation to behavioral intentions. The Journal of Social Psychology, 147(6), 681-706.

Bushman, B. J., & Cooper, H. M.(1990), Effects of alcohol on human aggression: An intergrative research review. Psychological bulletin, 107(3), 341.

Bushman, B. J., & Huesmann, L. R.(2014), Twenty-five years of research on violence in digital games and aggression revisited. European Psychologist.

Chaux, E., Molano, A., & Podlesky, P.(2009), Socio-economic, socio-political and socio-emotional variables explaining school bullying: a country-wide multilevel analysis. Aggressive Behavior: Official Journal of the International Society for Research on Aggression, 35(6), 520-529.

Chen, M., & Bargh, J. A.(1999), Consequences of automatic evaluation: Immediate behavioral predispositions to approach or avoid the stimulus. Personality and social psychology bulletin, 25(2), 215-224.

Correll, J., Spencer, S. J., & Zanna, M. P.(2004), An affirmed self and an open mind: Self-affirmation and sensitivity to argument strength. Journal of Experimental Social Psychology, 40(3), 350-356.

Darley, J. M., & Batson, C. D.(1973), " From Jerusalem to Jericho": A study of situational and dispositional variables in helping behavior. Journal of personality and social psychology, 27(1), 100.

Deci, E. L., & Ryan, R. M.(2000), The" what" and" why" of goal pursuits: Human needs and the self-determination of behavior. Psychological inquiry, 11(4), 227-268.

Derlega, V. J., Winstead, B. A., Mathews, A., & Braitman, A. L.(2008), Why does someone reveal highly personal information? Attributions for and against self-disclosure in close relationships. Communication Research Reports, 25(2), 115-130.

Deutsch, M., & Gerard, H. B.(1955), A study of normative and informational social influences upon individual judgment. The journal of abnormal and social psychology, 51(3), 629.

Duval, S., & Wicklund, R. A.(1973), Effects of objective self-awareness on attribution of causality. Journal of Experimental Social Psychology, 9(1), 17-31.

Fenigstein, A., Scheier, M. F., & Buss, A. H.(1975), Public and private self-consciousness: Assessment and theory. Journal of consulting and clinical psychology, 43(4), 522.

Festinger, L.(1954), A theory of social comparison processes. Human relations, 7(2), 117-140.

Finkel, E. J., & Eastwick, P. W.(2009), Arbitrary social norms influence sex differences in romantic selectivity. Psychological Science, 20(10), 1290-1295.

Fiske, S. T. (1980). Attention and weight in person perception: The impact of negative and extreme behavior. Journal of personality and Social Psychology, 38(6), 889.

Gardner, W. L., & Martinko, M. J.(1988), Impression management: An observational study linking audience characteristics with verbal self-presentations. Academy of Management Journal, 31(1), 42-65.

Goffman, E.(1959), The Presentation of Self in. Butler, Bodies that Matter.

Graumann, C. F.(1988), Introduction to a history of social psychology. Introduction to social psychology, 3-19.

Griffin, A. M., & Langlois, J. H.(2006), Stereotype directionality and attractiveness stereotyping: Is beauty good or is ugly bad?. Social Cognition, 24(2), 187-206.

Gross, J. J., & Thompson, R. A.(2007), Emotion regulation: Conceptual foundations.

Hamilton, D. L., Katz, L. B., & Leirer, V. O.(1980), Cognitive representation of personality impressions: Organizational processes in first impression formation. Journal of Personality and Social Psychology, 39(6), 1050.

Hewitt, P. L., & Dyck, D. G.(1986), Perfectionism, stress, and vulnerability to depression. Cognitive Therapy and Research, 10(1), 137-142.

Higgins, E. T., Vookles, J., & Tykocinski, O.(1992), Self and health: How "patterns" of self-beliefs predict types of emotional and physical problems. Social Cognition, 10(1), 125-150.

Hogg, M. A.(2001), A social identity theory of leadership. Personality and social psychology review, 5(3), 184-200.

James, W., Burkhardt, F., Bowers, F., & Skrupskelis, I. K.(1890), The principles of psychology (Vol. 1, No. 2). London: Macmillan.

Johnson, J. T., & Boyd, K. R.(1995), Dispositional Traits Versus the Content of Experience: Actor/Observer Differences in Judgments of the" Authentic Self". Personality and Social Psychology Bulletin, 21(4), 375-383.

Judge, T. A., & Cable, D. M.(2004), The effect of physical height on workplace success and income: preliminary test of a theoretical model. Journal of Applied Psychology, 89(3), 428.

Kellerman, B.(2008), Followership: How followers are creating change and changing leaders . Boston: Harvard Business School Press.

Kellerman, B.(2012), The end of leadership . New York, NY: Harper Business.

Kenrick, D. T., Neuberg, S. L., & Cialdini, R. B. (2005). Social psychology: Unraveling the mystery. Boston: Pearson.

Kilham, W., & Mann, L.(1974), Level of destructive obedience as a function of transmitter and executant roles in the Milgram obedience paradigm. Journal of personality and social psychology, 29(5), 696.

Klein, M.(1997), Envy and Gratitude: And Other Works, 1946-1963. Random House.

Kleinman, K. E., & Saigh, P. A.(2011), The effects of the Good Behavior Game on the conduct of regular education New York City high school students. Behavior Modification, 35(1), 95-105.

Kopp, C. B.(1982), Antecedents of self-regulation: a developmental perspective. Developmental psychology, 18(2), 199.

Kuhlman, D. M., & Marshello, A. F.(1975), Individual differences in game motivation as moderators of preprogrammed strategy effects in prisoner's dilemma. Journal of personality and social psychology, 32(5), 922.

Kulik, J. A., & Mahler, H. I.(1989), Social support and recovery from surgery. Health Psychology, 8(2), 221.

Leary, M. R., & Kowalski, R. M.(1990), Impression management: A literature review and two-component model. Psychological bulletin, 107(1), 34.

Linville, P. W.(1987), Self-complexity as a cognitive buffer against stress-related illness and depression. Journal of personality and social psychology, 52(4), 663.

Lipschitz-Elhawi, R., & Itzhaky, H.(2005, October), Social support, mastery, self-esteem and individual adjustment among at-risk youth. In Child and Youth Care Forum (Vol. 34, No. 5, pp. 329-346). Kluwer Academic Publishers-Human Sciences Press.

Lopata, C., Nida, R. E., & Marable, M. A.(2006), Progressive muscle relaxation: Preventing aggression in students with EBD. Teaching Exceptional Children, 38(4), 20-25.

Markus, H. R., & Kitayama, S.(1991), Culture and the self: Implications for cognition, emotion, and motivation. Psychological review, 98(2), 224.

Markus, H., & Nurius, P.(1986), Possible selves. American psychologist, 41(9), 954.

Markus, H., & Zajonc, R. B.(1985), The cognitive perspective in social psychology. Handbook of social psychology, 1, 137-230.

Martin, J. N., Nakayama, T. K., & Flores, L. A.(1997), Readings in cultural contexts. Mayfield Publ.

McConnell, A. R., Renaud, J. M., Dean, K. K., Green, S. P., Lamoreaux, M. J., Hall, C. E., & Rydell, R. J.(2005), Whose self is it anyway? Self-aspect control moderates the relation between self-complexity and well-being. Journal of Experimental Social Psychology, 41(1), 1-18.

McDougall, W.(1908), Physiological psychology. Dent.

Mead, G. H.(1934), Mind, self and society (Vol. 111). University of Chicago Press.: Chicago.

Metcalfe, J., & Mischel, W.(1999), A hot/cool-system analysis of delay of gratification: dynamics of willpower. Psychological review, 106(1), 3.

Mikolic, J. M., Parker, J. C., & Pruitt, D. G.(1997), Escalation in response to persistent annoyance: Groups versus individuals and gender effects. Journal of Personality and Social Psychology, 72(1), 151.

Milgram, S.(1963), Behavioral study of obedience. The Journal of abnormal and social psychology, 67(4), 371.

Milgram, S.(1964), Issues in the study of obedience: A reply to Baumrind.

Milgram, S., Bickman, L., & Berkowitz, L.(1969), Note on the drawing power of crowds of different size. Journal of personality and social psychology, 13(2), 79.

Moreland, R. L., & Beach, S. R.(1992), Exposure effects in the classroom: The development of affinity among students. Journal of Experimental Social Psychology, 28(3), 255-276.

Neff, L. A., & Karney, B. R.(2005), Gender differences in social support: A question of skill or responsiveness?. Journal of personality and social psychology, 88(1), 79.

O'connor, S. C., & Rosenblood, L. K.(1996), Affiliation motivation in everyday experience: A theoretical comparison. Journal of Personality and Social Psychology, 70(3), 513.

Öhman, A., Lundqvist, D., & Esteves, F.(2001), The face in the crowd revisited: a threat advantage with schematic stimuli. Journal of personality and social psychology, 80(3), 381.

Peneder, M.(2005), Tracing empirical trails of Schumpeterian development. In Entrepreneurships, the New Economy and Public Policy (pp. 203-221). Springer Berlin Heidelberg.

Pruitt, D. G., & Rubin, J. Z.(1986), Social conflict: Escalation, impasse, and resolution. Reding, MA: Addision-Wesley.

Quinn, A., & Schlenker, B. R.(2002), Can accountability produce independence? Goals as determinants of the impact of accountability on conformity. Personality and Social Psychology Bulletin, 28(4), 472-483.

Ray Kurzweil(2006), The Singularity Is Near.

Reed, A., Wooten, D. B., & Bolton, L. E.(2002), The temporary construction of consumer attitudes. Journal of Consumer Psychology, 12(4), 375-388.

Reis, H. T., & Patrick, B. C.(1996), Attachment and intimacy: Component processes.

Richerson, P. J., & Boyd, R.(2004), Darwinian evolutionary ethics: Between patriotism and sympathy. Evolution and ethics: Human morality in biological and religious perspective, 50-77.

Richeson, J. A., & Shelton, J. N.(2007), Negotiating interracial interactions: Costs, consequences, and possibilities. Current Directions in Psychological Science, 16(6), 316-320.

Robins, R. W., Trzesniewski, K. H., Tracy, J. L., Gosling, S. D., & Potter, J.(2002), Global self-esteem across the life span. Psychology and aging, 17(3), 423.

Roese, N. J., & Hur, T.(1997), Affective determinants of counterfactual thinking. Social Cognition, 15(4), 274-290.

Ross, E.A.(1908), Social psychology: an outline and source book. New York: Macmillan.

Rost, J.(2008), Followership: An outmoded concept.

Rule, N. O., & Ambady, N.(2008), The face of success: Inferences from chief executive officers' appearance predict company profits. Psychological science, 19(2), 109-111.

Rusbult, C. E., & Van Lange, P. A.(2003), Interdependence, interaction, and relationships. Annual review of psychology, 54(1), 351-375.

Ruvolo, A. P., & Markus, H. R.(1992), Possible selves and performance: The power of self-relevant imagery. Social cognition, 10(1), 95-124.

Schmeichel, B. J., & Baumeister, R. F.(2004), Self-regulatory strength.

Sherif, M.(1966), In common predicament: Social psychology of intergroup conflict and cooperation. Houghton Mifflin comp.

Shrauger, J. S., & Schoeneman, T. J.(1979), Symbolic interactionist view of self-concept: Through the looking glass darkly. Psychological bulletin, 86(3), 549.

Smith, E. R., & DeCoster, J.(2000), Dual-process models in social and cognitive psychology: Conceptual integration and links to underlying memory systems. Personality and social psychology review, 4(2), 108-131.

Snyder, M.(1974), Self-monitoring of expressive behavior. Journal of personality and social psychology, 30(4), 526.

Steele, C. M., Spencer, S. J., & Lynch, M.(1993), Self-image resilience and dissonance: The role of affirmational resources. Journal of personality and social psychology, 64(6), 885.

Strauman, T. J.(1992), Self-guides, autobiographical memory, and anxiety and dysphoria: Toward a cognitive model of vulnerability to emotional distress. Journal of Abnormal Psychology, 101(1), 87.

Swenson, R. R., & Prelow, H. M.(2005), Ethnic identity, self-esteem, and perceived efficacy as mediators of the relation of supportive parenting to psychosocial outcomes among urban adolescents. Journal of adolescence, 28(4), 465-477.

Tangney, J. P., Baumeister, R. F., & Boone, A. L.(2004), High Self-Control Predicts Good.

Taylor, S. E., Lerner, J. S., Sherman, D. K., Sage, R. M., & McDowell, N. K.(2003), Are self-enhancing cognitions associated with healthy or unhealthy biological profiles?. Journal of personality and social psychology, 85(4), 605.

Taylor, S. E., Peplau, L. A., & Sears, D. O.(2003), Social psychology (11th).

Triandis, H. C. (1972). The analysis of subjective culture.

Van Boven, L., & Loewenstein, G.(2005), Cross-situational projection. The self in social judgment, 15, A06.

Van Dijk, E., De Cremer, D., & Handgraaf, M. J.(2004), Social value orientations and the strategic use of fairness in ultimatum bargaining. Journal of experimental social psychology, 40(6), 697-707.

Van Overwalle, F., & Heylighen, F.(2006), Talking nets: A multiagent connectionist approach to communication and trust between individuals. Psychological Review, 113(3), 606.

Visser, P. S., & Mirabile, R. R.(2004), Attitudes in the social context: the impact of social network composition on individual-level attitude strength. Journal of personality and social psychology, 87(6), 779.

Walker, I., & Pettigrew, T. F.(1984), Relative deprivation theory: An overview and conceptual critique. British Journal of Social Psychology, 23(4), 301-310.

Walker, L., & Mann, L.(1987), Unemployment, relative deprivation, and social protest. Personality and Social Psychology Bulletin, 13(2), 275-283.

Walker, L., & Mann, L.(1987), Unemployment, relative deprivation, and social protest. Personality and Social Psychology Bulletin, 13(2), 275-283.

Watson, D., & Tellegen, A.(1985), Toward a consensual structure of mood. Psychological bulletin, 98(2), 219.

Wickman, S. A., & Campbell, C.(2003), An analysis of how Carl Rogers enacted client-centered conversation with Gloria. Journal of Counseling & Development, 81(2), 178-184.

Wilson, J. P., & Petruska, R.(1984), Motivation, model attributes, and prosocial behavior. Journal of Personality and Social Psychology, 46(2), 458.

Wohl, M. J., & Branscombe, N. R.(2008), Collective angst: How threats to the future vitality of the ingroup shape intergroup emotion. Transcending self-interest: Psychological explorations of the quiet ego, 171-181.

Wurf, E., & Markus, H.(1983), Cognitive consequences of the negative self.

Zillmann, D.(1983), Transfer of excitation in emotional behavior. Social psychophysiology: A sourcebook, 215-240.

Zuckerman, M., Gioioso, C., & Tellini, S.(1988), Control orientation, self-monitoring, and preference for image versus quality approach to advertising. Journal of Research in Personality, 22(1), 89-100.

저자 약력

서여주

이화여자대학교 일반대학원 경영학 석사
이화여자대학교 일반대학원 소비자학 박사

前 IDS & Associates Consulting 컨설턴트
경기연구원 연구원
한국직업능력개발원 연구원
과학기술정책연구원 부연구위원

現 알토스랩 대표
이화여자대학교, 을지대학교, 가천대학교 외래교수
우송대학교 겸임교수

서여주 박사는 타인의 존재 여부에 의해 크게 영향을 받는 인간 심리를 연구하는 학자이자, 비즈니스 컨설턴트이다. 경영학과 소비자학의 가교 역할을 담당하며, 심리학과 연계된 대학 강의도 함께 진행하면서, 남들이 해온 이야기보다는 남들이 미처 보지 못한, 누구도 하지 않은 이야기들을 찾아내는 데서 행복을 느끼는 교수이다.

인간의 행동과 심리에 대한 다양하고, 심층적인 정보를 수집·가공하여 다수의 학술연구와 국내·외 기업 프로젝트와 학술 및 정책 연구를 수행하고 있다. 특히 2016년 소비자정책교육학회와 2018년 고객만족경영학회에서 단독으로 우수논문상을 수상하였고, 학계는 물론 실무영역에서도 선도적으로 문제를 제기하고 있다.

대표 저서로는 《고객응대실무》, 《365 글로벌 매너 : 당신의 결정적 차이를 만들어 줄 법칙》, 《Built for growth》, 《소비자 행동과 심리》, 《컨슈머리즘의 이해(공저)》 등이 있다.

저자와의
합의하에
인지첩부
생략

인간심리

2020년 2월 15일 초판 1쇄 인쇄
2020년 2월 20일 초판 1쇄 발행

지은이 서여주
펴낸이 진욱상
펴낸곳 (주)백산출판사
교 정 박시내
본문디자인 구효숙
표지디자인 오정은

등 록 2017년 5월 29일 제406-2017-000058호
주 소 경기도 파주시 회동길 370(백산빌딩 3층)
전 화 02-914-1621(代)
팩 스 031-955-9911
이메일 edit@ibaeksan.kr
홈페이지 www.ibaeksan.kr

ISBN 979-11-90323-70-3 93180
값 18,000원